Niclas Lahmer

Der echt heiße Scheiß von Seneca

Was man Ihnen über Erfolg, Glück und Ruhe verschweigt

NICLAS LAHMER

DER ECHT HEISSE SCHEISS VON SENECA

Was man Ihnen über Erfolg, Glück und Ruhe verschweigt

Bibliografische Information der Deutschen Nationalbibliothek
Die Deutsche Nationalbibliothek verzeichnet diese Publikation in der Deutschen Nationalbibliografie. Detaillierte bibliografische Daten sind im Internet über http://dnb.d-nb.de abrufbar.

Für Fragen und Anregungen:
info@finanzbuchverlag.de

Originalausgabe, 1. Auflage 2021

Türkenstraße 89
80799 München
Tel.: 089 651285-0
Fax: 089 652096

Redaktion: Anne Büntig
Korrektorat: Matthias Höhne
Umschlaggestaltung: Marc-Torben Fischer, München
Umschlagabbildung: Katharina Borgs
Abbildungen Innenteil: Sabrina Jeshen
Satz: Satzwerk Huber, Germering
Druck: GGP Media GmbH, Pößneck
Printed in Germany

ISBN Print 978-3-95972-444-9
ISBN E-Book (PDF) 978-3-96092-832-4
ISBN E-Book (EPUB, Mobi) 978-3-96092-833-1

Weitere Informationen zum Verlag finden Sie unter:

www.finanzbuchverlag.de

Beachten Sie auch unsere weiteren Verlage unter www.m-vg.de

Für dich,
weil du die Farbe in einer Welt voller Grautöne für mich bist.

INHALT

EINLEITUNG

> »Die Zeit wird kommen, wo unsere Nachkommen sich wundern, da wir so offenbare Dinge nicht gewusst haben.«
>
> *Seneca*

»Sag mal, was macht dich eigentlich glücklich?« Eine simple Frage und dennoch fand ich keine Antwort. Ich war im Wald spazieren, als ich plötzlich völlig sprachlos und erstarrt stehen blieb. Ich und sprachlos? Ich fand auf die Frage meiner Begleitung keine Antwort. Wer hätte das einmal gedacht! Vielleicht hätte ich so etwas sagen können wie: »Na, das ist einfach. Meine Arbeit.« Ich hätte auch falsche Glückseligkeit und Bescheidenheit mit den Worten vortäuschen können: »Ach weißt du, ich bin schon glücklich, solange ich ein Dach über dem Kopf habe und jeden Tag eine warme Mahlzeit genießen kann.« Menschen täuschen diese Glückseligkeit schließlich vor. Wie oft hören wir einen Menschen, der uns nahesteht, sagen, dass es ihm oder ihr gut ginge, auf die Floskel: »Hey, wie geht's?« Sollte ich meine Begleitung also anlügen und sagen, dass ich bedingungslos glücklich sei? Ich glaube nicht an Bedingungslosigkeit. So etwas wie Bedingungslosigkeit gibt es nur in den Hollywood-Streifen, freitagabends im Fernsehen, wo der Held der jungen Frau bedingungslose Liebe verspricht und sie schmachtend in seinen Armen zerfließt. Das, was sie in Hollywood aber nicht zeigen, sind die Szenen nach dem Happy End, dem Kuss und der Hochzeit. Die Zeit der Rechnungen, der Arbeit, der täglichen Routine, Probleme, Krisen und Sorgen. Im Leben regnet es eben die meiste Zeit. So ist das nun einmal.

Nietzsche sagte mal: »Leben bedeutet leiden.« Eine tragische Bedingung! Trotzdem stand ich dort auf dem trockenen Waldboden wie versteinert und wusste in genau diesem Moment absolut nicht, was ich sagen sollte. In diesen Momenten der Sprachlosigkeit wusste ich nicht mehr weiter. Normalerweise finde ich auf fast jede Frage eine Antwort; selbst, wenn ich mich einfach nur herausreden muss. Doch in diesem Moment quälte mich die Stille, bis es aus mir herausplatzte: »Ich habe keine Ahnung, was mich glücklich macht.« Ich hatte zwar eine Ahnung von den Momenten, in denen ich glücklich war, doch wirklich definieren, was Glück bedeutet, konnte ich nicht.

Was tut man, wenn man nicht mehr weiterweiß? Man fragt Professor Doktor Google. Im Netz finden Sie allerlei tolle Sprüche zum Glück. Es gibt Zitate, kleine Bilder mit kunstvoll inszenierten Metaphern oder einen schlauen Spruch von irgendeinem Kerl, der seit 250 Jahren tot ist. Theodor Fontane beispielsweise schrieb: »Wenn man glücklich ist, soll man nicht noch glücklicher sein wollen.« Na toll! Und jetzt? Ich bleibe also einen Moment stehen und schaue meiner Begleitung in die Augen. In diesem Moment fiel es mir auf. Ich war unglücklich, obwohl ich alles hatte. Damals hatte ich gerade eine neue Firma gegründet und erfreute mich an den frühen Erfolgen, hatte eine wunderbare Familie, ein schickes Auto, ein Dach über dem Kopf, warmes Essen und jede Menge Gesundheit. Klingelt es nicht auch manchmal in Ihren Ohren und hören Sie dort die Worte Ihrer Großeltern oder Eltern? Sie haben bestimmt auch die Geschichten von den armen Kindern in Afrika gehört, die von der Hand in den Mund leben. Diese Geschichten sollen schließlich eine Ermahnung an unsere Demut sein. Obwohl ich diese Geschichten kenne, bestand für mich kein

Ich war unglücklich, obwohl ich alles hatte.

wirklicher Anlass, jetzt in diesem Moment aus tiefstem Herzen glücklich zu sein. Ja und wo war das Glück nun? Keine Ahnung! Es war definitiv nicht bei mir.

Das Glück ist eine Handgranate

Wissen Sie instinktiv, was Sie glücklich macht? Sind Sie es überhaupt? Ich habe oft das Gefühl, dass die meisten Menschen nicht wissen, was sie im Leben glücklich macht. Doch das Glück erkennen, das können wir ohne Probleme. So wie Sergeant First Class P. Gilmore. Als ich den Sergeant traf, war er bereits in Rente gegangen. Einst war er bei der U.S. Army und als Soldat in verschiedenen Einsätzen auf dem gesamten Globus unterwegs. Obwohl der Sergeant den Krieg kannte, Tod und Leid gesehen, verursacht und allen Grund für Trauer, Bedauern und Unglück hatte, strahlte er doch immer wie ein Honigkuchen, wenn ich ihn sah. Ihm konnte ich das Glück ansehen. Jeden Tag zu jeder Uhrzeit. Ich fragte ihn also eines Tages: »Hör mal, ich brauche deinen Rat. Wie schaffst du es, immer so glücklich zu sein? Ich möchte das auch.« Er grinste mich an und sprach die Worte, die ich niemals vergessen werde: »Das Glück ist eine Handgranate!«

Sergeant First Class P. Gilmore war sieben Jahre vor seinem Austritt aus der Army im Kampfeinsatz in Afghanistan stationiert gewesen, als auf einer Patrouillenfahrt sein Konvoi angegriffen wurde. Die Soldaten bremsten den Humvee, in dem er saß, ab, sprangen aus den Fahrzeugen und begannen, den Feind unter Beschuss zu nehmen. Der Sergeant und sein bester Freund sa-

Das Glück ist eine Handgranate!

ßen noch auf den hinteren Sitzen des Humvee, als durch eine Öffnung eine alte Splittergranate auf den Schoß seines Kumpels fiel. Wenn eine scharfe Handgranate auf Ihren Schoß fällt, haben Sie noch zwei bis vier Sekunden zu leben. Daraufhin wird die Granate Ihren Körper vollständig zerstören, die Druckwelle Ihre Organe zum Platzen bringen und die Splitter Ihren Körper durchsetzen. Die Splittergranate jedoch blieb auf dem Schoß des Soldaten liegen. Sie zündete nicht. Ein Blindgänger. Wie groß ist wohl die Wahrscheinlichkeit, dass Ihnen an diesem Ort, an diesem Tag und zu dieser Uhrzeit eine Splittergranate durch eine winzig kleine Öffnung eines Militärfahrzeuges auf den Schoß fällt und dann nicht zündet? Mathematisch bin ich nicht in der Lage, dieses Glück auszudrücken oder gar in einer Formel zu formulieren. Der Analytiker in mir kann so etwas nicht begreifen. Eines ist aber gewiss! Das Glück ist eine Handgranate! Womöglich ist es der bloße Zufall, der uns zugutekommt. Das nicht planbare Vorhandensein eines Umstandes, den wir so leicht als Schicksal oder göttliche Fügung titulieren, könnte womöglich das Glück sein. Ein Quäntchen Glück besteht eben auch aus der Zutat Zufall. Ein wenig spielt das Schicksal immer mit und wir werden wohl nie verstehen, warum.

Das Streben nach Glückseligkeit

Laut dem World Happiness Report von 2020 sind wir Deutschen relativ bis sehr glücklich. Platz 17 erreichte Deutschland auf der Skala! Na, wenn das mal nicht ein Grund zum Feiern ist? Der Index des World Happiness Report basiert auf

Glück war gekoppelt an Bedingungen.

den Kategorien Bruttoinlandsprodukt pro Einwohner, soziale Absicherung, Gesundheit und Lebenserwartung sowie individuelle Entscheidungsfreiheit, Spendenbereitschaft und Wahrnehmung von Korruption. Genau das scheint das Problem zu sein! Glück ist eine Frage der Wahrnehmung und damit subjektiv. Die Befragten der Statistik gaben die wesentlichsten Bedingungen für Ihr Glück an. Darunter befanden sich ein schönes Zuhause, Besitz, Geld, eine intakte Familie und eine gute Partnerschaft. Was genau mit »gut« gemeint ist, wurde jedoch nicht weiter erläutert. Das Wichtigste, da waren sich die Hälfte aller Deutschen einig, ist die eigene Gesundheit. Klar, denn glücklich mit Fieber im Bett zu liegen, ist schwierig. Das Hauptproblem aber gab die Statistik nur indirekt wieder: Glück war gekoppelt an Bedingungen. So wie bei einer Handgranate. Wenn der Stift gezogen und der Bügel losgelassen wird, geht die ganze Geschichte in die Luft. Das ist die Bedingung.

Das Glück wird von uns Menschen an äußeren Umständen wie Familie, Geld und Gesundheit festgemacht. Die vier wichtigsten Faktoren für Glück waren für den Deutschen laut des World Happiness Report: Gesundheit, Partnerschaft, Familie und Geld. Zwei der vier Faktoren verweisen darauf, dass der Mensch nur ungern allein ist. Ein Partner und eine Familie müssen für das große Glück her. So scheint es zumindest. Wer gegen diesen Umstand rebelliert und einmal die andere Seite der Medaille sehen möchte, kommt plötzlich auf ganz neue Ideen.

Das erklärt auch den Erfolg des Artikels der *Brigitte*, einer der beliebtesten Frauenzeitschriften Deutschlands, mit dem Titel »Alleine glücklich sein: So kannst du es lernen«. Scheinbar verstehen mehr und mehr Menschen, dass Glück doch nicht an eine Bedingung gebunden sein muss. Wenn ich als Mann dann tatsächlich in einer Frauenzeitschrift lese, dass sich diese Frauen dort selbst feiern, weil sie zu sich selbst gefunden haben, bleibt mir die Spucke weg. Das ist nicht nur so, weil ich in jenem Moment tatsächlich im Wartezimmer beim Zahnarzt eine Frauenzeitschrift lese, sondern ich mich frage, warum das Glück eine Bedingung braucht. Die Emanzipation ist ja eine wunderbare Sache, doch scheint man bei dieser Errungenschaft den Mann völlig zu vergessen. Auch der moderne Mann braucht nicht unbedingt eine Frau, um das große Lebensglück zu finden. Gleichberechtigung gilt eben auch für die Männer.

Mir fällt dazu die Show eines Coaches ein, die ihren zahlenden Kundinnen auf der Bühne erklärt: »Du bist stark. Du bist sexy. Du brauchst keinen Mann an deiner Seite.« So weit, so gut. Im Sinne der Gleichberechtigung gibt es von einem anderen Coach dann den gleichen Spaß für die testosterongesteuerten Wesen. »Entfessle den Krieger in dir!«, heißt es dort. Der 190 Zentimeter große Coach und Berserker steht auf der Bühne mit einem schwarzen T-Shirt in Größe S und einer Cargo-Hose aus Armeezeiten und schreit die Männer im Anzug vor sich an: »Du brauchst die Schlampe nicht. Sei ein Mann und finde wieder zu deiner Dominanz! Das brauchst du für dein Glück!« Doch so richtig glücklich sehen die Teilnehmerinnen und Teilnehmer in den beiden Shows dann doch nicht aus. Sowohl die Killer-Queen als auch der Drill-Sergeant propagieren das große Glück. Ob sie es wohl liefern können? Mit leeren Träumen lässt sich leider sehr viel Geld verdienen. Für einige kommt das (Un-)Glück dann in der Form von Illusionen und den damit verbundenen Kreditkartenabrechnungen um die Ecke. So ist das eben, wenn man sein eigenes Glück an eine Bedingung knüpft. Die Menschen neigen dazu, ihre Sehnsüchte in der Welt zu suchen, unwissend, dass sie diese dort niemals finden werden, denn alles, was sie brauchen, ist bereits bei ihnen. Solange wir unser Glück an andere Menschen oder Dinge knüpfen, können wir niemals das Glück finden. Es gibt keine Glückseligkeit mit Bedingungen.

Die Philosophie des Glücks

Haben Sie auch schon einmal Ihr eigenes Leben hinterfragt und Ihre Glückseligkeit infrage gestellt? Keine Sorge! Sie sind nicht die erste Person, die sich über solche Belange bereits Gedanken gemacht hat. Schon vor der Geburt Christi und dem World Happiness Report machten sich einige Männer und womöglich auch Frauen, so einig ist man sich da nicht bei den Historikern, Gedanken über das bedingungslose gute Leben. Ein Leben in Glückseligkeit und Freiheit. Sie sind nicht die erste Person, die nach dem Glück sucht.

Sie sind nicht die erste Person, die nach dem Glück sucht.

Es heißt, dass Zenon von Kition rund 300 vor Christus die Philosophie des Stoizismus begründete und seine Philosophie des Glücks kundtat. Seine Gedanken über das gute Leben, welches wir vorerst als glückliches Leben bezeichnen wollen, teilte Zenon in einer Säulenhalle (Stoa) auf einem Markplatz in Athen mit. Nach und nach wurde die Philosophie mündlich durch seine Schüler an neue Schüler weitergegeben und von diesen wiederum an neue Schüler vermittelt. Der Stoizismus war erfunden und erfreute sich in den darauffolgenden Jahren, Jahrzenten und sogar Jahrhunderten großer Beliebtheit, bevor er im Mittelalter fast gänzlich verschwand. Doch der Stoizismus überlebte auch diese dunkle Zeit der Menschheitsgeschichte. Große Persönlichkeiten und Mentoren verpflichteten seither ihr Leben der stoischen Philosophie. Unter ihnen war Seneca höchstpersönlich, der römische Kaiser Marcus Aurelius und Epiktet. Doch auch Persönlichkeiten der jungen Geschichte wie Ryan Holiday, Jeff Bezos, Warren Buffett und Bill Gates sind große Verfechter der Philosophie, die heute über 2000 Jahre alt ist. Sogar Altkanzler Helmut Schmidt war ein großer Bewunderer von Marcus Aurelius und dem Stoizismus.

Aber Moment mal! Wenn das Rezept für Glück, Reichtum, ein erfolgreiches und gutes Leben bereits vor 2000 Jahren existierte und die Zeit sogar überdauerte, müssten es heute theoretisch Millionen von Menschen kennen und erfolgreich anwenden. Doch das Gegenteil ist häufig der Fall. Der Stoizismus kämpfte lange um seine Daseinsberechtigung. Oft wurde er als eine gefühllose Philosophie oder ein Gewäsch von alten Männern abgetan. Wie soll es auch anders sein? Bei dem Wort Philosophie denken die meisten an Birkenstock-tragende Hippies, pfeiferauchende Professoren und Taugenichtse, welche der Gesellschaft auf der Tasche liegen. Die Gedanken der Stoiker wurden daher oft nicht als diese verkauft, vermarktet oder gelehrt. Viele der heute bekannten Personen aus der Coaching-Industrie, sich selbst inszenierende Mentoren und Esoteriker, nutzen Grundgedanken der stoischen Philosophie für ihre persönlichen Zwecke und unter ihrem eigenen Namen. Dass sie die Lehren der großen Mentoren wie Seneca dabei entwenden, ist für die geschäftstüchtigen neuen Meister verkraftbar. Es ist ja schließlich unwahrscheinlich, dass jemand, der vor 2000 Jahren lebte, sie nun aufgrund von Urheberrechtsverletzungen verklagen würde. Es wäre sogar fraglich, ob Seneca – würde er noch leben – es überhaupt zu einem Prozess kommen lassen würde.

Oft höre ich die Gedanken und Lehren der Stoiker neu verpackt in wilden Coaching-Programmen, die nach einem Fantasy-Abenteuer klingen: »Kommen Sie zum 90-Tage-Mach-dich-glücklich-Programm« oder »Sieben Jahre bis zu den ersten Millionen«. Tatsächlich brauchen Sie weder einen Kurs noch einen Power-Coach oder ein Programm, um glücklich zu werden. Womöglich aber können Ihnen die Prinzipien dabei weiterhelfen, die auch ich lernen durfte. Es war Sergeant First Class P. Gilmore, der mich der Philosophie der Stoiker näherbrachte und sie mich lehrte. Der Sergeant war für mich eine Art lebender Seneca. Ich hatte so gesehen meinen eigenen Philosophen und Stoiker. Der Sergeant war mein Lehrmeister und zeigte mir, was es bedeutet, gemäß der Philosophie der Stoiker zu leben. Ich erlaube mir daher in diesem Rahmen, keine alten Ideen und Philosophien in ein neues »Ich mach dich sexy, du Hengst!«-Programm zu packen, sondern stattdessen Ihnen den Stoizismus durch moderne Augen zu präsentieren und Ihnen die Wahl zu lassen. Auch maße ich mir nicht an, den Stoizismus in wissenschaftlicher oder gar steifer Manier darzulegen. Das haben andere bereits erfolgreich getan und ich möchte eine wertfreie Philosophie wie den Stoizismus auch nicht empirisch bewerten müssen. Stattdessen möchte ich den Stoizismus als eine überaus aktuelle Philosophie und Unterstützung für ein Leben in der heutigen Moderne präsentieren und Ihnen dazu verhelfen, die Qualität Ihres Lebens zu verbessern.

Als ich anfing, den Stoizismus zu leben, wollte ich ihn allen Menschen um mich herum näherbringen und begann damit, Tipps und Ratschläge zu verteilen. Typisch für mich war, dass ich euphorisch alles, was ich gelernt hatte, sofort teilen wollte. Besonders wollte ich jenen Menschen helfen, von denen ich glaubte, dass der Stoizismus ihnen helfen, ihr Leben verbessern oder sie gar retten könnte. Die meisten Menschen waren daran sehr interessiert und riefen begeistert: »Geiler Scheiß!«

So in etwa! In den letzten Jahren musste ich für Freunde, Bekannte und komischerweise auch deren Freunde und Bekannte immer als der Kerl herhalten, von dem alle sagten: »Rede mal mit Niclas. Der ist voll das Orakel!« Orakel? Davon bin ich weit entfernt. So richtig weiß ich auch nur, dass ich eigentlich nichts weiß. Doch der Stoizismus schien ein Medium zu sein, das die unterschiedlichsten Problemstellungen mit einer Lösung versorgte – Beziehungsprobleme, Geldsorgen, Tipps zu Ernährung und Training. Ich habe mir alles Mögliche angehört und wurde zu allem Möglichen befragt. Stoische Seelsorge am Telefon war sozusagen mein Gebiet. Für alles gab es eine unkonventionelle und hocheffiziente Lösung, die nicht nur das Problem löste, sondern scheinbar auch den Fragenden eine völlig neue Perspektive brachte.

Ich versuche nach wie vor weiterzugeben, was ich lernen durfte, und zu erzählen, wie der Stoizismus zu mir kam. Ich habe aber lernen müssen, mich mit der Stille zu begnügen und die permanente Seelsorge einzustellen. Am Ende hätte ich sonst noch eine Couch und Taschentücher kaufen müssen! Da ich kein Prediger bin und auch niemals einer sein möchte, erlauben Sie mir bitte, Ihnen die Lehren der Stoiker auf die Weise näherzubringen, wie ich sie lernen durfte – in Gesprächen mit Seneca höchstpersönlich oder zumindest einem Mann, der Seneca sein Leben lang studiert und erfolgreich nach dessen Prinzipien gelebt hat. Ich halte mich persönlich nicht für den großen Stoiker der Neuzeit. Ich halte mich eher für einen Lernenden, der sich auf den Weg gemacht hat, diese wunderschöne Philosophie und deren Prinzipien zu studieren und zu leben. Auch ich bin nicht vor Fehlern oder dem falschen Weg gefeit und habe daher mein permanentes Zitieren von Marcus Aurelius oder Seneca auf meine Schreibarbeit beschränkt.

Allgemein kann man sagen, dass es im Stoizismus nicht darum geht, einen Wettkampf daraus zu machen und jemanden zu besiegen. Es geht nicht darum, besser zu sein als jemand anderes oder gar auf alle Fragen eine Antwort zu finden. Es geht darum, jeden Tag besser zu sein, als Sie es gestern waren. Das Ziel ist es zu wachsen. Wir sind selbst unser größter Gegner und Kontrahent. Die Entscheidung, ob Sie ein Stoiker werden oder nach den Prinzipien des Stoizismus leben, soll daher bei Ihnen verbleiben. Sie sollen es sein, der über Ihr Leben entscheidet. Niemand sonst. Es war Seneca, der sagte: »Wie lange ich lebe, das hängt nicht von mir ab, ob ich aber wirklich lebe, das hängt von mir ab.« Der Stoizismus ist eine Lebensphilosophie und eine konträre Perspektive zu unserer heutigen modernen Welt. Wie Sie wählen, liegt bei Ihnen.

Wahlmöglichkeiten

Das Komplizierte am Leben ist, dass wir immer eine Wahl haben. Die Wahl, morgens aufzustehen oder liegen zu bleiben, zu duschen oder zu stinken, zu essen oder zu hungern, zu lieben oder zu hassen, dieses Buch zu Ende zu lesen oder, wie im Durchschnitt 60 Prozent aller Leser, ein Buch nie bis zur letzten Seite zu lesen. Laut Umfragen werden die meisten Bücher nie beendet, weder beim Lesen noch beim Verfassen. Viele Manuskripte werden niemals zu einem Buch, da sie nicht zu Ende geschrieben werden. Selbst wenn Sie einen Arbeitsvertrag eingegangen sind, liegt es noch an Ihnen, ob Sie die-

Das Komplizierte am Leben ist, dass wir immer eine Wahl haben.

sen Vertrag auch wirklich einhalten. Stehen Sie also nun morgens auf und gehen zur Arbeit oder bleiben Sie doch lieber liegen, machen sich spät am Vormittag eine Schüssel Müsli und reichen darauf lieber einen Krankenschein ein? Werden Sie Ihre Lebenszeit dafür einsetzen, mit dem oder gegen den Strom zu schwimmen? Werden Sie Ihr Leben wie eine Generalprobe erleben, eine Art ersten Durchlauf eines echten Lebens, das alles auf ein fernes Später verschiebt? Oder werden Sie ein Leben der Exzellenz und des Außergewöhnlichen erleben und nicht gleich nach der Grabesrede in Vergessenheit geraten? Es hängt von uns selbst ab, lehrt uns Seneca. Es ist unsere Entscheidung, was wir im Leben tun und was nicht. Machen Sie sich bewusst, dass wir immer eine Wahl haben. Immer! Jede Negierung unserer Wahlmöglichkeiten ist eine Ausrede.

Das Problem an unseren Wahlmöglichkeiten ist allerdings, dass wir, wenn wir uns erst einmal für einen Weg in unserem Leben entschieden haben, damit gleichzeitig einen anderen Weg ausschlagen. Wer in die Sonne fliegt, macht keinen Skiurlaub. Wer am Meer ist, kann nicht in den Bergen sein. Wer liebt, kann nicht hassen und wer sich vegan ernährt, kann das Filetsteak nicht genießen. Das ist furchtbar, aber ein Teil des Preises, den wir bezahlen.

Jede Entscheidung, die wir im Leben treffen, hat Konsequenzen.

Ob Sie sich nun für den Stoizismus oder gegen ihn entscheiden oder wie die meisten einen Weg gehen, der nicht vollkommen mit den, aber auch nicht ohne die Lehren der Stoiker auskommt, ist Ihnen überlassen. In den meisten Fällen bleibt der Stoizismus für die Menschen nur ein Buch, eine Idee oder etwas, nach dem sie sich sehnen. Sich aber klar dafür oder dagegen zu entscheiden, scheint für viele unmöglich. Wer nach einer Lebensphilosophie sucht, findet diese womöglich im Stoizismus. Vielleicht wollen Sie aber auch nur lernen, gelassener zu werden, den richtigen Partner finden, mehr Freunde gewinnen oder vielleicht versprechen Sie sich durch diese Philosophie einen Leitfaden für Erfolg jedweder Art. Möglicherweise aber sind Sie auch ein Verfechter einer anderen Philosophie oder gar esoterischer Sichtweisen. Sie haben immer die Wahl und Wahlmöglichkeiten sind weder gut noch schlecht. Jede Entscheidung, die wir im Leben treffen, hat Konsequenzen. Dazu gehören auch die Entscheidungen, die wir nicht treffen.

Wir haben in der großen Welt des Dualismus die Wahl zwischen Himmel und Hölle, Links oder Rechts, Oben und Unten, Falsch und Richtig, Wahrheit und Lüge, Realität und Fantasie, Freude und Leid, Schwarz und Weiß oder Kalt und Heiß. Bei all den Möglichkeiten ist es im Leben verdammt schwer, sich immer für den richtigen Weg zu entscheiden. Das ging auch den Stoikern so. Auch der praktizierende Stoiker tut sich mit all den Wahlmöglichkeiten nicht ganz leicht. Die richtige Wahl bei unseren Entscheidungen zu treffen, ist nicht einfach. Zumindest so lange, bis wir entscheiden, dass die Qualität der Entscheidung selbst weniger wichtig ist als die Tatsache, dass wir die Entscheidung überhaupt treffen.

Sie werden mir daher hoffentlich verzeihen, dass ich Ihnen nicht alle Wahlmöglichkeiten aufzeigen und am Ende dieses Buches die Formel für Glück, Erfolg und Reichtum offenbaren kann. Im Stoizismus geht es nicht darum, der reichste Trottel auf dem Friedhof oder die angesehenste Frau der Stadt zu werden. Wer Wahlmöglichkeiten hat, muss entscheiden. Wie Sie entscheiden, liegt außerhalb meiner Kontrolle und bleibt Ihnen überlassen. Was Sie mit den Worten und Ideen in diesem Buch machen, ist Ihre Wahl und ich verspreche Ihnen, dass ich jede davon akzeptieren werde – selbst wenn Sie am Ende das Buch vor Zorn verbrennen sollten. Wichtig ist nur, dass Sie erkennen, dass Sie eine Wahlmöglichkeit besitzen, und eine Entscheidung treffen. Wie auch immer Sie sich entscheiden mögen, treffen Sie am Ende der letzten Seite eine Entscheidung, als ob Ihr Leben davon abhinge – ob für oder gegen den Stoizismus, für Ihre Zukunft, Ihr Wohlbefinden oder Ihre Entwicklung. Ihr Leben hängt nämlich davon ab. Treffen Sie Ihre Entscheidung noch heute. Wer weiß schon, ob es ein Morgen überhaupt geben wird?

Aller Anfang war schwer

Der Stoizismus ist nicht die erste Philosophie, die ihrem Anwender das Gelbe vom Ei verspricht. Andere Philosophien und sogar Religionen warben in der Vergangenheit und werben sogar noch in der Gegenwart für Erlösung, Erleuchtung, *good old fucking Paradise* und 72 keusche Nymphomaninnen. Was für ein Widerspruch! Welcher Religion Sie auch angehören oder welcher Philosophie, Lebensweisheit oder welchem erleuchteten Guru mit rotem Punkt auf der Stirn Sie auch auf Instagram, Facebook oder im wahren Leben folgen, so sei gesagt, dass die Stoiker sich selten selbst als solche preisgaben. Der Stoiker beschäftigt sich mit der Anwendung seiner Prinzipien. Er übt und trainiert diese unerlässlich und sieht in jeder Lebenslage eine Chance und Übung. Es ist daher selten, dass Sie jemanden finden, der gemäß dem Stoizismus lebt und sich stolz Stoiker nennt. Sie werden eher jemanden finden, der es cooler findet, sich Stoiker zu nennen, als wirklich gemäß dem Stoizismus zu leben. So ist das häufig bei uns Menschen. Wir finden die Vorstellung von etwas besser, als es dann eigentlich ist. Wie oft bezeichnen sich junge Männer als Unternehmer, weil sie glauben, dass es cool ist, einer zu sein? Aber als einer zu arbeiten und sich all den Herausforderungen zu stellen, die damit verbunden sind, das wollen die wenigstens. Es klingt richtig sexy, wenn man von sich behaupten kann, Musiker zu sein. Doch wirklich Berufsmusiker zu sein und all die harten Zeiten durchzumachen, ist weniger glorreich. Wir lieben die Vorstellung, etwas zu sein und dieses Etwas an unsere Identität zu binden. Es dann aber tatsächlich immer wieder zu tun, ist harte Arbeit und macht weniger Spaß als erhofft. Einen »gläubigen Stoiker« gibt es daher nicht.

Die Stoiker waren zu Zeiten der Antike zwar kräftig dabei, die Werbetrommel für ihre Philosophie und Schule zu rühren, doch seitdem es ruhig um den Stoizismus geworden ist, üben sich Stoiker in der Stille. Aus diesem Grund gibt es auch keine Anhängerschaft und auch keinen Kult, den wir mit einer Sekte oder gar Religion vergleichen könnten. Die Stoiker waren und sind einfache Menschen, die ein einfaches, aber gutes Leben führen. Mehr ist es im Grunde genommen nicht. Daher findet sich der Stoizismus kaum in Hallen wieder, die voller coachingbegeisterter Menschen sind. Der Vermarktung dieser so alten und einfachen, aber komplexen Philosophie wird nur eine geringe Aufmerksamkeit geschenkt.

Die griechische Philosophie des Stoizismus wurde leider oft in den vergangenen Jahren und Jahrhunderten fälschlicherweise als eine kaltherzige Lebensphilosophie dargestellt. Jemand, der als »stoisch« bezeichnet wird, erträgt scheinbar alles, ohne jede Gefühlsregung. Obwohl der Stoizismus oft als Gegenstück einer freizügigen hedonistischen Philosophie gesehen wird, so waren die Stoiker keine Asketen und Lebensverweigerer. Niemand bejahte das Leben anscheinend so sehr wie die Stoiker. Das oberste Ziel für den Stoiker war es, ein gutes Leben zu führen und seine Wahlmöglichkeiten so klug zu wählen, dass diese ein gutes Leben ermöglichten, welches einem selbst und anderen zugutekam.

Der Stoizismus hatte es nicht immer einfach. Zu Beginn der Lehren Zenons erfreute sich der Stoizismus einer wachsenden Anhängerschaft. Doch im antiken Griechenland herrschte ein reges öffentliches Treiben und die Popularität von philosophischen Schulen war mit der heutigen nicht zu vergleichen. Die philosophischen Schulen der griechischen Antike lieferten sich geradezu intellektuelle Schlachten um neue Schüler. Die Schule des Stoizismus hatte es neben den Kynikern, Epikureern, Anhängern Platons oder Sokrates' und anderen schwer. Doch Zenon, der Gründer des Stoizismus, lernte zuerst bei den Kynikern, bevor er die Philosophie des Stoizismus förderte, und verband so später viele Elemente einzelner Philosophien miteinander in einer lebensbejahenden und praktischen Philosophie. Arthur Schopenhauer meinte im 19. Jahrhundert sogar, dass der Stoizismus aus der Philosophie der Kyniker hervorgegangen sein müsse.

Zenon war die bloße theoretische Schule zu wenig, er strebte nach einer praktischen Philosophie. Diese praktischen Lehren machten den Stoizismus so bekannt und beliebt. Jeder konnte plötzlich eine Lebensphilosophie haben, egal aus welcher sozialen Schicht er kam. In der philosophischen Schule des Stoizismus konnten Bettler und reiche Menschen gemeinsam lernen. Man bedenke, dass Marcus Aurelius, der später römischer Kaiser wurde und einer der größten Stoiker war, unglaublich mächtig und reich wurde, während Epiktet, ebenfalls ein großer Stoiker, einst ein Sklave war. Durch den Stoizismus bekamen alle Menschen die Möglichkeit, eine Philosophie zu erlernen, die es ihnen unabhängig von Herkunft, Vermögen oder Status erlaubte, ein gutes Leben zu führen.

In den Jahrhunderten nach Zenon gelangte der Stoizismus bis nach Rom und damit zu eben jenen Größen wie Marcus Aurelius, Epiktet oder auch Seneca. Im Gegensatz zu den griechischen Stoikern waren die Römer hervorragend darin, den Stoizismus zu vermarkten. So kam es, dass im antiken Rom der Stoizismus seine Sternstunde erlebte und aufblühte. Seneca und Epiktet brachten beide den Stoizismus voran, während Marcus Aurelius als Kaiser sein Volk nichts über den Stoizismus lehrte. Erst durch seine Tagebücher (*Selbstbetrachtungen*) konnten später seine Gedanken zum guten Leben veröffentlicht und gelesen werden.

Der Stoizismus fand mit dem Niedergang des römischen Reiches beinahe sein Ende. Die Lehren der Stoiker wurden immer seltener. Im Mittelalter verschwand der Stoizismus dann fast völlig. Erst in der Moderne fand die Lebensphilosophie wieder in die Bücherregale, Klassenzimmer, Schulen und Universitäten zurück. In den letzten Jahren verhalfen Professoren der Philosophie, Schriftsteller und Denker dem Stoizismus zu neuem Leben. Obwohl die Stoiker eine Philosophie vermittelten, die heute über 2000 Jahre alt ist, wissen wir nun, dass die Techniken, Prinzipien und Ideen des Stoizismus auch heute noch die gleiche Tragweite und Relevanz besitzen. Noch heute kann der Stoizismus seinen Schülern zu mehr Gelassenheit, Ruhe, Frieden, Erfolg und Glückseligkeit verhelfen, während er Angst, Trauer, Wut, Zorn, Depression und Hoffnungslosigkeit im Keim zu ersticken vermag. Dabei ist der Stoizismus keine entspannte Chiller-Philosophie für potrauchende Hippies mit Löckchen. Der Stoizismus ist ein harter Knochen und nichts für die zarten Blümchen unter Ihnen, die sich an den Händen fassen wollen, »Fuchs, du hast die Gans gestohlen« singen, freitagabends Wollsocken stricken und von der heilen Welt träumen. Die Stoiker waren keine Pessimisten, doch ihre Philosophie bedarf des Mutes, der Ehrlichkeit und Aufgeschlossenheit gegenüber den eigenen Fehlern, Kanten und Ecken, die jeder von uns hat. Die Stoiker strebten nach der Wahrheit und damit auch danach, sich selbst gnadenlos die eigenen Fehler aufzuzeigen, um sich so verbessern zu können. Dass sich die Stoiker dabei nicht selbst kasteiten oder schlechtredeten, werden wir im Verlauf des Buches noch vertiefen. Schließlich wollen Sie lernen, sich zu verbessern, und nicht etwa an Ihren Fehlschlägen kleben bleiben, um an diesen traurig nagen zu müssen. Seneca schrieb in seinen Briefen an Lucilius: »Man muss so lange lernen, als man noch Mangel an Kenntnissen hat (...).«

Wenn Sie erfahren wollen, wie Seneca Ihnen dazu verhelfen kann, ein großartiges Leben zu führen, vollkommene Gelassenheit und Ruhe zu erlangen, Frieden zu finden, ungeahnte Erfolge zu genießen und auch mit den schwierigsten Situationen des Lebens umzugehen, so wird der Stoizismus Ihnen ein treuer Gefährte auf all Ihren Wegen sein. Weiterhin werden Sie erkennen, dass die meisten der heutigen Lehren nicht dem Weg Senecas entsprechen und hier womöglich der wahre Grund für die Unglückseligkeit, Unruhe und den Misserfolg vieler liegt. Die Philosophie des Hedonismus hat längst über unsere moderne Gesellschaft gesiegt und steht damit konträr zum gelebten Stoizismus. Seien Sie auf Ihrem Weg zu mehr Glück, Erfolg und Frieden offen für Neues und hinterfragen Sie ruhig Ihren bisherigen Weg. Auf diese Weise gelingt es Ihnen am besten, die Weisheiten der Stoiker zu verstehen, zu lernen und für Ihr eigenes Leben umzusetzen. So wird es Ihnen gelingen zu erkennen, welche Wahrheiten unsere heutige Gesellschaft Ihnen vorenthält und verschweigt.

DER KAMPF GEGEN DEN HEDONISMUS

»Im Unglück richte dich auf, im Glück beuge dich nieder.«

Seneca

Der Hedonismus hat gesiegt.

Der Hedonismus hat gesiegt. Unsere Gesellschaft hat den Kampf gegen den Hedonismus verloren. Wir haben uns als Gesellschaft und als Menschen weiterentwickelt und dennoch für den Fortschritt den Preis bezahlt. Durch Technik, Forschung und Wirtschaft haben wir Fortschritte erlangt und sind gesünder, reicher, mobiler und fortschrittlicher denn je geworden. Doch allen Errungenschaften zum Trotz haben wir den philosophischen Kampf zwischen den dualistischen und recht unterschiedlichen Philosophien gegen den Hedonismus verloren. Wir haben den Krieg verloren. Zurückgeblieben sind die lebenden Toten, die mit Genickstarre auf das Handy schauen, während sie mit voller Schrittgeschwindigkeit gegen den nächsten Pfeiler rennen.

In unserer heutigen Gesellschaft kommt es den Menschen darauf an, dass es ihnen gut geht, sie glücklich sind und so viele einfache und leichte Momente wie nur möglich sammeln. Wer kein einfaches Leben führt, kann es sich zumindest »schönkaufen«. Noch nie hat der Mensch in seiner Geschichte so viel Besitz angehäuft, wie es heute der Fall ist. Noch nie hatten wir so viele Möglichkeiten, uns auf verschiedene und mannigfaltige Weisen zu ernähren. Noch nie konnten wir so weit reisen, so schnell Menschen erreichen und Ideen zur Vollendung führen. Niemals zuvor war das Leben so leicht wie heute. Das mag eine Errungenschaft hedonistischer Triebe sein. Daran mag vielleicht kein Zweifel bestehen. Doch ist der Drang nach mehr Glück, mehr Freude, mehr Party, mehr Sex und mehr Geld das Wundermittel gegen all unsere Sorgen?

Wir leben in einer Gesellschaft, in der wir konsumieren, um zu zeigen, nicht aber, um zu überleben. Wir achten mehr auf die Meinungen anderer Menschen als auf unsere eigene Entwicklung. Wir suchen mehr nach der Anerkennung der Herde als nach der Individualität in der Einsamkeit. Wir suchen nach dem leichten Weg und verabscheuen alles Schwere. Wir wollen Leidenschaft, ohne zu leiden. Wir wollen Intimität ohne Verantwortung. Wir wollen Sex ohne Konsequenzen. Wir wollen das Happy End ohne die Schwierigkeiten und wir wollen mehr Geld, ohne etwas dabei aufgeben zu müssen. Wir sind die Gesellschaft, in der 60 Prozent aller Ehen geschieden werden und 50 Prozent aller Menschen – abhängig davon, wo sie leben – an Krebs erkranken. Wir sind die Gesellschaft, die Tiere foltert, um an der Kühltheke das beste Stück ohne Fett auswählen zu können, die Bananen normiert und 50 Prozent aller Lebensmittel wegwirft, weil sie nicht wie aus einem Katalog aussehen. Wir sind die heutige Generation, die keine ernsthafte Beziehung mehr will. Wir wollen Händchen halten auf Instagram, zwei Paar Schuhe in der Story-Timeline und den Hashtag #CoupleGoals. Wir »swipen« uns durch die Apps, weil sich dort alle elf Minuten jemand verliebt. Ist da nicht nach einigen Minuten auch unser Los dabei? Wir sind die Gesellschaft, die andere Meinungen diskreditiert und vorschnell beurteilt. Wir sind die Gesellschaft, die *Die 7 Wege zur Effektivität* und *Der Weg zur finanziellen Freiheit: Ihre erste Million in 7 Jahren* liest. Wir sind die Generation, die mehr Zeit in ihr digitales Leben investiert als in ihre Persönlichkeit. In dieser twitternden, tweetenden und twerkenden Welt sind wir die Gesellschaft, die eine Fassade will, wo Illusionen zur Norm geworden sind. Wir wollen Ehrlichkeit und belügen uns selbst. Wir wollen Frieden und bauen Bomben. Wir wollen Liebe und verurteilen uns gegenseitig im blanken Hass. Wir sehnen uns nach Gleichberechtigung und bauen Hierarchien. Wir suchen nach Freiheit und knechten uns selbst, indem wir Hamsterräder bauen und täglich darin versauern. Wir sind die Gesellschaft, die den Kampf gegen den Hedonismus verloren hat.

Verloren im Hamsterrad

Als ich Sergeant First Class P. Gilmore traf, war ich verloren, ohne es zu wissen. Ich wusste nicht viel über den Stoizismus und schon gar nicht, dass ich in einer hedonistischen Welt gefangen war. Über den Hedonismus wusste ich ebenfalls nicht viel. Im Grunde genommen dachte ich, dass ich mehr wüsste, als es eigentlich der Fall war. Um ehrlich zu sein: Ich hatte absolut keinen Schimmer! Ich hatte von der Philosophie der Stoa zu Schulzeiten etwas gehört. Das war es aber auch schon. Mit einer Philosophie für meine Lebensführung hatte ich mich nicht wirklich beschäftigt. Wie auch? Ich war viel zu beschäftigt, mein eigenes Leben auf die Reihe zu kriegen.

Ich arbeitete rund um die Uhr und schlidderte dabei von einer Katastrophe in die nächste. Siebzig bis achtzig Stunden waren mein Wochenpensum. Mein Körper litt unter dem Stress, dem Druck, dem wenigen Schlaf und der mangelnden Bewegung. Ich fühlte mich ausgelaugt. Die Tage, in denen ich Wettkampfschwimmer war und gute 100 Meter ohne Probleme mit einem Atemzug tauchen konnte, waren längst vergangen. Nach der Arbeit schob ich mir ungesundes Tiefkühlessen in den Ofen, schlang es in mich hinein, bevor ich später in die Nachtschicht fuhr, von der ich nachts um 1.30 Uhr heimkehrte. Am nächsten Morgen klingelte wieder der Wecker, um mich aus meinem Schlaf zu reißen. Um 8 Uhr stand ich wieder auf der Matte und arbeitete im Büro. Drei Jahre gingen so ins Land, bis ich den Sergeant kennenlernte.

Mit Mitte zwanzig hatte ich zwei Bücher geschrieben, die auf der Bestsellerliste des *Focus Money* waren und in der Presse besprochen worden sind. Ich hatte ein Unternehmen gegründet, meine Erfahrungen gemacht und geschäftliche Erfolge gefeiert, um am Wochenende darauf zusammenzubrechen. Ich wurde wütend, ungeduldig und forderte mehr von mir, als ich leisten konnte. Ich trieb mich jeden Tag an meine Grenzen. Nur waren es die falschen Grenzen. Ich nahm 10 Kilo zu und wurde langsamer. Es war, als liefe mir die Zeit durch die Finger. Von außen betrachtet hatte ich alles, was man laut anerkannter Normen braucht.

Mit Anfang zwanzig und ohne Geld in der Tasche hatte ich zunächst ausschließlich das große Ziel gehabt, die Leere in meiner Brieftasche zu füllen. Ich dachte, dass finanzieller Erfolg mein Leben dramatisch verbessern würde. Mit genügend Anstrengungen, Geduld und Zeit erreichen wir solche Ziele auch. Das Ergebnis war geschäftlicher und monetärer Erfolg, den ich prompt dafür einsetzte, unsinnigen materiellen Wohlstand zu erlangen. Teure Luxusuhren, Markenkleidung, eine moderne und exquisite Bleibe – das

Ich war gefangen in der hedonistischen Tretmühle.

Beste von allem musste her. Ich füllte mein Leben mit materiellem Wohlstand, während ich innerlich zerbrach. Ich füllte mein Leben mit Zeug bis unter die Decke. Und als die Decke nicht mehr reichte, suchte ich nach der Vergrößerung von allem. Mehr Luxusuhren, mehr Kleidung und ein noch teureres Auto mussten her. Ich schnürte all diesen materiellen Ballast um mein Glücksempfinden herum, bis ich es erdrosselte. Eines Tages stand ich gut genährt und mit all den Dingen da und bemerkte, dass ich verloren war. Ich war unglücklich und all die Dinge, für die ich so hart gearbeitet hatte, erdrückten mich und meine Freiheit. Ich war gefangen in der hedonistischen Tretmühle, in der ich Dinge kaufte, weil ich gefallen wollte und mir Anerkennung wünschte. Wird es uns denn nicht so beigebracht? Wenn wir Erfolg haben, müssen wir ihn doch auch zeigen, nicht wahr?

Ich kaufte immer mehr Dinge und knotete sie an meine Identität. Meine Mitmenschen sagten mir: »Mensch, Niclas, sei glücklich, du hast es geschafft. Schau nur, was du alles besitzt und was für ein tolles Leben du hast. Ich wünschte, ich hätte das auch.« Wenn ich aber versuchte, meine Lage zu erklären, und um Rat bat, so hieß es nur: »Ist doch alles richtig so! Man muss sich doch auch mal was gönnen, wenn man Erfolg hat.« Was aber hatte ich mir gegönnt? Ich hatte Dinge gekauft, um etwas darzustellen, um zu gefallen und Anerkennung zu bekommen, hatte meine Lebenszeit in der Arbeit für Geld eingetauscht und das Unglück als Ergebnis erhalten. Ich hatte meine Gesundheit auf dem Weg geopfert. Alle paar Monate streikte mein Körper, blockierte und schickte mich auf die Bretter. Mann über Bord! K. o. in der ersten Runde! Mayday, wir stürzen ab! Houston, wir haben ein Problem!

Der Erfolg stieg mir zu Kopf und streichelte mein Ego. Ich habe zwar in meinem ganzen Leben niemals eine Zigarette oder

Drogen angefasst, doch hätte ich die gute Kinderstube meiner Eltern nicht genossen, wäre ich wahrscheinlich ein Börsianer auf Meth und Amphetaminen geworden. Ich lebte wie ein Süchtiger. Ich war abhängig von dem Erfolg, durch den ich mir Anerkennung versprach. Ich war mit Mitte zwanzig allein, fett und langsam. Die Tage, in denen ich fit wie ein Turnschuh war, waren lange vorbei. Ich war voller Zorn, Wut und Angst und weit davon entfernt, der Mann zu sein, der ich gerne gewesen wäre. Meine Familie lebte weit weg von mir. Die meiste Zeit war ich allein oder unterwegs. Ich hatte nichts außer Geld. Meine zahlreichen flüchtigen Beziehungen zu Frauen hielten nicht lange und in der Eile verpasste ich es zu verstehen, was wirklich zählt. Ich rutschte von einer toxischen und destruktiven Beziehung in die nächste. Fast magnetisch zog ich Frauen mit ähnlichen Problemen wie den meinen an. Als ich diese verließ, blieb ich mit Panikattacken und körperlichen Schmerzen zurück. In Kurzform: Ich war ein ziemliches Stück Scheiße!

Wendepunkt

Womöglich finden wir den Wendepunkt im Leben erst dann, wenn es absolut nicht mehr weitergeht. Solange wir aber das Übergewicht, die schlechte Gesundheit und all das Chaos tolerieren, werden wir auch immer genau das weiterhin erhalten. Einen Wendepunkt finden wir erst am Zenit. Dieser Wendepunkt war meine erste Begegnung mit Sergeant First Class P. Gilmore und dem Stoizismus. Ich lernte den Sergeant flüchtig bei einem Kundentermin kennen. Schon einige Male hatte ich ihn dort am Fließband arbeiten sehen, wusste aber nicht, wer er war. Er war mir dennoch aufgefallen, da er der einzige Mitarbeiter am Fließband war, der lächelte und permanent glücklich aussah. Es war, als sei er gerne dort am Fließband. Für mich war das unvorstellbar. »War Fließbandarbeit denn nicht die monotone Hölle des Taylorismus?«, fragte ich mich. Neugierig, wie ich war, sprach ich den Sergeant an diesem Abend an, woraufhin er mich mit der eingangs erzählten Geschichte beeindruckte.

»Aber hör mal, du verdienst doch bestimmt gar nicht so viel hier am Fließband, oder?«, fragte ich ihn. »Wie kannst du da so verdammt glücklich sein?«, ergänzte ich. Der Sergeant nickte und erklärte mir, dass er durch seine Rente aus Armeezeiten und seinen sparsamen Lebensstil hervorragend über die Runden käme. Den Job am Fließband brauche er finanziell nicht, erklärte er mir. »Jeder braucht eine Aufgabe, bei der man andere Menschen unterstützen kann. Hier suchte man Mitarbeiter für das Fließband. Also helfe ich hier«, sagte er. Ich verstand die Welt nicht mehr. Warum opferte er seine Zeit für eine solch einfache Arbeit, wenn er doch bei der Armee eine ganze Truppe angeleitet hatte und so hervorragend ausgebildet war? Er lächelte mich an und sagte: »Es ist eine gute Arbeit. Hier schießt niemand auf dich und niemand verliert sein Leben.« Ich war von der ersten Sekunde an von ihm begeistert. Er war der erste Mensch, der mich wirklich zutiefst beeindruckt hat. Obwohl ich bereits Vorbilder in jüngeren Jahren hatte, die durch ihren Erfolg und ihren Reichtum bekannt geworden waren, so war der Sergeant doch der erste Mensch, den ich für seine Persönlichkeit bewunderte statt für seine Errungenschaften.

Alle meine einstigen Idole und Helden sahen neben dem Sergeant wie eine Horde Schimpansen aus. Es mag Sie daher vielleicht verwundern, dass ich Ihnen nicht von dem reichen, gut aussehenden und allwissenden Mentor erzähle, der mein

Leben, schnipp, schnapp und zack, verändert hat. Der Sergeant war anders. Er war weder reich noch berühmt oder besonders schön. Letzterem würde er wahrscheinlich heute mit einem süffisanten Lächeln widersprechen. Der Sergeant war ein glatzköpfiger, muskulöser, 178 Zentimeter großer Mann, der mit seinem Äußeren nicht auffallen würde. Doch mit seiner besonderen Art brachte er den Raum zum Strahlen, den er betrat. Er war stets freundlich, höflich, zurückhaltend und unglaublich fokussiert. Er war so präsent, dass es schon fast beängstigend war. Seine Person nahm den ganzen Raum ein, ohne dabei aber auffallen zu wollen. Irgendetwas ließ mich an ihm einfach nicht los.

Als ich in dieser Nacht zu Hause ankam, konnte ich nicht schlafen. Ich hatte auf der ganzen Heimfahrt über seine Worte nachgedacht. Um 1.30 Uhr nachts war ich wie auf sechs Dosen Red Bull. »So ein Mann will ich auch sein«, sagte ich mir. Die Motivation stieß mir bis in die Haarspitzen. Ich glühte vor Vorfreude und Elan. Es war das erste Mal, dass ich mich wieder für etwas begeistern konnte, ohne dahinter ein Ziel zu erkennen. Kurz darauf konnte ich wieder das Gespräch mit dem Sergeant suchen. Bei einem Glas Wasser löcherte ich ihn einige Tage später dann mit meinen Fragen. Ab diesem Zeitpunkt war es um mich geschehen. Von da an begannen meine Gespräche mit Seneca.

Der Kampf gegen sich selbst

»Du fühlst dich so mies, weil du keinen Prinzipien folgst. Du lebst so wie fast alle Menschen in unserer Gesellschaft. Du suchst den nächsten Kick, sei es durch Geld, Anerkennung,

Status, Luxus, Frauen, Party oder Ruhm. Du bist wie ein Junkie. Da wunderst du dich noch, dass du keinen Frieden findest?« Die Worte des Sergeants waren so brutal ehrlich, dass sie mein Ego trafen. Obwohl sich seine Worte nicht besonders gut anfühlten, hatte er doch recht. Ich hatte die letzten Jahre krampfhaft versucht, alles zusammenzuhalten und gleichzeitig vorwärtszukommen. Dabei hatte ich mich selbst aufgerieben und alles zerstört, was wertvoll war.

»Das, was du beschreibst, ist dein persönlicher Kampf. Jeder führt seinen eigenen Kampf. Du verlierst, weil du keinen Schlachtplan hast. Im Krieg bist du ohne einen Plan verloren. Für dein Leben kann es solch einen Plan auch geben«, erklärte er mir.

»Bei der Army sagt dir dein Vorgesetzter, was du zu tun hast. Es gibt klare Vorgaben und Pläne. Für uns Soldaten war unser Leben von morgens bis abends durchstrukturiert und folgte klaren Maßstäben und Anforderungen. Doch ich wollte damals mehr, als nur ein guter Soldat zu sein. Ich wollte auch ein guter Mann sein. Ich wollte ein guter Ehemann sein und ein guter Vater werden. Die Prinzipien dafür habe ich durch sehr alte Schriften gewonnen, die ich während meiner Zeit bei der Armee las. Ich habe sie durch meinen Ausbilder erhalten«, erklärte er mir. Er führte seine Gedanken fort und stellte mir die Philosophie der Stoiker vor: »Viele der Lektionen, die ich von Seneca und anderen Stoikern lernte, schienen mit den Übungen und dem Training bei der Army konform zu gehen. Das hat mir damals sehr geholfen. Ich gebe dir diese Schriften. Doch sie nur zu lesen, wird nicht genug sein. Lies die Woche über und wir sprechen an den Wochenenden, wie du das anwenden kannst, was du gelernt hast.«

Ich las. Ich las alles, was ich in die Finger bekam, über Seneca, Marcus Aurelius, Epiktet, Cato, Zenon und alle anderen Menschen, die sich den Prinzipien der Stoa verschrieben hatten. Alles, was ich las und lernte, wollte ich sofort umsetzen. Wie ein ungeduldiges Kind recherchierte und verfolgte ich die Lehren des Stoizismus. An den Wochenenden besprach ich mich mit dem Sergeant, um daraufhin das Gelernte anzuwenden. Von nun an führte ich einen Kampf mit einem Handbuch voll von Prinzipien und Übungen gegen mich selbst. Ich führte Krieg gegen die Kilos, die Angst, die Unruhe, den Stress, die Unglückseligkeit und die Disziplinlosigkeit. Ich führte Krieg gegen mein Ego und den Mann, der ich nicht sein wollte – oder wie es der Sergeant ausdrückte: Ich übte mich darin, ein gutes Leben zu führen.

Die Prinzipien und Lehren Senecas, die mir der Sergeant eröffnet hat, möchte ich in diesem Buch an Sie weitergeben. Ich bin davon überzeugt, dass viele Menschen ähnliche oder schwierigere Zeiten durchmachen müssen, als ich es einst tat. Weiterhin bin ich davon überzeugt, dass die Lehren der Stoiker, die konträr zum heutigen gelebten Hedonismus stehen, uns Menschen dazu verhelfen können, ein besseres, bewussteres, glücklicheres und stärkeres Leben zu führen, als wir es vielleicht derzeit für möglich halten. Auch wenn unsere heutige Gesellschaft den Weg der Stoiker ablehnt, so sind die Ergebnisse des gelebten Stoizismus ein Beweis dafür, dass die Prinzipien der Stoa ihre Bedeutung nicht verfehlen.

Es würde an dieser Stelle bestimmt sexy klingen, wenn ich Ihnen von der *From-zero-to-hero*-Geschichte berichten würde. Doch das würde die Wahrheit nicht widerspiegeln. Im Gegenteil. Diese Geschichte hat kein großes Finale und endet nicht mit dem großen Kuss, der Hochzeit oder dem Lottogewinn. Es tönen keine Fanfaren und keine Fete wird zum abschließenden Sieg gefeiert. Es ist eine Geschichte mit einem Anfang und ohne Ende. Der gelebte Stoizismus ist eine Reise, die erst mit Ihrem Tod endet. Vielleicht finden Sie in meinen Zeilen auch einen Teil Ihrer Geschichte wieder und können sich damit identifizieren.

Ich war schon immer ein ziemlicher Rebell und habe mich oft gegen Systeme, Vorgaben und Normen aufgelehnt. Querdenken nannte man das, bevor das Wort während der weltweiten Corona-Pandemie geschändet wurde. Vielleicht ist es mir vergönnt, Sie zu einer positiven Art des Querdenkens anzuregen, Ihr Leben in unserer hedonistischen Welt zu hinterfragen und Wege aufzuzeigen, die andere, hier nicht genannte Menschen und ich heute gehen. Womöglich können die Lehren der Stoiker Ihnen die gleichen wertvollen Lektionen mit auf den Weg geben und Ihr Leben positiv verändern und eine Alternative zum Hedonismus aufzeigen. Vielleicht können Sie im Stoizismus die Ihnen vorenthaltenen Lehren für ein gutes und glückliches Leben entdecken.

Arsch hoch und los!

»Welche Sportart hasst du am meisten?«, fragte mich der Sergeant zu Beginn unserer Wochenendgespräche. Die Frage war leicht zu beantworten. »Laufen! Ganz klar!«, erwiderte ich prompt. Ich erinnere mich noch sehr gut an die drei Runden, die ich als kleiner Junge um den Sportplatz laufen musste, bei denen ich mich nach zwei Runden auf den Rasen setzte und eine Verletzung vortäuschte. Ich bin das Rennen nie zu Ende gelaufen und habe seither immer Langläufe verabscheut. Nach fünf Minuten Joggen hatte ich jahrelang die härtesten Schmerzen in den Füßen und Waden. Ich mied das Laufen wie ein Fisch das Trockene.

»Dann solltest du anfangen, regelmäßig zu laufen. Du musst wieder in Form kommen und dich den Schmerzen stellen«, war seine Lehre. Dieser Gedanke stank mir bis zum Himmel. Ich und laufen? Regelmäßig? Ich glaubte, dass ich mich verhört hatte. Nachdem ich mich wieder beruhigt hatte, sah ich es ein und gab dem Irrsinn eine Chance. Ich war ein Weichei geworden! Noch vor Jahren war ich Wettkampfschwimmer und Kampfsportler und heute stand ich für all das, was ich einst verabscheut hatte.

Unsere hedonistische Gesellschaft fördert Weicheier und leichte Wege. Unser Körper schreit uns innerlich an, wenn wir uns den Schmerzen und der Anstrengung stellen müssen. Unsere Gesellschaft schreit zurück und sagt: »Mach eine Pause. Alles wird gut«, während sie uns über den Kopf streichelt. In den letzten Jahren ist mir aufgefallen, dass dies vor allem bei übergewichtigen Menschen gut zu erkennen ist. Die Zahl der Übergewichtigen stieg in den letzten Jahrzehnten weltweit rasant an. Übergewicht macht zwar einen Menschen nicht schlecht, aber auch nicht gesund und fähiger. Die steigenden Zahlen mögen auf der einen Seite der wenigen Bewegung geschuldet sein und auf der anderen Seite der Möglichkeit, schnelles und ungesundes Essen zu finden. Zahlreiche Unternehmen machen mit dem Drang nach schnellen Ergebnissen und schneller Befriedigung mächtig Kasse. Schlimmer noch, wer heute fettleibig ist, wird sogar noch durch seine Freunde und Verwandten bestätigt und gestreichelt. Da heißt es: »Mach dir keine Gedanken. Du bist nicht

Unsere hedonistische Gesellschaft fördert Weicheier und leichte Wege.

fett. Du bist kurvig!« Mit der Aussage legen sich einige Menschen heute echt in die Kurve. Statt der Wahrheit ins Auge zu blicken und einmal radikal ehrlich zu sich zu sein, reden wir uns die bittere Wahrheit schön. Da war aber nichts schönzureden. So hart es auch für mich war, es mir einzugestehen: Ich war fett geworden. Punkt. Ich aß schlecht und mein Training war obendrein der Superlativ einer Katastrophe. Seneca lehrte: »Denke schlecht von dir. So wirst du dich gewöhnen, die Wahrheit zu sagen und zu hören.«

Praktizieren Sie radikale Ehrlichkeit mit sich selbst. Halten Sie sich Ihre Fehler vor Augen. Die Betonung liegt auf: *Ihre* Fehler und nicht die Fehler anderer. Die Fehler anderer können Sie nicht verändern, da es außerhalb Ihrer Macht liegt. Im Stoizismus geht es um Ihre Entwicklung und nicht darum, dass Sie so gut werden, dass Sie Ihr Ego in die Höhe heben und andere Menschen niedermachen müssen. Das wäre das Werk eines Narzissten und nicht das Ergebnis eines guten Lebens. Machen Sie sich ans Werk und suchen Sie die Wahrheit. Praktizieren Sie radikale Ehrlichkeit mit sich selbst. Springen Sie bewusst ins kalte Wasser und begegnen Sie dem Unangenehmen. Hier finden Sie den größten Fortschritt für sich und Ihre Zukunft. Damit sind sowohl Ihr körperliches Befinden als auch Ihre zwischenmenschlichen Beziehungen oder Ihre Arbeit gemeint. Was ist der Sport, der Sie am meisten quält? Was ist Ihr persönlicher Horror? Gewöhnen Sie sich an den Gedanken, dass Fortschritt nur in dem liegen kann, was wir ungern oder unfreiwillig tun.

Wer immer nur auf der Couch die Schokolade in sich reinstopft, muss sich über nichts wundern. Wer den Schmerzen entsagt, wird niemals hochkommen. Machen Sie sich an die Arbeit und verändern Sie, was Sie nicht länger tolerieren wollen. Die Singles, die einen Partner finden wollen, müssen endlich den Arsch hochkriegen und in der Bar den Menschen ansprechen, den Sie kennenlernen möchten. Wir müssen den Mut entwickeln, uns radikal unsere Ängste einzugestehen. Die Unglücklichen müssen sich radikal ehrlich ihren Ängsten stellen und diese laut aussprechen. Die ungewollt Übergewichtigen müssen aufhören, sich kurvig zu nennen. Sprechen Sie die Wahrheit aus! Auch wenn es wehtut. Fangen Sie an, das Unbequeme zu tun, auch wenn das bedeutet, mit sich selbst hart ins Gericht zu gehen. Seien Sie ehrlich zu sich selbst. Sie haben es verdient.

Nehmen Sie Ihre Schwächen an

Die Stoiker lehrten, dass die Wahrheit maßgeblich ist. Statt nach Lügen, Schönrederei und dem sanften Geplänkel strebten die Stoiker nach der absoluten und brutalen Wahrheit. Ermahnen Sie sich, nach der Wahrheit zu suchen. Seneca schrieb an Lucilius: »Zwei Dinge sind es, denen die Seele vor allem ihre Kraft verdankt: der Glaube an die Wahrheit und das Selbstvertrauen; beides bewirkt die Ermahnung.« Die Suche nach dieser Wahrheit wird uns im Folgenden noch weiter beschäftigen.

»Ich bin nicht dein großer Meister und ich muss dir auch nicht sagen, was du zu tun hast. Wenn du gemäß dem Stoizismus leben möchtest, musst du kein Besserwisser oder Guru sein. Du brauchst auch keinen Coach oder so einen Unfug. Warum sollte ich dich ermahnen, wenn du es selbst nicht schaffst?«, fragte mich der Sergeant. Ich hatte ihn verstanden. Ich suchte nach Ausreden, nicht laufen zu müssen. Statt der Wahrheit hatte ich den leichten Weg gesucht. Wer den leichten

Weg sucht, darf niemals wahre Ergebnisse erwarten. Da bin auch ich keine Ausnahme.

Ich hatte mir jahrelang eingeredet, dass Laufen etwas Qualvolles war. Also stellte ich mich der Qual und begann, langsam zu joggen. Nach zwei Kilometern streikten meine Muskeln und meine Füße schmerzten wie Feuer. Zwei Tage später lief ich wieder. Wieder setzten die Schmerzen ein. Ich kaufte mir bessere Laufschuhe, Einlagen und die passenden Strümpfe. Doch der Schmerz ließ mich nicht los. Alle zwei Tage ging ich laufen und laugte meinen Körper bis zur Erschöpfung aus. Nach 15 Minuten Laufen war ich so fertig wie nie zuvor. Als ich nach vier Wochen aufgeben wollte, dachte ich an den Schmerz, den ich vorher in meiner Seele empfand. Ich dachte an die hedonistische Gesellschaft und den gepriesenen Durchschnitt. Das wollte ich nicht! Ich lief weiter und habe seither nicht mehr damit aufgehört. Seit meinem ersten richtigen Langstreckenlauf kann ich nicht mehr aufhören. Die Schmerzen wurden mit der Zeit weniger oder setzten später ein. Aufgehört haben sie aber nie.

Für alle Dinge, die wir als lohnenswert erachten, müssen wir leiden und das Leiden akzeptieren. Wir müssen der Wahrheit ins Auge blicken. Wir müssen erkennen, dass wir faul, träge, fett und langsam sind. Wir müssen erkennen, dass wir zornig, übereifrig, ängstlich und schwach sind. Nehmen Sie Ihre Schwächen an. Attackieren Sie Ihre Schwächen durch die passenden Handlungen. Seneca lehrt uns: »Man glaube ja nicht, es sei mehr fremde Schmeichelei als unsere eigene, die uns zugrunde richtet. Wer wagt es, sich selbst die Wahrheit zu sagen?«

In unserer hedonistischen Welt wird Ihnen gesagt, dass es okay sei, auf der Couch Chips und Gummibärchen in sich hineinzustopfen. Tiefkühlabteilungen sind in vielen Läden sogar größer als alle anderen. Die Auswahl an Tiefkühlpizzen und

Fertiggerichten ist gigantisch. Unsere Gesellschaft erlaubt den leichten und einfachen Weg und nennt ihn obendrein auch noch Fortschritt. Was für ein Wahnsinn!

Bei Wettkämpfen treffe ich immer auf Athleten, die etwas Stoisches an sich haben. Sie trotzen dem Hedonismus, zumindest wenn es um ihren Sport geht. Das ist auch gut so. Der Stoizismus ist kein Fitnessprogramm, sondern eine Lebensphilosophie. Der gelebte Stoizismus soll Ihnen zu viel mehr verhelfen, als die Couch gegen Ihre Laufschuhe zu tauschen.

Ihr bestes Ich

Im Stoizismus geht es darum, alle drei Elemente Ihres Ich miteinander zu verbinden – Körper, Geist und Seele. Diese gilt es in ein harmonisches Sein zu bringen, um so zu wachsen und einen Fortschritt zu erlangen. Wie dieser Fortschritt für Sie persönlich aussehen soll, hängt nur von Ihnen und Ihren Zielen ab. Doch dafür bedarf es mehr als nur durchschnittlicher Arbeit.

Ich bin immer wieder fassungslos, wenn Menschen behaupten, dass Sie sich etwas gönnen wollen, nur weil Sie durchschnittliche Arbeit geleistet haben. Nach dem Motto: »Immerhin habe ich es geschafft, heute aufzustehen.« Ja, das ist ganz wundervoll. Soll ich jetzt einen bunten Lollipop verschenken und das Köpfchen streicheln? Nein, zurück ans Werk. Wir sind noch lange nicht fertig!

Ich habe den Stoizismus vor allem als eine Art Übungsprogramm für schlechte Zeiten kennengelernt. Während in unserer hedonistischen Gesellschaft schlechte und schlimme Ereignisse kategorisch verneint und ignoriert werden, läuft der Stoiker schnurstracks und gerade in das offene Messer hinein. Ist Ihnen nicht auch schon aufgefallen, dass unsere Gesellschaft nur ungern über Fehlschläge, missglückte Ehen, gescheiterte Beziehungen oder Insolvenzen spricht? Niemand will über das Blut, den Schweiß, die Tränen und die gebrochenen Herzen sprechen. Immer muss es heißen: »*We are the champions*« und unser Leben ist der totale Wahnsinn. »Hier, schau nur, wie toll mein Instagram-Profil ist!« Die Stoiker hingegen halten nichts von dieser Scheinwelt und gespielter Glückseligkeit. Für sie ist es ein Schauspiel voller falscher Statisten. Die Stoiker suchen stattdessen bewusst das Problem und die Herausforderung. Sie suchen den Schmerz in der Wahrheit. Doch warum ist das so?

Die Stoiker waren keine Masochisten, sondern daran interessiert, besser zu werden. Im Stoizismus spricht man von einem Leben gemäß Arete. Das Prinzip Arete hat für uns eine maßgebliche Bedeutung. Gemäß dem Stoizismus leben wir Menschen erst dann in völliger Harmonie mit uns selbst, der Welt und dem Kosmos, wenn wir die beste Version sind, die wir sein können. Ich tue mich mit diesem Begriff immer sehr schwer.

Das Prinzip Arete hat für uns eine maßgebliche Bedeutung.

Wenn wir die beste Version unserer selbst werden sollen, um in Harmonie mit uns und der Welt zu leben, bedeutet das, dass es mehrere Versionen von uns gibt. Das wiederum klingt für mich nach Schizophrenie. Ich bevorzuge es daher, von der besten Person zu sprechen, welche wir sein können. Dass es eine Version 3.1.2 von Ihnen geben soll, lehne ich daher in diesem Rahmen ab. Sind wir denn etwa updatepflichtig?

Die beste Person zu sein, zu werden oder gar unser vollständiges Potenzial zu entfalten, ist unsere Aufgabe als frischgebackene Stoiker. Dies ist nicht immer einfach. Selbst wenn wir es schaffen, uns regelmäßig zu verbessern, kann dies zu einem Anstieg unseres Egos führen und weil gerade alles so extrem gut läuft und wir uns wie Popeye fühlen, denken wir, dass das immer so bleiben wird. Es ist ein Kampf zwischen Arete, unserem besten Ich, dem Ego und dem Maßlosen.

Das Schöne an Arete aber ist auch, dass Sie für diese beste Person keine externen Beeinflussungen benötigen. Der Sportler braucht kein Doping, die Diva keine Modetrends, der Marathonläufer nicht die besten Schuhe, das Kind nicht den besten Rucksack und der Single nicht den perfekten Partner. Ob Sie als die beste Person leben können, welche Sie potenziell sein können, liegt nur an Ihnen. Ob Sie ein harmonisches, ein glückliches und vollkommenes Leben führen, hängt nur von Ihnen ab. Ob Sie in Harmonie mit der Welt leben, hängt nur von Ihnen und nie von anderen Menschen, Tieren oder der Welt ab. Seneca schrieb: »Ein Teil unserer Zeit wird uns entrissen, ein anderer unbemerkt entzogen, ein dritter wieder zerrinnt uns. Am schimpflichsten aber ist wohl der Verlust durch Nachlässigkeit.« Er erinnert uns daran, dass alle Verantwortung bei uns verweilt. Die gesamte Verantwortung unseres Lebens liegt bei uns – sowohl für die guten als auch für die schlechten Taten, Momente und Begegnungen.

Wenn wir nachlässig werden, werden wir träge, schwach, fett, langsam und unkonzentriert. Wir entfernen uns immer weiter von der besten Person, die wir sein können. Wir entfernen uns von unserem Potenzial und führen alles andere als ein gutes Leben. Das Resultat ist, dass die Harmonie zwischen unserem Körper, unserem Geist und unserer Seele leidet. Wer ein tugendhaftes Leben gemäß Arete leben will, muss sich der Verbesserung verschreiben. Schließen Sie einen Vertrag mit sich selbst. Schließen Sie diesen Vertrag noch heute, um sofort damit zu beginnen, Ihre Schwächen, Ihre Trägheit, Disziplinlosigkeit und Ungenauigkeit zu attackieren. Gehen Sie in den Angriff über!

Radikale Verantwortung

Wenn Kleinkinder hinfallen, fangen sie anfangs nicht sofort an zu weinen. Sie schauen erst hoch und suchen nach den Blicken der Eltern. Wenn diese ganz traurig aussehen und dem Kind entgegenrennen und es aufheben wollen, beginnt das Kind sofort zu weinen. Ich habe schon Kinder gesehen, die laut auflachten, als sie hinfielen, während Papa und Mama danebenstanden und breit grinsten. Sie glauben, dass sich das ändert, wenn wir erwachsen werden? Wie viele Menschen fallen heute hin und schauen sich erst einmal um, ob es jemand gesehen hat. Wir sind plötzlich peinlich berührt, denn wir sind nicht mehr so toll, wie wir glaubten, oder wir suchen nach den Blicken anderer. Dann fangen wir an zu jammern: »Oh Gott, die Firma schmeißt so viele Leute raus. Bald bin ich auch dran« oder: »Oh nein, der Sebastian hat mich verlassen. Mein Leben ist zu Ende!« Mein Liebling und der Klassiker ist: »Das Wetter ist heute so mies. Da kann der Tag nur schlecht werden.« Das ist wie bei der griechischen antiken Vogelschau. Wenn der Vogel eine Schlange in den Klauen hält und linksherum fliegt, sind die Götter erzürnt. Ja klar, die Götter sind schuld. Wenn wir schon dabei sind: Warum sind denn nicht gleich auch die Eltern, die Politiker, der Arbeitgeber, der Kunde oder der Maulwurf im Garten schuld?

Hören Sie auf zu jammern. Übernehmen Sie radikal und gnadenlos die Verantwortung für Ihre Fehler und alle Missstände, an denen Sie direkt oder indirekt beteiligt sind. Die Frage sollte niemals lauten: »Warum ist das nur schiefgelaufen?« Die Frage muss lauten: »Was kann ich tun, damit es wieder gut wird?« Verantwortung zu übernehmen, ist schwer und tut weh. Es ist harte Arbeit, sich der Wahrheit zu stellen und ihr ins Auge zu blicken. Doch wenn Sie es hätten besser tun können, dann übernehmen Sie auch Verantwortung!

In unserer heutigen hedonistischen Gesellschaft will niemand mehr wirklich Verantwortung übernehmen. So scheint es zumindest. Wir wollen lieber im Ruhm baden, den Erfolg auskosten oder einfach so tun als ob. Letzteres steckt in dem gebräuchlichen Ratschlag: »*Fake it till you make it.*« Frei nach dem Motto: »Ja, du bist ein kleiner Versager. Egal, tue einfach so, als ob du der große Hecht wärst. Irgendwann bist du das. Hier, iss noch ein Stück Sahnetorte!« Das meinte Seneca auch damit, als er von der Nachlässigkeit sprach. Seneca lehrte weiterhin: »Es kann niemand ethisch verantwortungsvoll leben, der nur an sich denkt und alles seinem persönlichen Vorteil unterstellt. Du musst für den anderen leben, wenn du für dich selbst leben willst.« Auch das bedeutet es, Verantwortung zu übernehmen. Verantwortung für uns, Verantwortung für andere, Verantwortung für die Gesellschaft und Verantwortung für die Welt. Wer seine Verantwortung leugnet, dem fällt es leicht zu glauben, dass er von seinen Taten unberührt bleibt. Aus diesem Grund fällt es Politikern leicht, Wahlversprechungen zu geben und sich an diese in ihrer Amtszeit nicht zu halten. Der Nachfolger kann die Suppe ja auslöffeln, während man längst weg ist. Sollen doch die nächsten in der Reihe die Verantwortung übernehmen.

Wer seine Verantwortung negiert, leugnet die Schmerzen, die er damit anderen zufügt. Übernehmen Sie Verantwortung für Ihr Leben. Wenn Sie es nicht tun, tut es keiner!

Wer seine Verantwortung negiert, leugnet die Schmerzen, die er damit anderen zufügt.

Toleranz ist eine Lüge

»Wie viele Klimmzüge schaffst du?«, fragte mich der Sergeant. Ich hatte keine Ahnung und fragte neckisch zurück: »Wie viele schaffst du denn?« Er lachte: »Alle«, sagte er und zwinkerte mir zu. »Mit der Wampe vor dir wird es schwer für dich. Was isst du die ganze Zeit?« Der Sergeant traf einen wunden Punkt. Ich hatte ihm noch nicht gebeichtet, dass meine Ernährung aus Tiefkühlmahlzeiten bestand. Als ich ihm erklärte, wie meine Ernährung aussah, sagte er: »Ich verstehe. Du stehst also auf Gift.« Ziemlich hart formuliert, aber ja, im Grunde genommen hatte er recht. Ich aß zu viel weißen Zucker, zu viele Kohlenhydrate und ungesunde Fette. »Immerhin rauchst du nicht«, lachte er. »Dein Problem ist aber nicht nur die Ernährung. Du hast bisher dein schlechtes Essverhalten akzeptiert und es toleriert, dass du deinem Körper das antust. Du kämpfst nicht. Du hast dich dem hedonistischen, schnellen und einfachen Weg hingegeben.« Treffend! Der junge Jedi war der dunklen Seite verfallen.

Toleranz ist eine Lüge. Ich meine damit nicht, dass wir etwa andere Religionen oder Hautfarben, Meinungen oder sexuelle Neigungen nicht tolerieren sollten. Die Stoiker waren offen für andere Meinungen und Ansichten. Sie begrüßten sie sogar und versuchten, den Menschen durch Weisheit und Rat zu helfen. Die Toleranz gegenüber anderen Menschen oder Religionen muss für uns als angehende Stoiker also eine Tugend sein. Doch die Toleranz, von der ich spreche, die eine Lüge ist, ist die hedonistisch erlernte Toleranz.

Wir haben gelernt, dass wir den leichten und einfachen Weg tolerieren sollten. So, wie es damals meine Sportlehrerin tat, als ich die Runden nicht zu Ende lief. »Ja, der kleine Niclas hat sich verletzt. Der arme Junge, er kann ruhig aufhören.« Hätte sie die Schwäche und das vorgetäuschte Leid nicht toleriert, hätte sie mir in den Arsch treten müssen. Wahrscheinlich wäre ich weitergelaufen. Ich wusste es nicht besser und habe es stattdessen jahrelang toleriert. Am Ende war es meine Schuld.

Unsere Pädagogen haben längst den leichten und entspannten Weg als den goldenen Pfad deklariert und ihn gewählt. Die 1968er-Bewegung hat ihr Bestes dazugegeben und einen Laissez-faire-Erziehungsstil geduldet. Plötzlich begannen wir, es zu tolerieren, wenn Kindern keine Grenzen aufgezeigt wurden. Tischmanieren, Anstand und Respekt wurden über Bord geworfen. Selbstverständlich soll das keine Verallgemeinerung und Beschuldigung aller Pädagogen sein. Leider aber nehme ich immer mehr ein solches Verhalten bei heutigen Lehrkräften wahr. Das heute beklagte Fehlverhalten jüngerer Menschen ist das Ergebnis vergangener Pädagogik. Die heutigen hervorragenden Lehrkräfte gehen in der Masse der schwarzen Schafe unter.

Doch die Eltern sind nicht besser. Die Kinder bekommen mittags das Essen vorgesetzt, das aus Pommes, fettigen Hähnchenteilen und Tomatenketchup besteht. Manchmal gibt es Döner oder eine Tiefkühlpizza. Es werden ein paar Chickenwings aus der Tiefkühltruhe aufgetaut und fertig ist die Ernährung für die Kinder nach der Schule. Ich habe als Kind immer eine sehr gesunde und nahrhafte Küche genießen dürfen. Als ich aber mein Studium begann und auf mich selbst gestellt war, ging es mit der Ernährung bergab. Ich habe die steile Fahrt abwärts toleriert. Seneca lehrte: »Für unsere innere Freiheit kommt sehr viel darauf an, ob wir unseren Magen in guter Zucht haben und ob er widerstandsfähig ist auch gegen starke Zumutungen.«

Wir werden langsam und fett, wenn wir eine schlechte Ernährungsweise tolerieren. Eine saubere und gute Ernährung ist der Antrieb für unseren Körper. Wie wollen wir die beste Person sein, die wir sein können, wenn wir uns nicht hervorragend ernähren und unserem Körper nur das Beste geben? Niemand braucht Kaviar und Wachteleier. Eine gesunde Küche kann so einfach sein. Tolerieren Sie keine minderwertige Nahrung oder Fast Food. Vergiften Sie nicht Ihren Körper und damit Ihr Leben. Seneca selbst war sogar Vegetarier. Er schrieb an Lucilius: »Durch solche Reden angetrieben, fing ich an, mich der tierischen Nahrung zu enthalten, und nach Ablauf eines Jahres war mir diese Gewohnheit nicht nur leicht, sondern auch angenehm.« Das heißt nicht, dass Sie nun kein Fleisch mehr essen sollten. Nein, machen Sie sich stattdessen Gedanken über Ihre Ernährung und darüber, was Sie zu sich nehmen. Mit ein bis zwei guten Büchern können Sie sich an einem Wochenende alles anlesen, was Sie wissen müssen, um eine einfache, kostengünstige und gesündere Ernährung zu gewährleisten. Oft reicht es aus, weißen Zucker und ungesunde Fette zu streichen. Kuchen, Süßigkeiten und Konsorten dürfen beim Supermarkt im Regal liegen bleiben. Tolerieren Sie den leichten Weg nicht, nur weil ihn unsere heutige Gesellschaft gutheißt. Auch wenn alle von der Brücke springen, macht es den Fall nicht besser. Am Ende klatschen alle unten auf. Jeder für sich allein.

Der Endgegner

Nach einer Weile hatte ich den Dreh raus. Ich aß wieder vernünftig, hatte mir einen Ernährungsplan zugelegt, ging abends laufen und machte morgens und abends Yoga. Zusätzlich trainierte ich allein mit meinem Körpergewicht, wo ich gerade war. »Du brauchst kein Fitnessstudio. Fünf einfache Übungen, Junge! Liegestütze, Klimmzüge, Burpees, Squads und Sit-ups. Mehr brauchst du nicht«, lehrte mich der Sergeant seine Fitnessregeln aus der Armeezeit. Es ging aufwärts – gefühlt zumindest. Ich berichtete dem Sergeant von der Entwicklung und er entgegnete streng: »Seneca war kein Fitnesscoach! Du trainierst nicht für ein Sixpack oder den Marathon. Du trainierst, um deinen Körper, deinen Geist und deine Seele zu stählen. Du bereitest dich mit dem Training auf die Widrigkeiten des Lebens vor. Du trainierst deine Disziplin. Durch die richtige Ernährung unterstützt du deinen Körper dahingehend, dass du diese Leistung überhaupt erst bringen kannst. Wenn du für ein gutes Aussehen trainierst, schenkst du deinem Ego voll ein. Das ist nicht das, was Seneca lehrte.«

Obwohl der Hedonismus lebt und unsere Gesellschaft sich ihm hingegeben hat, gibt es dennoch genügend Menschen, die körperlich an sich arbeiten. Die Fitnessstudios sind, besonders abends, rappelvoll. Die Laufstrecken sind mit Joggern und Trainierenden gut besucht. Bei einem Halbmarathon hat man das Gefühl, man läuft mit einer Herde Rinder durch die Savanne. Glücklicherweise trainieren und arbeiten viele an ihrer Entwicklung. Leider ist es häufig nur die körperliche und sportliche Entwicklung. Sie ist meist zielgerichtet. Die Jungs wollen ein Sixpack, größere Muskeln und einen tollen Bizeps. Die Frauen wollen eine Strandfigur und ein rundes Gesäß. Ihr Training streichelt ihr Ego. Sie tun es aus egoistischen Gründen und dem Wunsch nach Anerkennung, mehr Sex, Spaß und Freude. Obwohl die Handlung die richtige ist, ist es die falsche Absicht. So wird das Training und die Ernährung zum Zweck, sich dem Hedonismus hinzugeben. Was haben wir damit erreicht?

Obwohl die Handlung die richtige ist, ist es die falsche Absicht.

Sobald wir den Sex, die Anerkennung und den Spaß erlangt haben, flaut unsere Motivation fürs Training ab, wir werden langsamer und wieder träge. Wir haben ja schließlich erreicht, was wir wollten. Das ist unter anderem ein Grund dafür, warum die meisten Fitnessstudios eher voller Singles auf Partnersuche sind und im Januar die meisten Anmeldungen stattfinden, während im Februar die Fitnessräume leerer werden. Im Prinzip ist dies auch der Grund für die Faulheit vieler Eheleute. Nach der Hochzeit wird der Körper oft vernachlässigt. Zunächst dachte man, dass man für einen neuen Partner gut in Form sein sollte. Dann fand man die große Liebe und begann langsam, träge zu werden. Irgendwann war der Trott da und hatte sich wie ein Parasit festgebissen. Mit den Jahren wurde man dicker, langsamer, schwächer und steifer. Spätestens dann hören wir wieder einmal die Experten sagen: »Deutschland hat Rücken!« Als sei die Arbeit getan und man könne sich jetzt ausruhen. Ihr Ego spielt Ihnen hier in die Karten und macht Ihnen klar, dass Sie es sich verdient haben. Deshalb ruhen Sie sich auf einstigen Erfolgen aus. Dass diese 30 Jahre zurückliegen, interessiert dabei keinen.

Ihr größter Feind ist nicht die Klimmzugstange, Ihr Chef, der Blödmann aus Schulzeiten, der Brokkoli oder gar der Trott. Der größte Feind, dem Sie in Ihrem Leben begegnen, ist Ihr Ego. Sie nehmen Ihren Feind immer und überall mit hin und er versucht immer wieder, sich gegen Sie zu erheben. Ihr Ego sucht den leichten Weg. Es will gestreichelt und getätschelt werden, braucht Aufmerksamkeit und Anerkennung. Ihr Ego ist eine Drama-Queen. Wenn Sie ihm geben, wonach es verlangt, haben Sie verloren. Ihr Ego will den leichten Weg, welcher Sie von Ihrem besten Ich entfernt. Das Ego ist der ultimative Endgegner.

Ihr Ego ist eine Drama-Queen.

Schauen Sie sich in unserer hedonistischen Welt um. Erkennen Sie, wie vielen Großmäulern oder Egomanen Raum für ihre Präsentation geboten wird? Die Narzissten in dieser Welt werden immer beliebter. Junge Menschen folgen nun plötzlich Gangsterrappern, die andere Menschen bedrohen und behaupten, dass sie ihre Mütter vergewaltigen. Ein anderer Künstler behauptet, er sei der heißeste Künstler der Stadt. Der nächste tätowiert sich seinen ganzen Körper inklusive seines Gesichtes, um damit seine Marke zu unterstreichen, Aufmerksamkeit zu erlangen und sein Ego zu präsentieren. Egoisten schaffen es sogar auf die politische Bühne. Das Ergebnis ist, dass ihnen ihr Erfolg zu Kopf steigt. Plötzlich fangen sie an, Frauen zu beleidigen, Männer als Abschaum zu betiteln, Menschen zu denunzieren, zu beschimpfen und ihren Respekt zu verlieren. Doch nicht nur die Stars und Sternchen kämpfen mit ihrem Ego. Jeder Mensch kämpft den Kampf gegen das Ego. Ob er gewonnen werden kann, vermag ich nicht zu sagen. Er wird wahrscheinlich erst mit dem Tod enden. Vielleicht schaffen wir es vorher. Doch das Ende des Krieges ist nie von Belang. Es sind die täglichen Schlachten, die wir gewinnen müssen.

Ihr Ego ist Ihr Feind. Immer wenn Sie glauben, dass Sie es geschafft haben und jetzt ein großer Held sind, haben Sie verloren. Immer wenn Sie Ihre Erfolge feiern, weil Sie glauben, dass Sie fertig sind, haben Sie verloren. Immer wenn Ihnen Ihr Ego sagt, dass Sie zu fett, dumm oder kaputt sind, haben Sie verloren. Das Ego ist maßlos, kennt keine Grenzen und keine Barmherzigkeit. Seneca schrieb: »Wir alle, ohne Unterschied, leben in einer Art Gefangenschaft, und angebunden sind auch die, die uns angebunden haben, du müsstest denn die Kette an der Linken für leichter halten. Den einen fesseln Ehrenstellen, den anderen fesselt Reichtum; einige leiden unter ihrer vornehmen Geburt, andere unter dem Gegenteil; manche müssen sich fremde Herrschsucht gefallen lassen, manche hinwiederum sind Opfer der eigenen.«

Ich habe aufgegeben zu hinterfragen, warum unsere hedonistisch geprägte Gesellschaft so viel Egoismus Raum gibt. Ich kann mitunter nicht verstehen, warum wir solchen Menschen sogar Anerkennung zollen und ihr Ego somit noch weiter befeuern. Die Medien machen da leichtfertig mit und stürzen sich auf alles, was sich lauthals aus der Stille emporhebt. Streben Sie danach, Ihr Ego zu bändigen und es zu zähmen. Niemand ist vor diesem Feind gefeit und ein jeder hat mit ihm zu kämpfen. Ihre Freunde, Bekannten, ich und auch Sie. Jeder Mensch kämpft den Kampf. Manche haben schon verloren und aufgegeben. Andere kämpfen noch. Die Stoiker haben uns einen Schlachtplan gegen unser Ego bereitgestellt. Die Philosophie der Stoa wird Ihnen helfen, diesen Schlachtplan umzusetzen und Ihrem Ego Einhalt zu gebieten. Doch egal, was Sie tun: Hören Sie nie auf zu kämpfen!

Mut zur Veränderung

Unsere hedonistische Gesellschaft hat uns glauben lassen, dass die Masse immer recht hat. Es ist das Grundprinzip unserer Demokratie. Die meisten Stimmen geben den Ton an. Wer die meisten Fans hat, verkauft die meiste Musik. Wer die meisten Follower hat, erhält die größte Aufmerksamkeit und wer das meiste Geld hat, hat den größten Einfluss. Es ist das Maximalprinzip unserer Zeit. Mehr ist besser. Wer mit dem Strom schwimmt, schwimmt in sicheren Gewässern. Wer die Masse anführt, kann zwar ersetzt, aber auch gefeiert werden. Es ist die unsichtbare Lehre unserer Gesellschaft. Es ist eine Lehre, die uns dazu verdammt, ein sicheres Nest zu bauen, eine Komfortzone einzurichten, scheinbare Ordnung zu schaffen und Richtlinien für den Bürger zu erschaffen. Das ist der Grund, warum wir uns nach Gesetzen und Verordnungen richten müssen. Ob diese immer auch so beharrlich kontrolliert werden, steht auf einem anderen Blatt Papier. Doch es sind nicht die schriftlich fixierten Regeln, die uns knechten. Es sind die unausgesprochenen Normen, die uns einengen und uns dem Durchschnitt zuordnen. In unserer heutigen Gesellschaft wird der Durchschnitt anerkannt. Wer durchschnittlich ist, sei bodenständig und bescheiden. Ist das denn wirklich so? Schlimmer noch. Sogar unterdurchschnittliche Leistungen werden heute toleriert. Wir leben in einer Gesellschaft, in der jeder seinen Platz haben darf, ohne dafür maßgeblich etwas mit in die Waagschale zu legen. Wer faul, unfähig oder kriminell ist und der Gemeinschaft schadet, wird trotzdem mitgezogen. Wir leben in einer Welt, in der es Medaillen für den vierten Platz gibt. Es gibt Punkte für die bloße Anwesenheit. Wer zu spät erscheint, kommt dennoch auf die Anwesenheitsliste. Wer in der Schule seinen Namen richtig tanzen kann, wird versetzt. Irre!

Solange wir an diese hedonistische Welt glauben, schwindet unser Mut. Es ist unser Mut, eine bessere und gerechtere Welt zu erschaffen, der langsam stirbt. Uns wird die Farbe genommen, bis wir schwarz, weiß und grau in der Masse stehen und unauffällig dahinvegetieren. Es ist die Euthymie, der Glaube an uns selbst, der uns genommen wird. Seneca lehrte: »Wir müssen viele Dinge aufgeben, von denen wir abhängig sind und die wir als gut erachten. Andernfalls wird der Mut schwinden, der sich andauernd bewähren muss. Die Einzigartigkeit der Seele wird verloren gehen, denn sie kann sich nur abgrenzen, wenn sie das als nichtig abtut, was das Volk am meisten begehrt.«

Könnten Sie Ihre Sicherheiten im Leben aufgeben? Könnten Sie sich vorstellen, Ihr Haus zu verlassen, Ihr Leben zu vereinfachen, weniger Geld zu verdienen oder sich von Ihren Freunden zu trennen? Die Stoiker fordern dies nicht zwangsweise von Ihnen. Die Stoiker waren, anders als oft gelehrt, keine Unmenschen oder Asketen. Die Stoiker strebten nach der Entwicklung unserer Person. Dazu gehörten die Bereiche der Entscheidung, der Verweigerung, der Sehnsucht, die Vorbereitung, Zweckbestimmung und Zustimmung. Doch was bedeutet das?

Für den Stoiker gilt es, die richtigen Entscheidungen zu treffen, richtig zu handeln, tugendhaft zu agieren und mit diesen Handlungen das eigene Leben gut zu führen. Dafür ist es notwendig, Verführung und Maßlosigkeit abzulehnen und sich dieser zu verweigern. Stattdessen muss ein Stoiker Sehnsucht nach Verbesserung empfinden. Er muss Negativität und schlechte Einflüsse von sich abwehren. Er muss sich auf die Zukunft vorbereiten und auf all die Hindernisse, die ihm begegnen können. Er muss sich auf das Worst-Case-Szenario einstellen, ohne dabei ein Skeptiker oder Pessimist zu sein.

Wir müssen uns auf unsere zukünftigen Aufgaben vorbereiten, auch wenn dies bedeutet, etwas loszulassen anstatt zu gewinnen. Dafür müssen wir frei von Selbsttäuschungen sein und unsere Euthymie – den Glauben an uns selbst, auch als gutes Gemüt übersetzt – finden. Wir dürfen uns keine falschen Vorstellungen machen oder Unwahrheiten tolerieren. Wir müssen stets nach der Wahrheit streben. Seneca schrieb dazu: »Lass alle deine Bemühungen zielgerichtet sein und behalte dieses Ziel im Blick. Es ist nicht das Handeln, das die Menschen beunruhigt, sondern falsche Vorstellungen von Dingen sind es, die sie um den Verstand bringen.«

Haben Sie ruhig Mut zur Veränderung. Entwickeln Sie den Glauben an und das Vertrauen in sich selbst. Sie brauchen dafür keine Motivation. Motivation ist vergänglich. Sie brauchen Mut! Das ist eine Charaktereigenschaft, die sich trainieren lässt. Wenn Sie nicht den nötigen Mut entwickeln, um Ihre Ziele anzugehen, die Frau anzusprechen, den Job zu kündigen oder abzuspecken, dann wird es niemand tun. Machen Sie sich keine falschen Vorstellungen von Ihren Zielen. Auch wenn es genug Menschen gibt, die Ihnen den leichten Weg verkaufen wollen, indem sie Produkte oder Leistungen anpreisen, die alles leicht aussehen lassen, so ist der Weg zu Ihrem Ziel nur eines: harte Arbeit!

Fangen Sie nie an aufzuhören

Sobald wir anfangen, uns um den Körper, in dem wir leben, zu kümmern, spüren wir auch, wie wir mehr Kraft, Ausdauer und mehr Zufriedenheit gewinnen. Der Schlaf verbessert sich. Das Fett schmilz auf den Rippen dahin. Wir atmen tiefer und können uns länger konzentrieren. Nach einer Weile fühlen wir uns wunderbar. Doch besonders dann werden wir dazu verführt, die Arbeit an uns zu beenden. Wir lassen die Routinen schleifen und hören auf, früh aufzustehen, um zu joggen, oder setzen uns abends lieber auf die Couch, um das Work-out nicht machen zu müssen. Die hedonistische Gesellschaft hat sogar einen Begriff dafür: *cheat day*. In Wahrheit aber geben wir unserem Ego die Chance zu entscheiden und reden uns selbst die Lügen ein: »Heute kann ich ja mal etwas ruhiger machen. Ich habe die letzten Wochen schon so viel trainiert. Das habe ich mir verdient.«

Fangen Sie niemals an aufzuhören! Auch ich stand nicht nach drei Wochen Training an der Startlinie zum nächsten Marathon. Abspecken, Laufen lernen, ein besserer Schwimmer werden, Muskeln aufbauen, das Lungenvolumen trainieren, den Cholesterinwert senken oder nach dem Unfall wieder ohne Hilfe gehen zu können, erfordert Zeit. In dieser Zeit hören Sie diese Stimme, die den einfachen und leichten Weg anpreist. Die Gesellschaft, Eltern, Freunde und sogar Sie selbst reden sich gut zu: »Mach mal langsam! Wir bestellen lieber eine Familienpizza und schauen uns am Wochenende durch die Serien«, heißt es dann.

Ich kenne das auch. Noch heute würde ich lieber liegen bleiben, später aufstehen, die Laufschuhe stehen lassen, die Arbeit verschieben, das Programm am PC nicht öffnen, die E-Mails unbeantwortet lassen oder den Stecker ziehen. Mir fällt das alles auch verdammt schwer. Doch ich genieße diese Schwere und Brutalität mittlerweile. Nach einer Weile gewöhnt man sich daran, dass jeder Tag eine Herausforderung ist und bei hohen Ansprüchen auch ein Schlag ins Gesicht sein wird. Vom Sergeant habe ich dazu einen wundervollen Spruch. Er lautet: »Der einzige leichte Tag war gestern.«

»Der einzige leichte Tag war gestern.«

Ich rechne mit diesen harten Tagen und dem Schwinger von links. Ich will nicht als Erster im Ziel ankommen. Ich möchte so ankommen, dass ich im Ziel sagen kann, dass ich mein absolut Bestes gewesen bin und das für mich Maximale herausgeholt habe. Ich versuche ständig, das Maximum in die Ferne zu schieben, mich zu verbessern, zu erweitern und zu wachsen. Das ist es, was Arete bedeutet. Ein tugendhaftes Leben gemäß stoischen Prinzipien. Auch Sie können Arete zu einem wesentlichen Prinzip Ihres Lebens machen. Fangen Sie an. Nicht morgen. Heute! Führen Sie den Krieg gegen sich selbst und gewinnen Sie ihn täglich aufs Neue. Beginnen Sie bei Ihrem Körper. Verlangen Sie mehr von sich. Wenn der Körper wächst, Sie sich verbessern und den Kampf täglich führen, so können auch Ihr Geist und Ihre Seele im weiteren Verlauf gedeihen und sich entfalten. Bedenken Sie, dass der Krieg gegen sich selbst niemals aufhören wird. Es liegt nur an Ihnen, ob Sie täglich weiterkämpfen. Wenn das Heute Sie nicht etwas quält, erfahren Sie morgen keinen Fortschritt.

SUCHEN SIE DIE WAHRHEIT

»Dem Zufall unterworfen zu sein beginnt, wer einen Teil seiner selbst außerhalb sucht.«

Seneca

Das eigene Glück zu finden, ist verdammt schwer. So scheint es zumindest. Das Schlimme dabei ist, dass jeder Moment, in dem wir das Glück nicht finden, niemals wiederkommt. Die Tragik der Zeit nagt an unserem Leben. Wie wir mit unserer Lebenszeit umgehen, war für den Stoiker eine der wichtigsten Fragen und das Element der Zeit ist nach wie vor ein zentraler Punkt im Stoizismus. Das Vertrackte an der Zeit ist, dass wir oft unsere Wahlmöglichkeiten ignorieren und unsere Zeit vertrödeln, verschwenden und für unsinnige Dinge oder bedeutungslose Momente aufgeben.

Doch wo liegt eigentlich der Grund für unsere Durchschnittlichkeit, unser Trödeln, unser Hadern, unsere Zeitverschwendung und Entscheidungsträgheit? Die meiste Zeit befinden wir uns nicht in einem Kampf mit uns selbst. Im Gegenteil. Der Mensch ist in erster Linie ein faules Wesen und das wird er auch so lange bleiben, bis er lernt, seine Zeit wirklich für sich zu nutzen. Es fällt uns leicht, Entscheidungen auf morgen zu verschieben und das wirklich Wichtige zu verdrängen. Der Mensch wird immer ein faules Tier bleiben und das Mögliche auf morgen verschieben und heute über das Unmögliche nachdenken und dadurch an der Verzweiflung zugrunde gehen. Das mag viele Gründe haben. Einer der Hauptgründe für unser Trödeln, Hadern, Verschieben und Sitzenbleiben ist unsere Angst.

Angst ist eine menschliche Emotion, die uns erstarren lässt und uns oft in eine Ohnmacht führt, aus der wir keinen Ausweg finden. Wir fühlen uns tatsächlich ohne Macht. Wer ängstlich ist, kann nicht glücklich sein. Auch das ist solch eine Wahlmöglichkeit. Wäre es aber so einfach, keine Angst mehr zu empfinden, könnten Millionen von Menschen ihre Tabletten gegen Depressionen und Panikattacken die Toilette hinunterspülen. Stellen Sie sich nur einmal vor, wie Ihr Leben aussehen würde, wenn Sie sich vor absolut nichts und niemandem fürchten müssten. Würden Sie nachts noch die Haustür oder eine Versicherung abschließen? Angst ist uns angeboren. Sie findet ihren Platz in uns und solange sie dort verbleibt, haben wir keine Chance, dass diese Angst uns jemals verlassen wird.

Wer ängstlich ist, kann nicht glücklich sein.

Anfangs war es die Angst vor den Säbelzahntigern, die unsere Spezies in die Höhlen zwang und uns vor Angst schlottern ließ. Als wir uns hinaustrauten, raste unser Herz und Adrenalin floss durch unseren Körper. Wir hatten Angst, dass die furchterregende Katze doch hinter dem nächsten Stein auf uns lauern würde. Irgendwann dann erkannten wir, dass wir in Gruppen effizient und mitunter noch gefährlicher agieren konnten. Angst hatten wir trotzdem. Diese Angst jedoch war nichts Negatives. Im Gegenteil sogar. Sie ließ uns überleben und ließ uns vorsichtig im Leben sein. Über Jahrtausende hinweg haben wir diese Angst niemals verlernt. Sie ist uns angeboren und hilft uns oft bei vorsichtigen und klugen Entscheidungen. Doch auch hier trifft uns die volle

Das, was uns hilft, kann uns genauso leicht auch lähmen.

Wucht des Dualismus. Das, was uns hilft, kann uns genauso leicht auch lähmen.

Wie oft habe ich schon gehört, dass die Menschen ein Wagnis eingehen wollten? Endlich einmal das erste Buch schreiben, diesen besonderen Menschen aus der Nachbarschaft ansprechen, das Glück herausfordern, sich selbstständig machen, dem Chef die Meinung sagen, sich gegen den Partner wehren, sich gegen Intoleranz, Hass und Gewalt zur Wehr setzen oder einfach einmal dem eigenen Herzen folgen. Wie oft habe ich von diesen Träumen gehört und gelesen, sie aber nie umgesetzt gesehen? Seneca sagte dazu: »Wenn du nur das tun willst, was mit Sicherheit gut ausgehen wird und von dem du die Wahrheit erkannt hast, dann wirst du in deinem Leben auf alles Handeln verzichten müssen.« Wir werden verzichten müssen, wenn wir ängstlich sind, und niemals ein ausgefülltes Leben führen können, solange wir ohnmächtig zurückbleiben. Das ist es, was Angst mit uns tut. Sie lässt uns ohne Macht zurück und die Zeit über versauern.

Vielleicht ist das auch der Grund, warum es so viele Singles gibt, die nicht verstehen, warum sie allein sind, obwohl sie eigentlich eine Beziehung suchen. Womöglich ist es die Angst vor Zurückweisung, die Angst vor Enttäuschung oder die Angst vor der Liebe selbst, die den einen oder anderen des Glücks beraubt. Gentlemen, haben Sie sich auch schon einmal gefragt, warum immer die letzten Idioten die wunderschönen Frauen in der Bar abschleppen? Ladys, haben Sie sich schon einmal darüber gewundert, warum oft die attraktiven und netten Männer die letzten Furien als Partnerin bekommen? Ich konnte schon selbst beobachten, dass die anständigen Männer auf ihren Plätzen sitzen blieben und die begehrte Dame nicht ansprachen, weil Sie zu große Angst hatten. Die begehrte Dame wiederum wäre gerne von eben jenem Mann angesprochen worden. Doch am Ende war es der Idiot und Prolet, der wider seine Angst agierte und die blonde Lady ansprach. Vielleicht weil er nicht so viel Zeit damit verbrachte, alles endlos lang zu durchdenken. Ein paar Monate später erzählt mir eben jene wunderschöne Blondine, dass alle Männer Schweine seien. Was soll ich noch dazu sagen?

Angst zieht ihre Kreise. So wie bei einem Stein, der ins Wasser fällt. Die Angst und der Stein mögen noch so klein sein. Die Wellen, die sie ziehen, sehen Sie noch über eine weite Entfernung hinweg. Ganz und gar kann auch ich mich nicht von dieser Angst lossagen. Auch ich habe Angst – Angst vor Verlusten, vor dem Scheitern, vor Haien und vor der Tiefe des Meeres. Angst muss auch nicht sofort den negativen Stempel aufgedrückt bekommen. Wer Angst empfindet, kann das Leben so richtig spüren und erleben. Nichts wäre für mich schlimmer, als nur den Abklatsch eines guten Lebens zu führen und so zu tun, als ob alles rosig wäre. Lieber bekomme ich die volle Breitseite ab, spüre die Backpfeife auf der Wange und die schmerzenden Knie, weil ich mal wieder auf dem Weg zum Ziel hingefallen bin und etwas Neues lernen musste. Also stürze ich mich in die Fluten, lerne, oberhalb der Dunkelheit durch das Meer zu schwimmen, oder begegne dem riesigen Fisch mit dem Maul voller Enterhaken. Beängstigend ist es dennoch.

Auch das gehört zum Stoizismus dazu. Schauen Sie Ihren Ängsten ins Gesicht, konfrontieren Sie sich damit und suchen Sie den Konflikt mit sich selbst. All das ist ein Teil des Weges zu einem besseren und größeren Ich. Ich weiß, dass ich mich damit wiederhole, aber suchen Sie die Wahrheit. Suchen Sie die Wahrheit in sich. Seien Sie radikal ehrlich zu sich. Was ängstigt Sie wirklich?

Sie sind nicht Ihre Vergangenheit

Der österreichische Psychologe Sigmund Freud dachte viel über die Einflüsse von Angst auf den Menschen nach. Freuds Analysen ergaben, dass Traumata aus unserer Kindheit, unserer Jugend, schlimme vergangene Erlebnisse oder irgendein Ereignis schuld sein müssten an unserer Angst, unserem Scheitern, unserer Faulheit oder Entscheidungsträgheit. In Freuds Welt bestimmte die Vergangenheit die Gegenwart. Freuds Theorie beruhte grundsätzlich auf der Frage nach dem Warum. Warum empfinden wir Angst und wer oder was hat Schuld an unserer Angst? Mit diesen Fragen stellte Freud für seine Zeit bahnbrechende Theorien zum Es, Ich und Über-Ich auf. Freuds These war, dass es Dinge gibt, die zu uns gehören, die wir aber nicht kontrollieren können. Unsere Faulheit, Entscheidungsträgheit oder Angst konnten einfacherweise auf vergangene Traumata zurückgeführt werden, ihre Existenz war also scheinbar in der Vergangenheit begründet. Freuds Theorie nahm den Menschen damit die Verantwortung für ihr gegenwärtiges Handeln. Nicht sie seien schuld, sondern die Vergangenheit. Wie heißt es im Volksmund? »Deine Vergangenheit bestimmt, wer du bist.«

Die antiken Stoiker hätten Freud wohl widersprochen, wenn sie ihn denn kennengelernt hätten. Sie waren der Überzeugung, dass die meisten Dinge zwar außerhalb unserer Kontrolle liegen, wir jedoch stets durch gewisse Prinzipien, Regeln und Ideen, die wir vorerst der Einfachheit halber als den Stoizismus zusammenfassen, die Kontrolle über uns selbst erlangen können. Dem antiken Stoiker waren Traumata nicht bekannt. Seneca sagte: »Es gilt, sich von zwei Schwächen zu befreien; von der Furcht vor der Zukunft und von den Erinnerungen an vergangenes Leid.« Die Stoiker erkannten die Vergangenheit zwar an, ließen aber nicht zu, dass diese über sie bestimmte.

Unsere Vergangenheit ist weder unsere Gegenwart noch unsere Zukunft. Seien Sie also gleichgültig, wenn es um Ihre Vergangenheit geht. All die furchtbaren Erinnerungen haben Sie gelehrt und all die wundervollen Gedanken an die Vergangenheit tragen Sie bei sich. Der Herzschmerz, die Sehnsucht, das Leid, die Krankheit und der Verlust. All die Freude, die Liebe, Dankbarkeit und Zuversicht. Verkriechen Sie sich also nicht. Suchen Sie keinen Ersatz für das, was Ihnen fehlt. Ihre Vergangenheit soll nicht Ihre Gegenwart bestimmen.

Unsere Vergangenheit ist weder unsere Gegenwart noch unsere Zukunft.

Seneca wusste von dem Dualismus, der uns umgibt, er ließ sein Leben aber nicht von ihm beeinflussen. Gut und Böse gibt es nur, weil wir urteilen. Nichts ist seiner Natur nach gut oder böse. Erst unser Urteil über die Dinge bestimmt, wie wir zu ihnen stehen und ob wir sie als gut oder böse identifizieren. Unsere Urteile über unsere Vergangenheit oder unsere Zukunft prägen unsere Gegenwart. Ob wir nun ängstlich verweilen oder positiv in die Zukunft blicken, spielt dabei keine Rolle. Zumindest nicht, solange wir diesen Urteilen erlauben, über unser Leben zu bestimmen oder es zu beeinflussen.

Im Stoizismus sind es also keine Traumata der Vergangenheit, die Ihre Gegenwart beeinflussen. Es sind keine schlimmen Ereignisse, vermasselten Jobs, geplatzten Träume, verflossenen Liebschaften, gescheiterten Ehen oder verlorenen Spiele, die über die Qualität Ihrer heutigen oder zukünftigen Tage entscheiden müssen. Das ist vielleicht schwer zu ertragen und womöglich mögen Sie sich fragen, wer oder was denn dann die Schuld trage? Ich frage mich aber, warum es für alles immer einen Schuldigen geben muss. Vielleicht können Sie sich erlauben, nicht mehr zu werten und damit auch nicht mehr nach einem Schuldigen zu suchen. Leben Sie nicht in Ihrer Vergangenheit, während Sie sich vor der Zukunft fürchten. In der Vergangenheit zu leben, bedeutet, in der Gegenwart zu leiden.

Geplante Angst

Zum Glück muss ich an dieser Stelle nicht den großen Sigmund Freud bezichtigen, mit seinen Theorien falschgelegen zu haben. Das tat bereits sein größter Kritiker und direkter Konkurrent innerhalb wissenschaftlicher Kreise zu seiner Zeit. Alfred Adler war ebenfalls ein österreichischer Arzt und Psychotherapeut, der völlig anderer Auffassung war als Freud. Adler, dessen Theorien stark an die Philosophien von Sokrates erinnern, war der Meinung, dass es keine Traumata gibt. Er behauptete in seinen Arbeiten, dass es stattdessen das Ziel des Menschen sei, Angst zu empfinden, sich hängen zu lassen, Entscheidungen auf morgen zu vertagen oder in Faulheit zu schwelgen. Ja, Angst ist eine Wahlmöglichkeit. Eine Wahlmöglichkeit, die es uns leicht macht und uns dazu verführt, faul zu sein. Wer morgens früh lieber liegen bleibt, statt laufen zu gehen, abends ungesundes Essen in sich hineinschaufelt und allgemein den leichten Weg geht, hat Angst vor Schmerzen, Ablehnung oder findet sonst irgendeinen Grund für die Prokrastination. Wer nicht will, findet immer Gründe dafür, warum er nicht kann.

Wer nicht will, findet immer Gründe dafür, warum er nicht kann.

Nehmen wir einmal an, dass eine übergewichtige Frau nicht etwa fettleibig ist, weil eine Krankheit ihre Knie plagt oder sie eine schwere Kindheit hatte. Und nehmen wir einmal an, dass dem erfolglosen Mann kein Erfolg vergönnt ist, nicht weil er in der Schule gemobbt wurde oder er immer ein Außenseiter war. Nehmen wir stattdessen an, dass sich beide Menschen mit ihrer Rolle abgefunden haben – dass sie das Übergewicht und die Erfolglosigkeit geplant haben. Doch warum zum Teufel sollte jemand so etwas planen? Der Grund ist auch hier die Wahlmöglichkeit. Je leichter unsere Entscheidung umgesetzt werden kann, je kürzer der Weg ist, je leichter wir an irgendein Ziel kommen, desto eher werden wir diesen Weg beschreiten. Es ist leichter, Chips und Netflix zu genießen, als im strömenden Regen joggen zu gehen. Es ist leichter, um 9 Uhr am Schreibtisch zu sitzen und pünktlich um 17 Uhr das Büro zu verlassen, als sich von ganzem Herzen für den Beruf einzusetzen. Die in diesem Beispiel genannte fettleibige Frau hat möglicherweise das Ziel, im Leben schnellen Genuss zu empfinden, und nimmt daher ungesundes Essen zu sich, während der erfolglose Mann vielleicht durch seine Erfolglosigkeit das Mitleid anderer auf sich ziehen will. An irgendein Ziel zu gelangen, ist eben leichter, als das Ziel unserer kühnsten Träume zu erreichen.

Obwohl Adler die Einflüsse der Umwelt, wie andere Menschen oder Ereignisse, nicht als unerheblich anerkannte, stellte er fest, dass die Menschen Kontrolle über ihre Gedanken und Emotionen erlangen können. Freud hingegen meinte, dass hauptsächlich externe Einflüsse der Vergangenheit über die Qualität unseres Lebens bestimmen. Er negierte die Verantwortung des Menschen. Für die Stoiker wiederum waren die äußeren Einflüsse nicht von Bedeutung. Einer der großen Stoiker namens Epiktet sagte dazu: »Einige Dinge stehen in unserer

Macht, andere hingegen nicht.« Es geht also nicht so sehr darum, äußeren Umständen die Schuld an der Qualität des eigenen Lebens zu geben. Es geht vielmehr darum, die Verantwortung für die eigenen Ängste zu übernehmen und die Kontrolle über das eigene Leben zu gewinnen.

Gewiss ist nur die Ungewissheit

Wir werden immer eine Wahlmöglichkeit haben und damit auch die Entscheidungsfreiheit über unser Leben – egal, ob es um Angst, Freude, Erfolg, Niederlage oder unser vermeintliches Glück geht. Die Erfüllung unserer Sehnsüchte wartet jedoch meist nicht direkt vor unserer Tür. Dass für das Erreichen unserer Ziele die Arbeit ein nötiges Mittel ist, sollte nichts Neues sein. Allerdings vergessen wir oft die Kehrseite der Medaille. Im Dualismus gibt es nicht nur das große Glück, die Liebe, Freude, Spaß und unendliche Dankbarkeit. Das Leben ist eben auch getränkt von Angst, Trauer, Schmerz und Schweiß.

Das Dumme an der Sache ist, dass wir in den Momenten höchsten Glücks schon fast instinktiv davon ausgehen können, dass in Kürze eine Tiefphase kommt. Wie kämen wir auch sonst darauf, zu denken, dass immer wieder alles rosig und bunt werden wird? Auch andersherum wird ein Schuh draus. In Zeiten der absoluten Trauer, des Schmerzes und der Pein ist die nächste Hochphase bereits vorprogrammiert. Das Leben ist eben nicht nur ein beständiges Auf oder eine unendliche Aneinanderreihung von Glücksmomenten. Es ist ein Auf und Ab, ein Links und

Das einzig Gewisse ist wohl die Ungewissheit.

Rechts, ein Hoch und Herunter. Zwischendurch begegnet uns auch der eine oder andere Looping. Dennoch wundern wir uns immer wieder, dass, obwohl eben noch alles so richtig gut lief für uns, plötzlich uns das Leben auslacht und die Götter Regen schicken. Das einzig Gewisse ist wohl die Ungewissheit.

Diese Ungewissheit peinigt uns. Sie macht uns nur allzu oft völlig fertig und nimmt uns unsere letzte Energie. »Kann nicht einfach einmal alles glattlaufen im Leben, der Plan funktionieren, das Projekt gelingen, das Wetter dem Wetterbericht entsprechen und die Menschen tun, was sie sagen?«, fragen wir uns. Es ist zum Mäusemelken! Schnell könnte man den Gedanken bekommen, dass das Leben es auf einen abgesehen habe. Seneca schrieb hierzu seinem Freund Lucilius: »Die Anfänge liegen in unserer Macht, über den Ausgang entscheidet das Schicksal.« Mit anderen Worten: Wir können diese Hochphasen nicht kontrollieren. Sie stehen außerhalb unserer Macht. Wir können nicht darüber bestimmen, ob morgen die Sonne scheint oder ob das Projekt nach Plan verläuft. Wir können nicht wissen, ob sich eine bestimmte Person in uns verliebt. Wir wissen nicht, wann sie anrufen wird. Wir können nicht wissen, ob wir die Beförderung erhalten. Wir wissen im Grunde genommen kaum etwas. Womöglich wissen wir gar nichts richtig. Zu viele Faktoren liegen außerhalb unseres Einflussbereiches. Um uns also nicht hilflos zu fühlen, versuchen wir, diesen Einflussbereich drastisch zu erweitern, indem wir versuchen, die Kontrolle zu übernehmen. Wir beginnen, uns aufzuspielen, geben uns wie Fürsten, werden zum Diktator über Familie, Freunde und Arbeitskollegen und benehmen uns wie Perfektionisten. Wir werden zum Kontrollfreak. Auch hier ist der Grund die Angst.

Das fiel mir besonders auf, als ich mich mit einer Freundin in einem Restaurant verabredet hatte. Am Nachbartisch saß ein

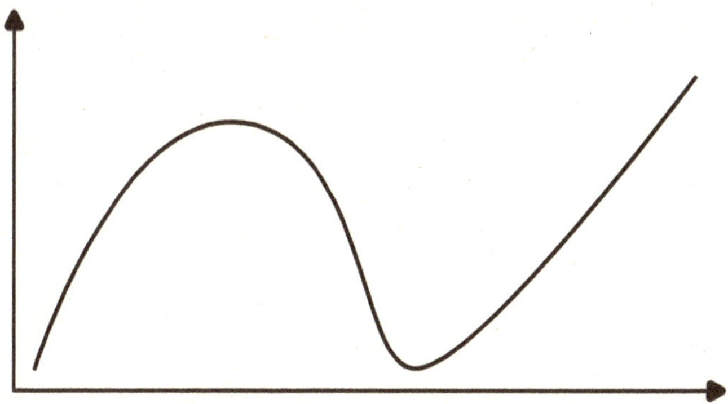

älterer Herr mit einer deutlich jüngeren Frau. Als der Kellner kam und die junge Frau bestellen wollte, unterbrach ihr Begleiter sie mitten im Satz. »Ich kenne den Besitzer. Bestell nichts von der Karte. Das Beste steht nie auf der Karte«, warf er ein. Dann fing er an, dem Kellner seine Bestellung zu diktieren. Am Ende sagte er noch: »Das Gleiche für die Lady. Ohne Pommes.« Die Frau war sichtlich verärgert und beschäftigte sich daraufhin mit ihrem Smartphone. Auch meiner Begleitung war dieses Schauspiel aufgefallen. Sie flüsterte mir zu: »Das kann doch nicht wahr sein! Was ist das denn für ein Arsch?« Ein Arsch, der riesige Angst hat.

Die Angst vor Ablehnung, Kontrollverlust und dem Verlust der eigenen Signifikanz ist etwas Menschliches, doch sie lässt uns völlig irrationale Dinge tun. Finden Sie sich damit ab, dass die meisten Dinge ungewiss sind. Seneca schrieb dazu über die Gemütsruhe: »Als Bester gelte, der am wenigsten schlimm ist!« Na, das ist doch einmal eine Aussage, oder nicht? Nehmen Sie den Kontrollverlust locker. Die Kontrolle war von vornherein nur eine Illusion. Doch was sollen wir nur tun, wenn uns Angst und Ungewissheit im Weg zu unserem Glück stehen und wir sie nicht loslassen können? Genau dafür haben die Stoiker einen Lösungsweg gefunden.

Praemeditatio malorum

Gehen Sie davon aus, dass auf Ihrem Weg alles in sich zusammenfallen wird – dass das Projekt scheitert, sich Fehler einschleichen, Sie verraten und betrogen werden. Gehen Sie von dem absoluten Worst-Case-Szenario aus. Die Stoiker nannten diese Übung *praemeditatio malorum*. Den meisten von uns geht es so gut, dass wir uns gar nicht vorstellen können, dass es uns eben auch einmal richtig mies gehen kann. Wer stellt sich schon gerne Krankheit, Tod, Verlust, Verrat und Unannehmlichkeiten vor? So richtig gerne tut das wohl keiner. Doch wie sehr kann Sie das Leben schocken, Sie überraschen oder Ihnen Angst machen, wenn Sie das Schlimmste bereits im Geiste erlebt haben?

So erging es beispielsweise den Soldaten unter General Robert Neller. Die Streitkräfte des Marinekorps der Vereinigten Staaten von Amerika waren bereits im Januar 2017 nach Schweden gereist, um dort unter den widrigen Bedingungen der Kälte und Natur zu trainieren. Die Eiseskälte und der raue Wind machten das Training für die Soldaten jeden Tag schwerer. Niemand wäre wohl gerne an diesem Ort gewesen, um sich dort zu stählen und abzuhärten. Tag für Tag kämpften die Soldaten mit sich selbst. Nach einigen Monaten, als die Motivation der Soldaten schon fast am Boden lag, besuchte der General seine Soldaten in Schweden. Seine Ansprache ging in die Presse und Geschichte des Marinekorps ein. Als General Neller zu seinen

Soldaten sprach, erweckte er die Motivation und ihren Kampfgeist mit vier einfachen Worten. »Es wird Krieg geben«, sagte er. Die Presse gab sich entrüstet und verurteilte diese Aussage scharf. Der General fügte hinzu: »Ich hoffe, dass ich falschliege. Aber es wird Krieg geben.« Die Worte des Befehlshabers waren die Art der Motivation, die die Soldaten brauchten. Sie mussten an das Warum erinnert werden. Warum waren sie den ganzen Weg aus der Heimat nach Schweden gereist, um dort nun in der Kälte zu trainieren, sich in kalte Seen zu stürzen und stundenlang durch Schneestürme zu marschieren? Sie taten es für den Ernstfall. Sie bereiteten sich auf das Schlimmste vor. Sie bereiteten sich auf den Krieg vor. Auf die Tage, an denen ihre Kameraden neben ihnen sterben würden, Zivilisten ihr Leben und unschuldige Kinder ihre Heimat verlieren müssten. Sie bereiteten sich auf das Worst-Case-Szenario vor. Der General tat nichts anderes, als eine unschöne Wahrheit auszusprechen. Auch wenn er hoffte, dass es nicht zum Krieg kommen würde, so war die Möglichkeit der kämpferischen Auseinandersetzung real. Also war es nur logisch, dass seine Soldaten sich auf das Schlimmste vorbereiteten. Seine Ansprache war eine stoische Übung für jeden seiner Soldaten.

Keiner möchte den Worst Case erleben, aber was passiert, wenn er tatsächlich eintritt? So wie im August 2002, als die Elbe und die Donau über ihre Ufer traten und 21 Menschen in den Tod rissen, 43.000 Menschen ihr Zuhause verloren und in Mitteleuropa riesige Flächen mit Wohngebieten völlig unter Wasser standen. Glauben Sie, dass diese Menschen mit einem solchen Horrorszenario gerechnet haben? Oder denken Sie einmal an das Ende des Jahres, wo immer wieder Familien all ihr Hab und Gut durch einen Brand verlieren, der durch einen Silvesterknaller oder eine Rakete ausgelöst wurde. Das neue Jahr beginnt für diese Menschen mit dem Nichts. Am Neujahrstag schauen sie auf einen ausgebrannten Dachstuhl, verbrannte Möbel und die Überreste der Fassade ihres einstigen Zuhauses. Oder können Sie sich vorstellen, dass Ihr Partner stirbt, Ihre geliebten Haustiere nicht mehr bei Ihnen sind oder Sie Ihre Ersparnisse restlos verlieren?

Praemeditatio malorum ist eine stoische Übung, die uns daran erinnert, dass Projekte scheitern können und der Anpassung bedürfen. Sie erinnert uns daran, dass unsere Wege nicht linear sind und es immer Ecken und Kanten geben wird. Nichts kann jemals nur erfolgreich verlaufen. So ist das Leben und es ist gut so. Können Sie darin die Wahrheit erkennen?

Das Leben schuldet Ihnen nichts

Je mehr wir die Übung *praemeditatio malorum* zu einer Routine werden lassen, desto leichter fällt es uns, mit den Widrigkeiten der Ungewissheit umzugehen. Nicht um uns an den Schmerzen anderer Menschen zu laben, sondern um uns auf ein solches Worst-Case-Szenario vorzubereiten. Sicherlich gibt es viele schlimme Dinge, die uns widerfahren können. Ehrlich gesagt, sind es genauso viele schlimme Dinge, wie es auch gute Dinge gibt, die uns geschehen können. Seneca ermahnte uns, die Übung *praemeditatio malorum* nicht zu meistern, um ängstlich unter ei-

Je mehr wir die Übung *praemeditatio malorum* zu einer Routine werden lassen, desto leichter fällt es uns, mit den Widrigkeiten der Ungewissheit umzugehen.

nem Stein zu kauern, sondern um uns der Vergänglichkeit der Zeit und der Dinge bewusst zu werden. Sie werden mit großer Sicherheit sehr viel Glück empfinden, wenn Sie sich stets das Schlimmste vorstellen, was passieren könnte. Sie sollen allerdings kein Pessimist werden! Im Gegenteil. Doch nur ein Narr würde sagen: »Hey, Bruder, *don't worry, be happy*!«

Die moderne Esoterik und viele der dazugehörigen Werke propagieren die positive Visualisierung und positive Psychologie. Nach dem Motto: »Du bist schön, du bist toll, du bist einzigartig und die Welt liebt dich.« Tut mir leid, Ihnen das sagen zu müssen, aber positive Psychologie ist ein Theaterspiel und eine Illusion. Sie belügen sich selbst. Dass alles gut werden wird, ist naiv. Es ist aber genauso naiv zu glauben, dass das Leben gegen Sie ist und Sie ein Pechvogel sind und das Unglück wie ein Magnet anziehen.

Ich habe einmal meine Studenten in einer Vorlesung gefragt, was ihr Plan B sei. »Was ist Ihr Plan B und was würden Sie tun, wenn Ihre gewünschten Träume platzen, der Studienabschluss nichts wird, Sie durch die Prüfung fallen oder die Liebe zu Ihrem Partner sich als große Lüge herausstellt?« Die Frage wühlte die jungen Studenten so sehr auf, dass sie nach der Vorlesung prompt zum Dekan marschierten und sich beschwerten. Diesem musste ich daraufhin meine Ausführungen und den Fall erläutern. Der Dekan reagierte gelassen und fand einige Worte, die ich nicht vergessen werde: »Herr Lahmer, haben Sie Gnade mit den Studenten. Sie haben noch nicht verstanden, dass das Leben ihnen nichts schuldet.« So ist es. Das Leben ist nicht gegen Sie. Es ist aber genauso wenig auf Ihrer Seite. Die Sterne stehen nicht für Sie am Himmel. Auf jeden Menschen, der Ihnen etwas Böses will, folgt ein Mensch, der Ihnen etwas Gutes wünscht.

Eine seltsame Art der Harmonie bringt in dieser Welt alles ins Gleichgewicht. Diese Harmonie ist im Stoizismus ein zentrales Element. Die alten Stoiker waren keine großen Gläubigen, die zu Zeus oder Poseidon beteten. Sie glaubten, dass die Natur und der Kosmos das Göttliche in dieser Welt seien und alles Sein in einer Harmonie miteinander existieren könne. Gemäß dieser Natur glaubten sie, dass allen Lebewesen ein göttlicher Samen oder Funke innewohne und sie dafür bestimmt seien, in Harmonie mit der Natur zu leben. Obwohl die Stoiker keine Monotheisten waren und nicht an den einen großen Gott mit grauem Bart glaubten, wurde das Göttliche oft in den Überlieferungen ihrer Schriften beschrieben. Marcus Aurelius war zum Teil in seinen *Selbstbetrachtungen* nicht immer ganz eindeutig. Mal nutzte er den Begriff der Natur, mal den des Göttlichen, ein anderes Mal sprach er gar von Gott selbst.

Der Stoizismus beruft sich statt auf Gott auf universelle Prinzipien und erkennt die Verbindung aller Dinge und des Lebens zueinander an. Alles ist miteinander in einer Ganzheitlichkeit verbunden. Daher wird der Stoizismus gerne mit dem Buddhismus oder dem Taoismus verglichen. Da, wo Dunkelheit herrscht, wird Licht geboren und wo das Licht ist, wird es Schatten geben. Zwei Seiten, die zu einer Medaille gehören. Für die Stoiker war es die Natur, die uns alle miteinander verbindet.

Somit ist alles, was scheinbar gut ist, durch etwas scheinbar Schlechtes auszugleichen. Dem Menschen, dem es an Vermögen fehlt, mangelt es an anderer Stelle nicht. Vielleicht hat er eine liebevolle Familie oder ein wundervolles Zuhause. Dem Menschen, der mit viel Geld gesegnet wurde, mag es an anderer Stelle mangeln. Vielleicht ist es eine Krankheit, die ihn belastet, oder das Fehlen von Lebenszeit. Alles findet einen Aus-

Alles findet einen Ausgleich.

gleich. Dieses universelle Prinzip bedeutet damit auch für uns: Das Leben ist nicht absichtlich gut oder schlecht zu uns. Kein Gott, keine Macht und kein Schicksal möchten Ihnen etwas Schlechtes oder Gutes. Schwarzseherei ist daher genauso sinnlos wie die positive Psychologie und das ewige Tschakka-Tschakka der Gurus. Ihnen steht nichts zu, nur weil Sie geboren wurden. Es steht Ihnen ja auch nicht alles zu, nur weil Sie eines Tages sterben werden.

Selbstliebe ist maßlos

Die gleiche Angst, die uns oft daran hindert, unseren Zielen näher zu kommen, mehr aus unserem Leben zu machen und uns zu verbessern, lässt uns glauben, dass es einen höheren Sinn hinter allen Dingen gebe und sich das Universum nur um uns drehe. So benehmen sich einige Menschen wie arrogante Schnösel, weil sie Angst vor Schmerzen oder Ablehnung haben und nicht zeigen wollen, wie verletzlich sie eigentlich sind. Unsicherheit wird oft durch Arroganz versucht zu überdecken. Daneben gibt es natürlich auch noch solche Menschen, die tatsächlich glauben, dass sie etwas Besseres seien und andere Menschen unter ihnen stehen würden. Dieses Hierarchiedenken wurde durch die Stoiker abgelehnt. Nicht nur, weil es eine Bewertung war, sondern auch, weil es egoistisch gegen die eigene Natur ist. Das Ego war für den Stoiker der direkte Gegner. Ein Feind, den es nicht zu bezwingen, sondern zu meistern galt. Wie wollen Sie glücklich werden, wenn Sie nur an sich denken? So ermahnt uns Seneca: »Ein Mensch, der nur an sich denkt und in allem seinen Vorteil sucht, kann nicht glücklich sein.« Gerade weil wir uns selbst häufig für so unfassbar wichtig erachten, geraten wir in eine Spirale des Unglücks. Zuerst nehmen wir uns für viel wichtiger, als wir sind, schreiten zur Tat, scheitern zum Anfang und fragen uns dann, warum wir überhaupt scheitern konnten. Wir sind doch schließlich der Nabel der Welt! Daraufhin hinterfragen wir unsere Fähigkeiten umso mehr und fahren den Weg größerer Minderwertigkeitskomplexe abwärts hinab. Das Resultat ist dann ein endloses Jammern und Quengeln über die Widrigkeiten des Lebens.

Sie können also erkennen, dass ein zu großer Egoismus zu Schmerzen und Unglück führt. Trotzdem können wir in der heutigen Zeit vermehrt Artikel und Einträge lesen, die uns erklären, dass wir uns selbst lieben sollen, uns selbst wichtiger nehmen müssen und wir toll, großartig und schön sind. Selbstliebe ist das neue Trendwort. Wer sich selbst liebt, soll das Glück finden. Wenn also gerade keiner da ist, um dich zu lieben, dann mach es dir eben selbst, könnte das Motto dahinter lauten. Na danke auch! Wertschätzung ist etwas Wunderbares. Selbstliebe aber wird häufig mit Überheblichkeit und Hemmungslosigkeit verwechselt. So wird in der modernen Selbsthilfeliteratur und vielen Büchern oder Artikeln der Persönlichkeitsentwicklung dem Menschen beigebracht, sich selbst mehr zu lieben und sich selbst zu erheben. Auch das gehört zum modernen Hedonismus dazu. Der Hedonismus ist sozusagen die moderne YOLO-Philosophie – *you only live once.* Wir feiern uns ständig selbst, weil wir glauben, dass wir das Größte sind. Etwa so wie damals mein Studienfreund und seine Freundin zu mir sagten: »Jo, lass mal am Freitag feiern gehen.« Etwas entsetzt muss ich wohl geschaut haben. »Feiern? Was willst du feiern? Geh erst mal lernen und mach die Arbeit!«

Auch habe ich schon gehört, dass, wenn wir uns nicht selbst lieben, es niemals jemand anderes tun kann. So ein Unsinn! Gleich danach heißt es dann: »Wenn wir uns nicht selbst lieben, woher wollen wir dann wissen, ob wir überhaupt genug sind?« Warum müssen wir denn überhaupt genug sein? Reicht es denn nicht, dass wir überhaupt sind? Reicht es denn nicht aus, nicht genug zu sein und immer noch Platz für Verbesserung und Wachstum zu finden?

Die eigenen Bewertungen aufzugeben, mag für viele unvorstellbar sein. Ebenso wie es für einige unvorstellbar ist, ihr eigenes Ego und damit auch ihre Angst vor der Wertung anderer, Angst vor Niederlagen, Verlusten oder Schmerzen aufzugeben. Wer wären wir nur, wenn wir nicht immer nach den anderen Ausschau halten würden, uns vergleichen müssten oder nach den Meinungen anderer lebten?

Selbstbewusstsein bedeutet immer noch, dass Sie sich Ihrer selbst bewusst sind. Es ist eine rationale Einschätzung Ihrer Fähigkeiten, Stärken und Schwächen. Mehr aber auch nicht. Selbstverliebtheit ist hingegen maßlos und widerspricht den Prinzipien des Stoizismus. Die Zauberworte lauten stattdessen: Selbstwertschätzung und Selbsteinschätzung. Der Stoiker lehnte das Maßlose ab, auch weil es gegen unsere eigene Natur spricht. Wir verlieren uns selbst, wenn wir uns dem Maßlosen hingeben. Dass wir in der heutigen Zeit einfach alles hinterfragen, ist zum Teil gut so. Auch das Thema Selbstliebe, unser Ego und den unaufhörlichen Fokus auf uns selbst gilt es dabei zu hinterfragen. Einige Menschen halten sich für verdammt wichtig, während andere ihre Leistungen unter den Scheffel stellen.

Selbstverliebtheit ist hingegen maßlos und widerspricht den Prinzipien des Stoizismus.

Beides kann nicht der richtige Weg sein. Sie ahnen es – es widerspricht ihrer Natur und führt sie in eine Disharmonie mit sich und der Welt.

Ein Eimer voller Vergleiche

Wir Menschen haben Angst. Diese Angst ist einer der Hauptgründe für unser Scheitern, unsere Fehlschläge und das permanente Streben nach Glück. Weil wir Angst haben, etwas zu verpassen, anders zu sein, nicht akzeptiert zu werden oder alleingelassen zu werden, vergleichen wir uns. Wir vergleichen uns mit unseren Mitmenschen, Bekannten, Freunden und Familienmitgliedern. Mittlerweile sogar im internationalen Kontext. Durch die sozialen Medien stellen wir einen Vergleich mit Menschen an, die wir gar nicht kennen. Wir zählen Kalorien, Follower, die Anzahl der jährlichen Urlaube, Posts, Likes und Moneten. Wir vergleichen unsere Autos, unsere Häuser, Wohnungen, Möbel, Zertifikate, Kleidung, Frisuren, Ergebnisse und Zensuren. Die einen tun es, um zu zeigen, dass sie besser sind. Die anderen tun es, um sicherzustellen, dass sie nicht der Schlechteste sind.

So kommt es, dass sich die Kleingeister vergleichen. Am Ende heißt es: »Schau, die Marie hat 2000 Euro für die Handtasche ausgegeben. Ich brauche das ja nicht. Meine sieht genauso aus, hat aber 10 Prozent davon gekostet. Auf das Markenlogo kann ich gern verzichten.« Ja, spitzenmäßig! Ein Hoch auf die Konsumsparer und Kleingeister, die sich am Ende doch wieder mit anderen Menschen vergleichen und ihren Kleingeist mit emotionaler Bescheidenheit rechtfertigen. Die Herren will ich da nicht verschonen. Diese vergleichen sich meist nicht mit Handtaschen, dafür aber mit Motorrädern, Autos, Häusern oder Aktienportfolios. Da heißt es: »Der Seb hat sich gerade den neuen Audi gekauft. Der kann sich den sowieso nicht leisten. Deshalb stottert er das ganze Ding in Raten ab. Das könnte ich ja auch tun. Dafür ist mir das Geld aber zu schade.« Wen interessieren denn schon Marie und Seb? Warum vergleichen wir uns mit ihnen, wenn die beiden doch scheinbar solche Pfeifen sind?

An einem meiner Geburtstage luden mich zwei Kumpels abends in eine exklusive Bar ein, von der man einen unglaublichen Blick über die Stadt hatte. Im obersten Stockwerk des Gebäudes angekommen, wurden wir von einer jungen attraktiven Dame, die etwas zu steif und aufgesetzt freundlich für meinen Geschmack war, zu unserer »Lounge« gebracht. Zumindest wurde es so genannt, im Grunde genommen waren es aber nur vier rote Couchen mit einem kleinen Tisch in der Mitte, die auf einem Ikea-Teppich standen. Dann wurde pompös aufgetischt. Statt einfach nur eine Sektflasche zu servieren, musste das Ding in einem Eimer daherkommen. In einem Eimer! Mit Wunderkerzen und Fackeln! *What the fuck!* Das Ding hatte etwas von Omas altem Putzeimer aus Stahl. Sei es drum. Der Eimer wurde schön hochgehalten, als das Personal mit dem Ding einen Extrabogen durch die ganze Bar lief. Zwei weitere Kellnerinnen begleiteten das Ganze. Personenschutz, versteht sich. Es könnte dem Eimer ja etwas passieren. Um Himmels willen, der arme Eimer. Nach gefühlten fünf Minuten durch die ganze Bude kam das Ding dann bei uns an. Ich wollte doch nur ein Glas Sekt mit den Jungs trinken! Die junge Blondine servierte den Eimer und

In einem Eimer! Mit Wunderkerzen und Fackeln!

gab mir einen Kuss auf die Wange, als ihr mein Kumpel sagte, dass ich Geburtstag habe. Als sie sich wieder nach oben beugte, drückte sie mir dabei flüchtig ihre falschen Brüste ins Gesicht. »Zu viel! Ich muss hier raus!«, dröhnte es in meinem Kopf. Im Eimer selbst, der nun endlich seine Weltreise beendet hatte, stand die Flasche Sekt. Ohne Eis! Von Aldi! Was für ein Zirkus! Ich verdrehte anscheinend die Augen, als mein Kumpel Jonas mich ansprach: »Digga, was los? Alle gucken schon.« Ja, die gucken alle wegen des Eimers und ich musste die Augen verdrehen, weil ich mir dachte, wie dämlich das doch alles war. Der Eimer, die Gesichter der Menschen um uns herum. Der Personenschutz im Minirock. Die gemachten Brüste. Das falsche Lächeln. Der Vergleich, den nun alle Menschen um uns herum begingen. Ich konnte den Menschen ansehen, wie sie sich mit meinen Jungs und mir verglichen. Das nächste Mal werde ich mir ein Wasser mit Zitrone bestellen. Was wird dann wohl passieren? Werden die halb nackten Kellnerinnen vorher einen Zitronenbaum pflanzen und dann präsentieren? Vielleicht in einem Eimer?

Wer sich vergleicht, kann niemals glücklich werden. Wir benehmen uns wie Affen im Zoo. Es ist lächerlich, welches Schauspiel wir entwickeln und präsentieren, um uns zu vergleichen und um zu zeigen, dass wir nicht schlechter sind als der Rest. Wo ist da die Harmonie, die Ruhe und die Zufriedenheit mit sich selbst, von der Seneca sprach?

Im Gleichgewicht mit uns und der Welt

In unserer heutigen Welt machen viele Menschen auf mich den Anschein, als seien sie von sich selbst und der Welt getrennt. Als ob sie sich dazu berufen fühlten, der Mittelpunkt der Erde zu sein, und der Kosmos würde ausschließlich für sie existieren. Der Hedonismus beherrscht sie. Längst haben sie sich von dem Streben nach der Wahrheit verabschiedet. Tatsächlich können wir heute vermehrt von den Beschwerden über die Engstirnigkeit, dem Egoismus und dem Ellbogenverhalten der Menschen lesen und hören. Das mag mannigfaltige Gründe haben. Mitunter liegt es vielleicht auch daran, dass wir Menschen über die Zeit mehr und mehr vergessen haben, dass unsere Welt nicht um uns herum existiert, sondern wir in dieser Welt existieren und unsere Wahrnehmung unsere Realität beeinflusst. So gesehen, sind wir nur eine Ansammlung von Parasiten auf einem von vielen Planeten in diesem Universum, welches sich in vielen verschiedenen Universen befindet. Lassen Sie sich das einmal auf der Zunge zergehen.

Womöglich kann unser Ego durch stoische Prinzipien bezwungen und somit kontrolliert werden. Ja, vielleicht können wir so auch das Gleichgewicht in uns selbst wiederfinden. Das ist es zumindest, was die Stoiker versprachen. Entweder leben Sie für Ihr Ego oder Sie leben im Einklang mit der Natur und sich selbst.

Der Stoizismus und all seine Lehrer sprachen oft von diesem Gleichgewicht und der bereits angesprochenen Natur und dem Kosmos. Eines der höchsten Ziele des Stoikers war das Leben in vollkommener Harmonie und im Gleichgewicht mit sich und der Welt. Auch das gehört zum Stichwort Arete dazu. Wir können nicht das Beste sein, das wir zu bieten haben, wenn wir nicht im Einklang mit uns selbst leben. Es liegt an uns, ob wir ein tugendhaftes Leben führen und in Harmonie mit der Welt und dem Kosmos leben werden oder ob wir dem Egoismus verfallen und uns für den Mittelpunkt des Universums halten.

Die Tragweite dieser Gedanken zu verstehen, fiel mir zu Beginn schwer. So mag es auch anderen gehen. Erlauben Sie mir also, diese Worte etwas näher zu beleuchten. Ein harmonisches Leben bedeutet unter anderem, dass wir Verantwortung für die Begegnungen mit unseren Mitmenschen übernehmen müssen. Selbstverständlich können wir nicht immer darüber entscheiden, welche Menschen und welche Art von Mitmenschen uns begegnen. Zuweilen mögen wir freundliche, sympathische und aufrichtige Menschen kennenlernen, die unser Leben bereichern und es angenehmer machen. Doch auf unserem Weg lernen wir eben auch die Neider, Menschen voller Hass, Gier, Zorn und Intriganten kennen. Bei all den Menschen lernen wir obendrein noch solche kennen, die sich zuerst als aufrichtig geben, sich aber schlussendlich als Intriganten herausstellen. Wir hätten die Möglichkeit, uns über diese Umstände zu beschweren, zu jammern und darüber zu klagen, warum wir nur mit solchen Menschen im Leben verflucht wurden. Wir beklagen uns über die negativen Menschen und freuen uns über die Menschen, die unser Leben bereichern. Doch so wie der hilfsbereite Nachbar bereichert uns auch der Intrigant. Von beiden Menschen lernen wir. An beiden Menschen wachsen wir. Jedenfalls, wenn wir es zulassen. Jede Begegnung und jeder Mensch sind Segen und Fluch zu-

Doch so wie der hilfsbereite Nachbar bereichert uns auch der Intrigant.

gleich. Dies ist zum einen abhängig von der eigenen Bewertung, was negativ und positiv oder ein schlechter oder ein guter Mensch ist, und zum anderen davon, wie wir auf diese Menschen in unserem Leben reagieren.

Logos – die Harmonie im Chaos

Auf der Suche nach Glück müssen wir verstehen, dass uns keine Umstände oder Personen glücklich machen können. Nur wir selbst sind für unser Glück verantwortlich. Zu unserem Glück jedoch müssen wir weder etwas gewinnen noch erringen. Im Gegenteil sogar. Für unser eigenes Glück müssen wir vielmehr etwas loslassen. Wir müssen das Bedürfnis loslassen, alles beeinflussen und kontrollieren zu wollen. In Wahrheit liegen die meisten Dinge außerhalb unserer Kontrolle. Dazu gehören unsere Umwelt, die wir durch unsere Handlungen versuchen zu beeinflussen, unsere Gesundheit, Ruhm, Macht und Reichtum.

Für unser eigenes Glück müssen wir vielmehr etwas loslassen.

Sie mögen an diesem Punkt vielleicht widersprechen: »Können wir denn nicht durch harte Arbeit, kluge Geschäfte und unsere Bemühungen ein Vermögen aufbauen? Können wir nicht durch gesunde Ernährung und ausreichend Bewegung unseren Körper fit halten und gesund leben?« Ja, unsere Taten haben einen Einfluss auf unser Leben und dennoch können Sie trotz harter Arbeit und fleißigen Sparens eine Weltwirtschaftskrise, den Sturz des Kapitalmarktes oder den Fall der Aktien nicht bestimmen. Obwohl Sie fleißig Obst und Gemüse zu sich nehmen und beharrlich Sport treiben, können Sie nicht bestimmen, ob ein Unfall Ihnen die Beine nimmt oder Sie krank werden. Wir Menschen mögen zuweilen glauben, dass unser Leben uns gehört und wir über alles die Kontrolle haben. Schließlich haben wir ja auch für alles die Verantwortung. Doch der Kontrollwahn der Menschen führt in unser eigenes Unglück. Wir können über das Leben, den Tod und unser Schicksal nicht herrschen. Wir können es nur akzeptieren. Unsere Gesundheit oder unseren Reichtum können wir beeinflussen; kontrollieren aber können wir beides nicht. Es gibt zu viele Variablen in der Gleichung, die die Welt jeden Tag in Bewegung hält und uns davor schützt, zu viel Kontrolle auszuüben. Das ist auch gut so. Würden wir die Wahlmöglichkeit über einfach alles haben, gäbe es keine Grenzen und keine Harmonie inmitten des Chaos.

Die Stoiker waren davon überzeugt, dass im Kosmos, der geordneten Welt, eine Urkraft existiert, die alles durchdringt und für die Harmonie der Dinge sorgt. Was wir allgemein als Pantheismus bezeichnen, beschrieb der Stoiker auch als den *lógos*, eine Urkraft, die die Vernunft selbst war und dafür sorgte, dass alles mit einer gewissen Notwendigkeit geschieht und ein kausaler Zusammenhang zwischen allen Dingen in dieser Welt existiert und wir nur begrenzten Einfluss auf die Dinge haben. In den großen Religionen der Welt spricht man oft auch vom Willen Gottes. Welcher Religion Sie auch angehören, ob Sie Atheist, Christ oder Agnostiker sind, spielt für den Stoizismus keine Rolle. Der Stoizismus kann von Katholiken, Buddhisten, Muslimen und auch Atheisten genutzt und praktiziert werden. Unabhängig davon, welcher Religion Sie folgen, können Sie gemäß dem Stoizismus ein gutes Leben führen, auf eine Urkraft – ob diese nun Allah, Gott oder Schicksal heißt – vertrauen und darauf bauen, dass alle Dinge einer göttlichen Ordnung folgen und gemäß dieser geschehen.

Es ist lediglich wichtig, dass wir lernen, dass die wenigsten Dinge innerhalb unserer Macht liegen. Das, was unter unserer Kontrolle steht, geht nur von uns aus. So können wir unsere Meinungen, unsere Wünsche und Abneigungen oder unsere Handlungen, Begierden und unseren Willen steuern. Diese wiederum beeinflussen unseren Reichtum, unsere Reputation, unsere Mitmenschen und unsere Gesundheit. Doch in Wahrheit stehen diese damit nicht direkt unter unserer Kontrolle. Nur bedingt können wir sie beeinflussen. Alles, was wir tun können, ist zu akzeptieren, dass wir keine absolute Macht haben. Wir

können nur darauf vertrauen, dass ein Logos und eine damit einhergehende Notwendigkeit Harmonie in das Chaos bringen.

Wenn Ihnen dieser Gedanke jetzt etwas zu wirr wird, kann ich Sie nur allzu gut verstehen. Am Anfang klang es für mich so, als sei ich bei den Jedi-Rittern. Ich warte heute noch darauf, dass ein lichtschwertschwingender, grüner kleiner Kerl vor mir aus dem Busch herausspringt. Doch jetzt mal im Ernst. Die Ideen des Pantheismus wurden in vielen Filmen, Romanen und Erzählungen genutzt. Beweise für eine Urkraft sind empirisch nur schwer zu finden. Doch so verhält es sich auch mit der Existenz Gottes. War es nicht Nietzsche, der schrieb: »Gott ist tot!«? Doch um nicht in einen wilden philosophischen und religiösen Diskurs abzuschweifen und zu hinterfragen, ob wir Gott tatsächlich ermordet haben, so führen wir an, dass wir in den Weltreligionen immer wieder Teile oder Gedanken aus den Lehren der Stoiker finden. Ob man sich hier abgesprochen hat, wage ich zu bezweifeln. Wissen kann ich es aber nicht.

So verwundert es nicht, dass viele Religionen von einer höheren Akzeptanz sprechen. Auch der Stoizismus ist eine Philosophie der Akzeptanz. Seneca lehrt uns: »Daher muss man sich durchringen zur Freiheit; diese aber erreicht man durch nichts anderes als durch Gleichgültigkeit gegen das Schicksal.« Seneca spricht hier nicht davon, dass uns unser eigenes Leben am Allerwertesten vorbeigehen soll, da wir keine Kontrolle besitzen. Er ermahnt uns vielmehr, dass wir den Drang nach der Kontrolle aufgeben müssen über all jene Dinge, die wir nicht kontrollieren können, aber gerne kontrollieren würden. Dieser bewusste Kontrollverlust ermöglicht uns eine Seelenruhe, wie wir sie nie zuvor erlebt haben. Es ist eine ähnliche Art der Ruhe, die wir Men-

Wir gewinnen alles, indem wir alles loslassen.

schen durch Meditation in uns zu finden suchen. Es ist das Loslassen, das uns das Glück und die Ruhe bringt. Dieses Konzept fällt uns Menschen so schwer zu begreifen. Wir gewinnen alles, indem wir alles loslassen. Fragen Sie sich daher also: »Liegt dies innerhalb meiner Kontrolle oder kann ich meinen Frust, Zorn und Zweifel loslassen und den Moment so akzeptieren, wie er ist?« Fragen Sie sich: »Habe ich das Beste aus der Sache gemacht und war ich die beste Person in dieser Situation? Habe ich das Beste aus dem gemacht, was innerhalb meiner Kontrolle lag?«

Unter Kontrolle

Zunächst ist es einmal ein ziemlich harter Brocken, den wir da schlucken müssen. Gerade noch dachten wir, dass wir auf den Großteil unseres Lebens Einfluss nehmen können, und plötzlich erklärt uns eine 2000 Jahre alte Philosophie, dass wir die ganze Zeit falschlagen. Doch betrachten wir diesen Gedanken genauer, so mag uns auffallen, dass ihm eine gewisse Ruhe und Zufriedenheit innewohnt. Sie können nicht kontrollieren, wann Ihr Partner und Sie sich streiten werden. Sie könnten es bewusst beeinflussen, aber völlig kontrollieren können Sie es nicht. Sie können nicht kontrollieren, wann Sie oder ein geliebter Mensch sterben werden. Im Handbüchlein der Moral schrieb Epiktet:

> »Einige Dinge stehen in unserer Macht, andere hingegen nicht. In unserer Macht sind Urteil, Bestrebung, Begier und Abneigung, mit einem Wort alles das, was Produkt unseres Willens ist. Nicht in unserer Macht sind

> unser Leib, Besitz, Ehre, Amt und alles, was nicht unser Werk ist. Was in unserer Macht ist, ist seiner Natur gemäß frei, kann nicht verboten oder verhindert werden; was aber nicht in unserer Macht steht, ist knechtisch, kann verwehrt werden, gehört einem anderen zu.«

Es liegt innerhalb unserer Kontrolle, die Dinge aufzugeben. Nehmen wir zum Beispiel einmal das Bedürfnis nach Anerkennung, Lob und Respekt. Gemäß Abraham Maslow und seiner weltberühmten Bedürfnispyramide gehört es zu den Individualbedürfnissen, anerkannt zu werden, Respekt zu erlangen und ein wichtiges Mitglied der Gesellschaft zu sein. Wie könnten wir also ein solches Grundbedürfnis aufgeben, wenn es uns scheinbar durch unsere Biologie vorgegeben wird? Wollen wir nicht alle im Leben jemand sein? Sei es ein Vater, ein wichtiger Geschäftsmann, eine liebende Mutter, der beste Sportler in unserem Feld, ein gefeierter Musiker oder der größte Frauenheld – wir alle wollen irgendetwas darstellen und dafür anerkannt werden. Auch das ist ein Produkt unseres Egos. Doch ob Sie nun anerkannt werden oder nicht, liegt außerhalb Ihrer Kontrolle. Es liegt außerhalb Ihrer Kontrolle, was die Presse über Sie schreibt, welche Dinge über Sie gesagt werden und ob man Ihre Arbeit oder Bemühungen anerkennt. All das liegt außerhalb Ihrer Kontrolle und damit auch innerhalb Ihrer Möglichkeiten, dies genauso gut aufzugeben.

Es liegt innerhalb unserer Kontrolle, die Dinge aufzugeben.

Nehmen wir einmal an, dass Sie ein guter Freund oder eine gute Freundin sein wollen. Liegt dies innerhalb Ihrer Macht? Sicherlich können Sie vertrauenswürdig, aufrichtig, loyal und ehrlich zu Ihren Freunden sein. Sie können freundlich und liebenswert agieren. Ob Sie aber als guter Freund oder als gute Freundin wahrgenommen werden, liegt außerhalb Ihrer Kontrolle. Bis dahin ist dies für uns leicht zu verstehen. Wir sprechen hier schließlich nicht von Atomphysik. Doch der schwere Teil ist, das Bedürfnis loszulassen, überhaupt ein guter Freund sein zu wollen. Wenn Sie nur ehrlich, loyal und aufrichtig zu Ihren Freunden sind, damit Sie als guter Freund oder gute Freundin anerkannt werden, belügen Sie Ihre Freunde und sich selbst gleich mit. Ihr Ziel wäre es, ein guter Freund zu sein, weil Sie dadurch Anerkennung gewinnen wollen. Das wiederum wäre ein Akt Ihres Egos und würde Ihnen mehr dienen als Ihren Freunden. Sie wären also ein egoistischer Freund, der seine Freunde nur hat, damit er nicht allein ist und behaupten kann, dass er überhaupt Freunde besitzt. Sie würden in diesem Falle diese Freundschaften pflegen, um Ihr Bedürfnis nach Anerkennung zu stillen. Diese Freundschaften würden nicht existieren, damit Sie tatsächlich ein guter Freund sein können. Sie würden nur existieren, um Ihre Bedürfnisse zu stillen. Würden Sie also das Bedürfnis nach Anerkennung aufgeben, da die Anerkennung von anderen außerhalb Ihrer Kontrolle liegt, könnten Sie sich somit auf das konzentrieren, was Ihnen dienlich wäre, und zwar lediglich ein guter Freund zu sein, ohne dabei die Absicht dahinter zu verfolgen.

Vielleicht kennen Sie den ähnlichen Effekt bei der Liebe. Wie viele Menschen suchen verzweifelt nach einem Partner und der Liebe? Nicht etwa, weil sie ihrer Aufgabe nachkommen sollten zu lieben, sondern weil sie das Gefühl von Liebe vermissen, verliebt sein wollen und die Liebe um ihrer selbst willen empfinden möchten. Selbstverständlich darf da der richtige Partner nicht fehlen, aber im Grunde genommen ist der Partner nicht von ausschlaggebender Bedeutung, solange man sich geliebt fühlt, körperliche und emotionale Bedürfnisse gestillt werden und man sich selbst der Liebe unterwirft und von ihr abhängig wird. Plötzlich liebt man nicht, weil man den anderen lieben möchte, sondern weil man einfach nur geliebt werden will. Auch dies schulden wir unserem Ego und dem Drang, das außerhalb unserer Kontrolle Stehende zu kontrollieren. Stattdessen aber könnten wir uns dazu entscheiden, den Menschen, den wir lieben, einfach nur von ganzem Herzen zu lieben, weil wir ihm diese Liebe eben schenken können. Wir lieben nicht, weil dieser eine Mensch so gut aussieht, so nett und lustig ist oder er für uns sorgt. Wir könnten diesen Menschen lieben, weil wir so viel Liebe zu schenken haben und dieser Mensch unsere Liebe verdient. Was wir dafür zurückbekommen, spielt keine Rolle. Wer wahrhaft liebt, braucht keine Gründe oder Bedingungen für dieses Geschenk. Sie lieben einfach, weil er oder sie es ist. Fertig.

Ich gebe Ihnen noch ein anderes Beispiel. Weiter oben sprach ich davon, dass es außerhalb Ihrer Kontrolle steht, ob Sie ein Vermögen aufbauen werden oder Ihr Kapital verlieren. Sicherlich gibt es äußere Faktoren wie die Märkte, die wir nicht beeinflussen können. Doch bevor wir uns auf diese äußeren Umstände fokussieren, sollten wir den Wunsch nach einem großen Vermögen begutachten. Arbeiten Sie besonders hart, um ein großes Vermögen aufzubauen und gut zu verdienen? Sollte dies der Grund für Ihre harte Arbeit sein, so würden Sie Ihre Arbeit nur ausführen, um damit das Ziel hinter dem Vermögen zu befriedigen. Dies könnte Anerkennung durch Besitz, Vermögen oder Status sein oder der Wunsch nach höherem Komfort. Sie würden das Heute für das Morgen aufgeben. Für ein besseres Morgen zu arbeiten, ist nichts Falsches. Im Gegenteil sogar. Auch im Stoizismus sollen wir gemäß Arete leben, um durch unser heutiges Handeln in der Zukunft die Früchte zu ernten. Jedoch würden Sie Ihre Arbeit nur für egoistische Zwecke leisten. Womöglich wollen Sie auch das Vermögen für Ihre Kinder und Nachkommen aufbauen oder es eines Tages der Kirche spenden. So oder so wäre Ihre Arbeit nur ein Mittel zum Zweck. Doch redliche Arbeit zu leisten, sollte vordergründig das Ziel verfolgen, die Arbeit so gut wie möglich zu absolvieren. Der Maler sollte sein Bild so malen, dass es das bestmögliche Bild ist, das er mit seinen derzeitigen Fähigkeiten malen kann. Nicht etwa, damit das Bild sich teuer verkaufen lässt, sondern weil er ein hervorragendes Bild erschaffen möchte. Der Autor sollte sein Herzblut in ein Buch stecken, nicht um Tausende Exemplare zu verkaufen, sondern um mit seinen Worten die Herzen und Seelen der Menschen zu erreichen. Der Unternehmer sollte sein Geschäft nicht aufbauen, um zu großem Reichtum zu gelangen, sondern um einen Dienst für die Gesellschaft und Mitmenschen zu erschaffen. Der Lehrer oder Professor sollte nicht der akademischen Anerkennung nachlaufen, sondern seine Arbeit im Interesse der Gemeinschaft erfüllen.

Wie wir heute leben und arbeiten, entscheidet über eine ferne Zukunft. Doch heute zu leben und zu arbeiten, um eines fernen Tages nur die Früchte zu ernten, lässt uns das Heute negieren. Wir leben in diesem Fall in der Zukunft, so wie wir in der Vergangenheit leben, wenn wir ängstlich und träge zurückbleiben. Geben Sie den Zwang auf, die Zukunft kontrollieren zu wollen, indem Sie heute einer bestimmten Tätigkeit nachgehen. Geben Sie die Vergangenheit auf, da diese außerhalb Ihrer Kontrolle liegt. Geben Sie stattdessen heute Ihr Bestes und seien Sie die beste Person, die Sie heute sein können.

Der Kampf um den Dualismus

Diesen Kontrollzwang aufzugeben, widerspricht allgemein den Vorstellungen moderner Wissenschaft und menschlicher Errungenschaft, die versuchen, unsere Kontrollmöglichkeiten zu erweitern. Während wir in der Moderne und den damit verbundenen Errungenschaften in der Wissenschaft klar definierte Wahrheiten für einfach alles präsentiert bekamen, wurden wir später in der Postmoderne eines Besseren belehrt. Plötzlich begannen wir, die banalsten Dinge zu hinterfragen. Albert Einsteins Relativitätstheorie zeigte uns, dass Schwerkraft nicht gleich Schwerkraft ist. Kurt Gödels Unvollständigkeitssatz erklärte, dass mathematische Systeme widersprüchlich sein können, und Werner Heisenbergs Unschärferelation bewies, dass es theoretisch unmöglich ist, etwas mit absoluter Wahrscheinlichkeit zu berechnen. Durch die Postmoderne wurde die Welt aufgerüttelt und damit der bekannte Dualismus in seinen Grundfesten erschüttert. Während in der Moderne Wahrheit noch etwas fest Definierbares war, wurde in der Postmoderne plötzlich alles subjektiv abhängig. Fakten seien nun nicht mehr gleich Fakten, sondern abhängig von sozialen und kulturellen Normen, erklärte man uns. Einfach gesagt, gab es nun nicht mehr nur Schwarz und Weiß, sondern eine Vielzahl an Grautönen dazwischen.

Das mag nun zuerst einmal nach geistiger Masturbation klingen. Für unser Streben nach Glück und einem guten Leben hat es jedoch maßgebliche Auswirkungen. Während wir darüber sprechen, wie wir ein guter Freund sein können oder hervorragende Arbeit leisten, hinterfragt die Postmoderne, ob es so etwas wie gute Freunde überhaupt geben kann, warum Freundschaft etwas Subjektives ist und wir doch im Grunde genommen alle eine andere Meinung über das Thema Freundschaft haben. Denken Sie nur an die Abstufungen der Freundschaft – Bekanntschaften, Freundschaft-plus-Liebschaften, sporadische Freunde, Geschäftsfreunde oder solche Freunde, bei denen man sich noch nicht ganz sicher ist, ob es überhaupt Freunde sind.

So verhält es sich auch mit dem Glück. Können Sie Ihr Glück denn definieren? Können Sie klipp und klar sagen, was Glück bedeutet, oder würden Sie vielleicht eine postmoderne Ausrede suchen und so etwas sagen wie: »Na ja, Glück ist abhängig davon, was der Einzelne damit meint. Jeder definiert doch sein eigenes Glück.« Genau das ist der springende Punkt. Glück ist weder abhängig von einer Definition noch von einer Meinung. Wenn Sie eine Abhängigkeit zum Glück, zur Liebe oder zum Leben schaffen, versklaven Sie sich selbst auf der Grundlage von Bewertungen oder Meinungen anderer Menschen.

Glück ist weder abhängig von einer Definition noch von einer Meinung.

So erzählte mir Hannah eines Abends verzweifelt, dass sie diesen Typen kennengelernt habe. Sie habe mit ihm geschlafen, aber er würde ihr seit zwei Tagen nicht auf ihre Kurznachrichten antworten. »Ist er jetzt mein Freund? Vögeln wir nur oder ist da mehr? Was ist, wenn er sich nicht meldet, weil er eine Frau und Kinder hat? Bin ich etwa nur eine Affäre? Scheiße, Mann! Ich bin doch keine Hure!« Dann schrieb Hannah ihm eine weitere Nachricht, die ihm im Grunde genommen erklärte, dass er zur Hölle fahren solle. Irgendwas von Ehefrau und Kindern schrieb sie auch. »Fühlst du dich jetzt besser?«, fragte ich sie. Sie schüttelte ihren Kopf und drückte zwei Tränen weg. »Ich habe mich doch nur auf ihn eingelassen, weil ich ihn in meinem Leben wollte.« Dann faselte sie etwas davon, dass sie ihn liebe, brauche und nicht ohne ihn wolle. Es war ein Drama. Soap-Opera-reif! Mit Ohrfeigen, aber ohne spanische Lolitas.

Hannah hatte sich abhängig gemacht. Abhängig von einem Gefühl, einem anderen Menschen und einer fixen Idee. Im Stoizismus werden Abhängigkeiten abgelehnt. Vor allem die Meinungen, Definitionen und Bedingungen anderer waren für den Stoiker nicht relevant. Seneca sprach: »Dem Zufall unterworfen zu sein beginnt, wer einen Teil seiner selbst außerhalb sucht.« Ihr Glück und alle Ergebnisse Ihres Lebens werden dem Zufall unterliegen, wenn Sie sie an Abhängigkeiten festmachen.

Sie können lieben, ohne dafür eine Gegenleistung zu fordern. Sie können arbeiten, ohne dafür Anerkennung zu fordern. Sie können Menschen in Ihr Leben lassen, ohne sich von ihnen abhängig zu machen. Stattdessen lassen Sie so jedem Menschen den Raum für Wachstum und den eigenen Weg zu einem besseren Ich. Ich gab Hannah Folgendes mit auf den Weg: »Entweder du brauchst jemanden, oder du liebst jemanden. Wenn du ihn brauchst, tust du es nur für dich. Wenn du ihn liebst, tust du es für ihn. Beides geht nicht.«

Gestatten Sie mir, Sie daher weiter zu fragen, wann Sie ein schöner Mensch sind. Ist Schönheit nicht in Abhängigkeit zum Alter, Geschlecht, sozialen Status, zu Anerkennung oder den Blicken anderer zu sehen? Wird Schönheit denn nicht auch durch andere wie die Modeindustrie, die Kosmetikbranche und die sozialen Medien definiert?

Stellen Sie sich als Frau vor, nie wieder einen Gedanken über das ideale Bild der Frau zu verschwenden. Stellen Sie sich vor, nie wieder als Mann nach Anerkennung durch Statussymbole zu streben. Stellen Sie sich vor, wie es wäre, all das aufzugeben und stattdessen den emotionalen Ballast loszulassen und Ihre Freiheit zu entdecken. Stellen Sie sich vor, heute zu arbeiten, ohne dafür in der Zukunft gewisse Errungenschaften zu verlangen. Das ist es, was der Stoizismus uns ermöglicht. Er ermöglicht Ihnen, sich frei zu machen von den Meinungen und Definitionen anderer, da diese außerhalb Ihrer Kontrolle liegen. Ob die Definition von Schönheit nun modern oder postmodern ist; wen juckt das?

Suchmodus

Es lässt sich also schlussfolgern, dass die Suche nach dem Glück in Abhängigkeit steht und außerhalb unserer Kontrolle liegt. Sicherlich haben Sie auch schon des Öfteren die Menschen sagen hören, dass sie glücklich sein wollen. Doch stellen Sie sich vor, Sie wären permanent glücklich, niemals traurig, hätten keine Durchhänger, würden ständig Glück empfinden und in Ekstase leben. Nach einer Weile wäre das Glück der Normalzustand und nichts Besonderes mehr. Sie hätten sich daran gewöhnt, glücklich zu sein. Tuttifrutti rund um die Uhr. Viagra 24/7. Was nach einem guten Buchtitel klingt, wäre die pure Folter. Würden wir nicht auch die Kehrseite der Medaille und den Dualismus erleben, könnten wir unser Glück überhaupt nicht schätzen. Während wir *praemeditatio malorum* praktizieren, lernen wir, uns nicht nur auf die harten und schweren Zeiten vorzubereiten, sondern auch den heutigen kostbaren Moment deutlich mehr wertzuschätzen. Wir machen uns bewusst, dass unser Glück nicht von Dauer ist und wir uns nicht in jedem Moment unseres Glücks bewusst sind.

Tuttifrutti rund um die Uhr. Viagra 24/7.

Zu Beginn sprach ich davon, dass wir vorerst das gute Leben, nach dem der Stoiker strebt, als ein glückliches Leben definieren wollen. »Vorerst«, da es nun an der Zeit ist, diese Behauptung zu präzisieren. Ein gutes Leben ist kein glückliches Leben. Das klingt erst einmal völlig absurd. Ist die Suche nach dem Glück nicht das große Ziel der Menschen? Wie kann ich überhaupt behaupten, dass nun auf einmal das Streben nach Glück eine Zeitverschwendung sei? Wollen wir denn nicht alle glücklich sein? Ja und nein. Wir wollen das Glück in Form von Dankbarkeit. Wir wollen die Freiheit, den Wind auf der Haut bei voller Fahrt, die frische Luft der Berge, die Weite des Ozeans, die Unendlichkeit des Waldes, eine zweite Flasche Wein im Le Loubnane in der Rue Galande in Paris, den Flair der Ramblas in Barcelona, den Duft alter Kunst in Florenz, den Turm erklimmen, den Fluss hinunterfahren, die Bahn auf dem anderen Gleis nehmen, die Nacht mit dem richtigen Menschen durchtanzen, die Sonne in unserem Gesicht spüren und die Wogen verspüren, wenn das Pferderennen durch Sienna donnert, oder einfach mal wieder die Maske abnehmen. Wir wollen das Leben spüren. Ob wir es spüren, liegt an uns. Mit Glück hat das nichts zu tun, solange ein Logos das Natürliche zusammenhält und für die Harmonie in allen Dingen sorgt. Womöglich werden Sie niemals in den Zug auf der anderen Seite steigen oder Florenz sehen. Na und? Vielleicht ist es etwas anderes, das Sie spüren lässt, dass Sie wahrhaftig und tatsächlich leben.

Ein gutes Leben ist kein glückliches Leben.

Wie oft leben wir Menschen einen Abklatsch eines guten Lebens und tun nur so als ob. Wir verplempern die Zeit, trödeln und verschenken unser größtes Gut für Sinnlosigkeiten wie das Streben nach Glück, als könnten wir noch mal leben und unsere Zeit auf dieser Welt wäre nicht begrenzt. Hören Sie auf, das Glück zu suchen. Seien Sie einfach glücklich. Hören Sie auf, nach einem echten Freund zu suchen. Seien Sie ein echter Freund. Hören Sie auf, die große Liebe zu suchen, sondern lieben Sie einfach. Hören Sie auf zu versuchen, ein gigantisches Vermögen zu erlangen, sondern leisten Sie einfach hervorragende Arbeit. Schenken Sie den Menschen das Beste, was Sie haben. Konzentrieren Sie sich auf das, was Sie kontrollieren können und innerhalb Ihrer Macht steht. In allem anderen werden Sie kein Glück finden, da es nicht von Ihnen abhängt. Das ist es, was Seneca uns lehrt. Das ist es, was Sergeant First Class P. Gilmore mich lehrte, als er sagte: »Das Glück ist eine Handgranate.« Möglicherweise ist es auch das, was Jesus Christus lehrte, als er davon sprach, seinen Nächsten so zu lieben wie sich selbst. Vielleicht ist es auch das, was der Prophet Mohammed mit den Worten meinte: »Niemand von euch hat den Glauben erlangt, solange er nicht für seine Brüder liebt, was er für sich selbst liebt.«

Unsere Suche nach dem Glück ist aus Sicht des Stoizismus sinnlos, da sie außerhalb unserer Kontrolle liegt. Das Glück ist nichts, das Sie finden müssen. Es ist bereits bei Ihnen und wenn wir uns daran erinnern, wie sich dieses Glück anfühlt und wann wir es empfinden, so erkennen wir, dass wir keine großen Besitztümer, Geschenke, Erlebnisse und Abenteuer dafür brauchen. Das Lachen eines Kindes, vielleicht des eigenen, das Abendessen mit der Familie, das leise Schnarchen des Hundes, die Zeit mit Freunden oder die Einsamkeit und Stille in der Natur – was uns das Glück empfinden lässt, wissen wir instinktiv, wenn wir es erleben. Es ist ein Gefühl von Unendlichkeit, Dankbarkeit und dem Bewusstsein, dass all dieses Glück nun hier ist und im nächsten Moment schon vergangen sein wird. Daran erinnert uns Seneca mit den Worten: »Ich will es dahin bringen, dass jeder einzelne Tag mir wie das ganze Leben erscheine. Ich bin bereit zum Aufbruch, und eben dieser Umstand verhilft mir zum Genusse des Lebens.«

Machen wir uns auf, das Leben genau so zu spüren. Brechen wir auf.

DIE TYRANNEI DER EINZIGARTIGKEIT

> »Dann erst hat die Größe eines Menschen Bestand und Grund, wenn alle von ihm überzeugt sind, er sei nicht sowohl über ihnen als für sie.«
>
> *Seneca*

Die pralle Sonne knallte mir ins Gesicht. Es war viel zu warm. Irgendwo in der Karibik lag ich gelangweilt an einem Strand und versuchte, meine Gedanken zu beschäftigen. Meine weibliche Begleitung hatte für den Nachmittag aufgehört, mit mir zu sprechen. Sie war bockig. Weiß der Teufel, warum. Erinnern kann ich mich nicht mehr. Wie ich so daliege und wie ein Krümel im Toaster brutzle und meine Haut mehr und mehr zu der eines knusprigen Brathähnchens wird, muss ich an die Absurdität dieses Moments denken. So ist das wohl, wenn sich Menschen auch mal streiten. Ein jeder will auf seiner Meinung beharren. Am Ende gehen Menschen dann getrennte Wege, weil sie ihre Meinung für so extrem wichtig erachteten.

Da liege ich also nun, an einem der schönsten Strände der Welt, kaum eine Menschenseele um mich herum. Keine grölenden Briten, keine betrunkenen Russen oder Deutschen, die die Liegen reservieren. Am ganzen Strand befinden sich maximal 20 Menschen. Ein jeder von ihnen sieht irgendwie aus wie aus einer Modezeitschrift. Vom Strand aus kann ich eine Segeljacht und zwei große Motorboote sehen. Als ich mich so umsehe, frage ich mich, was diese Menschen um mich herum wohl beruflich machen, dass sie sich diesen Urlaub samt Segelboot leisten können. Doch ich bin in diesem Moment maßlos gelangweilt. Vor allem von mir selbst. »Wie dumm das doch ist. Wir kaufen Boote, um Status zu repräsentieren. Es musste ja der Strand mit dem weißen Sand sein, weil der auf einer spanischen Insel nicht gut genug war, und es musste diese überteuerte Liege sein, weil man sich nicht die Blöße geben wollte, im Sand mit Stoffhose zu sitzen«, denke ich mir. Irgendwie döse ich daraufhin unter dem Liegeschirm vor mich hin und beginne, in Erinnerungen abzudriften.

Meine Erinnerung führt mich zurück in die ersten zwei Semester meines Studiums und damit zurück zu Martin. Martin war ein fast zwei Meter großer, gut aussehender muskulöser Kerl mit schwarzer Mähne. Obwohl wir wie Tag und Nacht waren, verstanden wir uns ganz gut. Ich war die Leseratte, der Dauerlerner, der Eigenbrötler und Außenseiter. Er war der Mittelpunkt der Party, Frauenheld und Showman. Ich zog ihn zum Lernen an den Schreibtisch und er mich auf die Studentenfeten. Martin war nicht besonders helle. Er musste seinen Wert permanent unter Beweis stellen. Um einige Dinge zu verstehen, brauchte er deutlich länger. Statt vier Stunden Lernsession zwang er uns zu einer Qual von zwölf Stunden. »Immerhin kann ich so den Stoff noch besser wiederholen«, dachte ich mir. Als Ausgleich und Dank nahm Martin mich auf die Studentenfeten mit. Dort angekommen, schleppte Martin nach 15 Minuten zwei Blondinen ab, verschwand für eine halbe Stunde und kehrte mit zwei Flaschen von irgendeinem teuren Fusel zurück. »Wo hast du die beiden gelassen?«, fragte ich ihn. »Ach, die Olle? Die habe ich gerade ordentlich durchgenommen. Ihre Schwester hat auch mitgemacht. Hab ihnen danach gesagt, dass sie sich verpissen sollen.« Bitte was? Martin war nicht nur ein Frauenheld, sondern ein echter Mistkerl. Er behandelte seine Mitmenschen wie Dreck, um sich selbst ins Rampenlicht zu stellen. Im Grunde genommen war seine Freundschaft ein Schauspiel, da er durch mich seine Prüfungen nicht vergeigte. Ich war ein Mittel zum Zweck. Martin wusste, dass er bekam, was er wollte. Jede Frau war eine Gelegenheit für sein Ego. Scheinbar gefiel den Frauen dieses Selbstbewusstsein. Doch hinter der Fassade hat er jede Party auf Pump gefeiert. Irgendwelche illegalen Geschäfte hatte er im Hintergrund immer am Laufen, selbst wenn es nur über einen Drittkontakt ging. Die teuren Markenklamotten, den ganzen teuren Alkohol und den geföhnten Undercut hat er durch die restlose Ausschöpfung seines Studentenkredits bezahlt. Irgendwie musste ja die Illusion der Einzigartigkeit bezahlt werden. Ich habe nie verstanden, warum die Frauen bei ihm Schlange standen und so viele andere Martin nacheiferten. Nach außen war er der gut aussehende, beliebte, sexy Typ, der mit Geld um sich schmiss. Doch hinter der Fassade gab es nur die Leere. Eigentlich war Martin ein echter Versager. Viel Gerede, nichts dahinter und so richtig glücklich war er auch nicht. Was hätte er alles sein können, wenn er sich selbst nicht so wichtig gefunden hätte?

Als ich wieder die Augen aufmache und mir die Sonne immer noch ins Gesicht scheint, sehe ich, dass meine weibliche Begleitung mittlerweile zwei deutsche Jungs kennengelernt hat und mit ihnen davonzieht. Fußballer! Sei es drum. Auch sie nahm sich wichtiger als alles andere. Wieder einmal war ich eigentlich nur ein Mittel zum Zweck. Im Vordergrund stand der hedonistische Trieb. Mehr Freude, mehr Sonne, mehr Party und noch eine Piña colada, bitte. Als ich mich wieder umdrehe, lächelt mich diese braun gebrannte Latina an. Sie ist wirklich eine schöne Frau. Und trotzdem! Spielten hier alle um mich herum Adam und Eva?

Wie so oft denke ich genervt: »Was zum Teufel tue ich hier? Warum tue ich mir das an? Ist denn alles, was wir tun, und jeder Mensch, mit dem wir zusammen sind, nur ein Mittel zum Zweck?« Als die Latina mich anspricht und fragt, was ich hier so mache, antworte ich ihr: »Das wüsste ich auch gerne.« Ich bin aufgestanden und war drei Tage später wieder zurück in Deutschland.

Alles halb so gut

Martin, die vergangene Romanze, die Latina und selbst der dicke Kerl mit der Goldkette und der Segeljacht – alle nehmen sich verdammt ernst. Ein jeder hält sich für viel wichtiger, als er eigentlich ist. Das Ergebnis ist, dass wir unfassbar dumme Dinge tun und uns völlig rücksichtslos benehmen. Dabei sind wir nicht einmal halb so gut, wie wir glauben.

Meine männlichen Mitmenschen pressen ihre Brust heraus wie Gorillas, um ihre Dominanz zu zeigen. Auf den Partys mit Martin habe ich das lernen müssen. Es ist ein richtiger Balztanz. Die Damen kreuzen die Beine, tragen ihre viel zu großen und schweren Handtaschen auf dem Unterarm, als würden sie ein Hanteltraining durchführen. Der Gorilla und das Handtaschenmodell prosten sich auf einer der Feten von Martin grinsend zu. Ob sie wohl tief in sich ahnen, dass sie in einer Illusion leben, in einer Blase, die nur dafür geschaffen wurde, um sich von der Wahrheit abzulenken?

Die Wahrheit ist nämlich, dass wir deutlich schlechter sind, als wir glauben. Sie sind wahrscheinlich ein deutlich schlechterer Mitarbeiter oder Chef, als Sie denken. Womöglich sogar ein deutlich schlechterer Liebhaber oder eine schlechtere Liebhaberin, als Sie glauben. Ihre Freunde sind vielleicht deutlich schlechtere Künstler, als sie es sich eingestehen könnten, und ja, auch ich bin ein deutlich schlechterer Autor, als ich es wohl gerne wäre. Doch die Wahrheit folgt der Erkenntnis. Auch hier spielt das stoische Prinzip Arete mit hinein, denn wer besser werden will, muss der Wahrheit ins Gesicht blicken. Diese Wahrheit tut weh. Es schmerzt, sich einzugestehen, dass wir eben nicht der große Held, die Powerfrau, der heiße Typ oder die sexy Chica sind. Eigentlich sind wir die meiste Zeit ziemlich unterdurchschnittlich. Ob mit oder ohne Porsche, Geld oder Fiffi mit rosa Pullover. Gleich morgens nach dem Aufstehen kann uns das wieder bewusst werden. Unser Atem riecht übel, unsere Frisur erinnert an einen Bombenteppich und unser Augenaufschlag ist von der Nacht verklebt.

Doch die Wahrheit folgt der Erkenntnis.

Ich schiebe das hier einmal ein: Wissen Sie, wann Sie wirklich verliebt sind? Wenn Sie morgens Ihren Partner oder Ihre Partnerin neben sich im Bett liegen sehen und all dieses Grauen erkennen und dennoch lächeln, Sie dieses angenehme Gefühl überkommt und Sie wissen, dass Sie nichts in der Welt gegen diesen Menschen eintauschen wollen, ja, dann dürfen Sie von Liebe sprechen. Wenn Sie das Schnarchen ertragen können, ohne Ihren Partner an den Füßen aufhängen zu wollen, wissen Sie, was ich meine.

Wir sind, ohne die Anwendung von klaren Prinzipien und Tugenden, eigentlich nur Tiere. Sehr intelligente und weiterentwickelte Tiere, aber Tiere! Vielleicht mag meine Perspektive zynisch sein. Vielleicht aber habe ich auch einfach viel zu oft das Gefühl, dass ich diesen ganzen Affenzirkus schon einmal irgendwo gesehen habe. Ein Déjà-vu sozusagen. Seneca meinte dazu: »Eine Gesellschaft von wilden Tieren machen sie aus, nur dass diese unter sich friedlich sind und denen ihrer Gattung nichts zuleide tun, sie aber dadurch sich sättigen, dass einer den anderen zerreißt.« Wenn Seneca es erkannte und selbst ich Depp das tue, dann bin ich mir sicher, dass auch Sie diese Wahrheit erkennen können. Seneca lehrte: »Das Erste, was wir tun müssen, ist, uns selbst zu prüfen. Vor allem ist es nötig, unsere eigenen Kräfte genau abzuschätzen; denn gewöhnlich überschätzen wir unsere Kraft und kommen zu Fall.« Können Sie sehen, für wie wichtig wir uns nehmen, obwohl wir eigentlich nur halb so gut sind, wie wir denken?

Getarnte Idiotie

Ich habe gegen diesen Wahnsinn auch kein Heilmittel. Ich könnte mich permanent über die Kleingeister, Statisten und Taugenichtse in diesem bühnenreifen Spiel aufregen. Stoisch wäre das nicht. Also lasse ich es, indem ich versuche, mich von diesen Umständen zu befreien, ihnen fernzubleiben und mich stattdessen auf meinen Weg zu konzentrieren. Doch ich frage mich, ob wir es nicht wagen könnten, uns besser zu verhalten als Tiere.

Seneca schrieb an Lucilius: »Nicht weil es schwer ist, wagen wir es nicht, sondern weil wir es nicht wagen, ist es schwer.«

So ist das mit dem Konzept unseres Ich. Schon die Psychologen Anna Freud und Heinz Hartmann dachten über dieses Ich nach. Sie gelten als Begründer der Ich-Psychologie, obgleich Sigmund Freud vorab über die

Wir sind, was wir uns regelmäßig selbst erzählen.

Aspekte des Ich schrieb. Unser Ich ist eine Art Collage aus zusammengesetzten Erinnerungen, Geschichten und Bewertungen. Wir sind, was wir uns regelmäßig selbst erzählen. So ist das auch mit den Wahrheiten. Oft können wir uns selbst nicht ertragen und reden uns daher unsere vergangenen Taten schön. Je häufiger wir darüber sprechen und uns selbst diese Geschichten erzählen, desto glaubhafter werden sie für uns. So kommt es, dass das Ende einer Beziehung oder Freundschaft in Wahrheit vollkommen anders abgelaufen ist als in unseren Geschichten. Entweder reden wir uns darin selbst schön oder die anderen schlecht. Nach dem Motto: »Hauptsache, wir sehen nicht so aus wie das Hinterteil eines Pavians.« Das ist unsere ganz eigene Art, mit den Widrigkeiten des Lebens umzugehen. Statt sich radikal der Katastrophe und dem Chaos zu stellen, sich zu verbessern und an sich zu arbeiten, negieren wir unsere Ignoranz. Jeden Tag, den wir so erleben, versäumen wir die Wahrheit und damit ein Leben, wie es sein könnte. Seneca soll gesagt haben: »Wenn du es aufschiebst, versäumst du das Leben.«

Wir wagen es aber nicht, uns selbst zu stellen. Wer würde schon gerne sich selbst anzeigen, ohne daraus einen direkten Nutzen zu ziehen? Und so wird schlussendlich unser Ich zu einem vielschichtigen Konzept. So ähnlich wie bei Dantes »Inferno« die neun Höllenkreise von Lust, Völlerei, Gier, Zorn, Gewalt, Betrug, Verrat, Ketzerei und der Vorhölle. Bei uns sind es die drei Ebenen der getarnten Idiotie: die alten Geschichten von damals, die Schuld der anderen und die angeblichen Erfolge von gestern. So formen wir ein Konzept um die Vorstellung der Einzigartigkeit unserer Person. Doch jede noch so wahnwitzige Geschichte hat sich mit großer Sicherheit bereits ein anderer Mensch einmal erzählt. Grob gerechnet, lebten bisher 108 Milliarden Menschen auf diesem Planeten. Die Wahrscheinlichkeit ist sehr groß, dass Ihre Probleme bereits existierten und die gleichen Geschichten, die Sie sich erzählen, auch schon die Persönlichkeiten anderer Menschen geformt haben.

Planlosigkeit

Im Grunde genommen haben wir keine Ahnung von unserem Ich, weshalb wir uns der Vorstellung bemächtigen, dass wir wichtig sind in dieser Welt. Wir streben nach Signifikanz, wusste schon Maslow. Daher versuchen wir permanent, unsere Persönlichkeit zu finden, sie auszudrücken und darzustellen.

Darüber waren sich schon die Existenzialisten einig. Der Existenzialismus, welcher vor allem durch Jean-Paul Sartre, Simone de Beauvoir und Albert Camus bekannt wurde, stellt dazu einige interessante Punkte klar, die wir mit dem Stoizismus vergleichen können. Ähnlich wie die Stoiker waren die Existenzialisten davon überzeugt, dass Verantwortung innerhalb unserer Kontrolle liegt und unser Ich bestimmt. Sie gingen davon aus, dass unser Grundzustand des Lebens die Angst ist, welche uns dazu zwingt, irgendwelche Entscheidungen zu treffen, in der Hoffnung, dass wir zwischen Gut und Böse unterscheiden mögen. Während wir also ständig wählen, haben wir daher auch immer eine Wahl und die Verantwortung dafür, was wir denken, fühlen oder erfahren mögen. Jedoch negieren wir diese Verantwortung, da sie zu noch mehr Angst führt. Eine Art Dauerschleife der Panik entsteht. Um diese Angst zu umgehen, erzählen wir uns selbst die Lügen und Geschichten über unser Leben und das Ich. So nach dem Prinzip: »Ich bin nicht schuld. Der Hund hat die Hausaufgaben gefressen« oder: »Ich war eine richtig gute Freundin. Keine Ahnung, warum er mich verlassen hat.« Sartre nannte diese Unaufrichtigkeit den *schlechten Glauben*. Wir können erst damit beginnen, die absolute Kontrolle über unser Leben zu gewinnen, wenn wir die Verantwortung für unser Ich und unser Leben bejahen und authentisch leben. Die Stoiker würden dies wohl als ein tugendhaftes Leben beschreiben.

Doch der Existenzialismus und der Stoizismus unterscheiden sich in einigen Punkten auch kolossal voneinander. So erläutert der Existenzialismus, dass wir in unserem Sein und Handeln völlig frei seien und unsere Taten frei wählen könnten. So weit, so gut. Jedoch stellten Sartre und seine Kollegen fest, dass wir, um zu handeln, zu fühlen und zu sein, keine Regeln, Etiketten oder Gesetze brauchen. Ob das sozialwissenschaftlich sinnvoll ist, sei einmal dahingestellt. Die Stoiker gaben uns stattdessen einen klaren Regelkodex durch die Einhaltung der Tugenden vor. Das kennen wir von den Existenzialisten des 20. Jahrhunderts nicht. Stattdessen war es des Existenzialisten Aufgabe, selbst einen Weg zu finden, um mit sich im Reinen zu sein und das Leben nach eigenen Vorstellungen zu führen. Eine moderne Philosophie der Selbstbefriedigung, könnte man wohl meinen.

Doch genau hier ist der springende Punkt. Wir scheitern bei dieser Aufgabe im epischen Ausmaß. Gerade weil wir keine Ahnung davon haben, was wir hier in dieser großen weiten Welt so allein tun, schauen wir uns nach anderen Menschen um. Wir vergleichen uns, lenken uns ab und starren zum Nachbarn hinüber. Doch der hat genauso wenig einen Plan davon, wie man ein gutes Leben führen soll. Es mangelt an einem Plan, einer Art Richtlinie oder Kodex, der uns hilft, ein gutes Leben zu führen. Genau an diesem Punkt schreitet Seneca als strahlender Ritter ins Licht, schwingt die Keule und errettet unsere armen Seelen vor der Planlosigkeit unseres Kleingeistes. Bullshit! Doch die Stoiker haben uns glücklicherweise durch ihre Tugenden eine Anleitung gegeben, um ein gutes Leben zu führen.

Einer der ersten Schritte ist zu erkennen, dass wir nur ein kleiner Fliegenschiss in einer gigantisch großen schwarzen Suppe sind, in der kleine und große Steine umherfliegen, von denen wir einige als Planeten bezeichnen. Auf einem dieser Steine leben und sterben wir. Absurd, nicht wahr? Bis dahin stimmen mir womöglich auch die antiken Schulen der Nihilisten, Zyniker und Skeptiker zu. Also wozu überhaupt ein gutes Leben führen, sich nach Senecas Lehren richten und tugendhaft leben, sich verbessern und all die harte Arbeit ertragen, wenn wir doch wie die antiken Zyniker nackt, ohne Besitz, auf der Straße schlafend und onanierend leben könnten? Am Ende gibt es doch keinen größeren Sinn, oder etwa doch?

Adieu, Ich

Ein gutes Leben ist ein Leben im Dienste anderer.

Wir können unsere Persönlichkeit und unser Ich nicht ablegen. Das ist eine Tatsache. Ich bin mir auch nicht sicher, ob man überhaupt ohne eine Identität, welcher Form auch immer, leben könnte. Doch klar ist, dass wir unsere Person viel zu wichtig nehmen und damit den Sinn und die Essenz unseres Lebens völlig vergessen. Denn »für einen anderen musst du leben, wenn du für dich selbst leben willst«, rät Seneca dazu. Mit anderen Worten müssen wir unser

Leben in den Dienst anderer stellen, um Glück zu erfahren und ein gutes Leben zu führen. Ein gutes Leben ist ein Leben im Dienste anderer.

Seneca schrieb auch an Lucilius: »Dasselbe Ziel muss sowohl der Lehrende wie der Lernende haben: jener, dass er nützen, dieser, dass er Nutzen ziehen will.« Die antiken und auch die modernen Philosophien haben hier ganz unterschiedliche Ansätze. Die Nihilisten beispielsweise negieren allen Sinn, da das Leben nur eine zufällige Reihenfolge von Ereignissen ist, die im Nichts endet. Jede Minute des Lebens wäre dementsprechend sinnlos. Die Hedonisten hingegen sind der Überzeugung, dass wir die gegebene Zeit um jeden Preis nutzen müssen, indem wir das Leben in vollen Zügen genießen, und der Genuss das höchste Gut ist. Disco-Pogo rund um die Uhr! Doch die Stoiker waren keine Nihilisten und noch weniger hedonistisch interessiert. Für den Stoiker ist ein gutes Leben ein tugendhaftes Leben, welches Nutzen schafft und für andere gelebt wird. Präziser gesagt, muss das Leben für die Gemeinschaft gelebt werden. Durch die Erfüllung unserer Pflicht, tugendhaft zu leben, können wir es schaffen, Nutzen für andere zu stiften. Wie dieser Nutzen allerdings aussehen mag, liegt bei uns. Es ist also nicht so en passant damit getan, einmal den eigenen Weg und die dazu passende Lebensaufgabe zu definieren. Viele Menschen sterben sogar, ohne diese Lebensaufgabe jemals gefunden zu haben. Seneca schrieb: »Wie schrecklich ist der Tod für einen Menschen, welcher, ohnerachtet ihn jedermann ganz wohl gekannt hat, ohne sich selbst zu kennen, stirbt!«

Unseren Weg zu finden, ist verdammt schwer. Bei all den Wahlmöglichkeiten, die wir Menschen heutzutage haben, ist es fast normal, dass wir unseren Weg anpassen. Nach ein paar Jahren wird der Architekt zum Designer, der Kapitän zum Reiseführrer und die Sachbearbeiterin zur Führungskraft. Unser Weg ist nicht stetig und nicht linear. Selten findet jemand seine Lebensaufgabe im jungen zarten Alter. Doch was wir vielleicht zu Beginn verteufeln, stellt sich schnell als ein riesiger Gewinn für uns heraus. Wenn der Weg unstet ist und sich permanent verändert, nicht linear verläuft und immer wieder eine Biegung findet, so erhalten wir immer wieder die Chance, uns neu auszurichten und zu verbessern. Eine Kündigung bedeutet also nicht zwingend aufzugeben, eine Trennung ist nicht das Ende des eigenen Lebens oder der Welt und ein Verlust nicht der Schlusston.

Mit diesen Gedanken ging ich einst zum Sergeant und fragte ihn: »Warum bist du eigentlich zum Militär gegangen? War das damals deine Lebensaufgabe?« Der Sergeant reagierte gelassen und antwortete: »Ich bin nicht zur Armee, um dort meine Aufgabe zu finden. Ich bin zur Armee, um zu dienen. Im Dienst habe ich dann meine Aufgabe gefunden.«

Die Knappheit der Güter und die Unendlichkeit der Zeit

Die Einzigartigkeit unserer Person ist eine Illusion, die durch unser Ego genährt wird. Unser Ego spielt uns dauernd einen Streich. Dieser Begleiter lässt uns niemals los. Zu Beginn des Buches warf ich ein, dass unsere Vorstellung von Zeit der des Hedonismus entspricht. Die große Frage im Hedonismus lautet: »Wie nutze ich meine Lebenszeit für mich?« Doch diese Frage widerspricht dem Stoizismus. Wenn Sie sich dem Prinzip Arete verschrieben haben, werden Sie unter allen Umständen jede Minute so einsetzen wollen, dass Ihnen die Zeit ermöglicht, besser zu werden und die beste Person zu sein, die Sie sein können. Doch Arete ist kein Prinzip der Selbstliebe und Sie verbessern sich nicht um Ihretwillen. Wo wäre der Nutzen Ihrer Zeit, wenn Sie alles nur täten, um Ihr Leben für eigene Bedürfnisse und die Befriedigung der eigenen Sehnsüchte zu verbessern? Sollten Sie beispielsweise Ihren Körper trainieren, nur um abzuspecken und gut auszusehen, um so wiederum Anerkennung bei anderen Menschen zu gewinnen? Wo liegt da der Wert?

Ein jeder kennt diesen Egoismus und das damit verbundene Ellbogenverhalten. Dabei nehmen wir dieses Verhalten zumeist nur bei den anderen wahr und klagen: »Jeder schaut nur noch nach sich und will seine eigenen Schäfchen ins Trockene bringen.« Es scheint, als herrsche ein Überlebenskampf um unsere Güter. Doch in unserer westlichen Welt gibt es keine Knappheit an Gütern. Können Sie hinter diesen Worten die Angst der Menschen erkennen? Wenn wir uns fürchten und glauben, dass wir für ein Stück des Kuchens kämpfen müssen, so verfallen wir dem Irrglauben, dass die Güter in unserer Welt knapp sind und unsere Zeit unendlich ist. Wer dann wiederum viele Güter hat, denkt plötzlich, dass er etwas Besonderes sei. Doch jeder von uns hat in unserer westlichen Welt die Möglichkeit, mehr als genug an Essen, Kleidung und Sicherheit zu haben.

In Wahrheit sind nicht unsere Güter, sondern ist unsere Zeit knapp. Wir lenken uns mit dem Rennen und Hasten nach mehr Befriedigung davon ab, dass eigentlich unsere Zeit knapp ist. Es fällt uns so viel leichter, durch unser Leben zu rennen und zu glauben, dass wir zu beschäftigt seien. Doch in den meisten Fällen ist unsere Beschäftigung eine Ablenkung und eine Selbsttäuschung, um uns nicht mit unserer Lebenszeit zu beschäftigen. Wer sich mit seiner eigenen Zeit auseinandersetzt, der hinterfragt nicht nur sein Leben, sondern auch den Tod und wie wir unsere Zeit bis zu diesem Stichtag verbringen.

Der Stoizismus ist eine der wenigen Philosophien, die besonders viel über den Tod sprechen. Seneca schrieb an Lucilius: »Wer den Tod ablehnt, lehnt das Leben ab.« Wenn Sie Ihre Zeit ablehnen, lehnen Sie den Zweck Ihres Daseins ab. Bedenken Sie also, dass alle Güter niemals knapp sind, aber Ihre Zeit nicht unendlich ist.

Die Vorstellung von uns

Vor einer Weile rief eine ältere Dame bei der lokalen Polizei an. Sie habe den Mörder gesehen, von dem im Fernsehen die Sprache war, meinte sie entsetzt. Kürzlich hatte die Dame die Krimisendung *Aktenzeichen XY* gesehen. Von Mord, Totschlag und Diebstahl war dort die Rede. Jetzt hatte sie einen der Täter erkannt, der in der Sendung als gefährlich und flüchtig beschrieben worden war. Er war ihr auf der Straße entgegengekommen. Unauffällig folgte die Dame ihm bis zu seinem Haus. Dann rief sie nach den Behörden. Diese kamen auch irgendwann. Der Mann, der den Beamten die Tür öffnete, war tatsächlich ein Mörder – zumindest ein gespielter Mörder in Filmen und Sendungen wie *Aktenzeichen XY*. Der Mann, den die Dame wiedererkannt hatte, war ein Schauspieler in der Fernsehsendung gewesen und hatte dort den skrupellosen Mörder dargestellt.

So ist das mit unserer Wahrnehmung. Das, was Sie sehen, ist nur ein kleiner und winziger Teil der Wahrheit. Sie können die Tiefe der Menschen niemals mit dem bloßen Auge wahrnehmen und selbst die komplexen Kenntnisse aus Körpersprache,

Mikro- und Makroexpression, Gestik und Mimik vermögen es nicht, alles offenzulegen. So kommt es, dass wir Menschen gemäß ihrem Aussehen beurteilen. Einem Mann im Anzug ordnen wir beispielsweise einen höheren Status zu als dem Kerl in Jeans und Sweatshirt. Und Frauen in hohen Schuhen schreiben wir mehr Sex-Appeal zu als Frauen in Flip-Flops. Die Länge der Beine wird durch die Höhe der Schuhe unterstrichen und lange Beine stehen nun einmal für Sex-Appeal. Unsere Bewertungen hängen von den Meinungen der Gesellschaft, dem Status quo, den Meinungen anderer und unseren Wahlmöglichkeiten ab. So auch die Vorstellung von unserer eigenen Person.

Haben Sie sich jemals gefragt, ob Ihre Persönlichkeit möglicherweise aufgrund von Meinungen anderer entstanden ist? Scheinbar haben IT-Nerds kein Problem damit, als solche identifiziert zu werden. Gleichzeitig will aber kaum ein Athlet als solch ein Stubenhocker klassifiziert werden. Jeder Mensch hat schon lange eine Meinung von sich selbst gewonnen, bevor er anderen Menschen die Gelegenheit für einen ersten oder zweiten Eindruck gibt. Wissenschaftlich gesehen, sollen wir sieben Sekunden für den ersten Eindruck haben. Wo ein erster Eindruck ist, dort regiert auch ein zweiter Eindruck. Dieser entsteht innerhalb von vier Minuten. Mit anderen Worten entsteht ein gigantischer Eindruck von Ihnen innerhalb von fünf Minuten im Kopf anderer Menschen. Dieser Eindruck wiederum bestimmt ein Stück weit mit, wer Sie sind. Dem ähnelt auch das Sprichwort: »Sag mir, wer dein Freund ist, ich sage dir, wer du bist.«

Doch die Vorstellung von uns muss nicht dem Fremdbild anderer Menschen entsprechen. Der Stoiker Epiktet schrieb in seinem *Handbüchlein der Moral*, auch bekannt als *Encheiridion*: »Stelle dir ein Muster und Vorbild auf

Ihre Wahrnehmung bestimmt Ihre Realität.

und lebe ihm nach, sowohl wenn du allein bist, als wenn du unter die Leute kommst.« Selbst wenn Sie es nur schauspielern, werden Sie irgendwann zu diesem Menschen werden, der Sie sein wollen. Sie handeln, atmen, agieren, reagieren und leben diese Person, die Sie in Ihrem Kopf werden wollen. Ihre Wahrnehmung bestimmt Ihre Realität. Und so können Sie sich dazu entscheiden, ein Mensch zu werden, der seinen Prinzipien treuer ist als den Vorstellungen, die andere von ihm haben.

Die Manipulation der Wahrnehmung

Die Wahrnehmung anderer liegt außerhalb Ihrer Kontrolle. Es bringt daher nichts, eine Persönlichkeit nach den Vorstellungen anderer zu formen. Am Ende werden Sie so oder so anders wahrgenommen, als Sie es sich eigentlich gewünscht haben. Der eine mag sagen: »Sie ist so nett. Richtig toll!« Die Nächste kommentiert: »Sie ist so ein falsches Stück!« Das sind zwei Meinungen zu ein und derselben Person und keine davon ist wahr, gerecht und tugendhaft. Wenn Ihre Meinung über Ihr Ich nicht von anderen abhängig ist, dann können wir schlussfolgern, dass nur eine Meinung interessiert: die Meinung, die Sie von sich selbst haben. Schließlich bedeutet Selbstbewusstsein, sich seiner selbst bewusst zu sein.

Sobald Sie das Höchste anstreben und anerkennen, dass Sie noch lange nicht dort angekommen sind, können Sie sich in einer Form der Demut und Ehrfurcht üben, die wider Ihr Ego steht. Vielleicht hätte Martin das geholfen und mir früher auch ganz gut gestanden. Denn als ich nichts außer Geld hatte, bewertete ich mein Leben nur an diesem Umstand. Ich hatte eine sehr große Meinung von mir selbst. Glücklich und frei macht das nicht. Freiheit gewinnen Sie erst, wenn Sie diese Bewertungen loslassen. Vor allem über sich selbst. Denken Sie lieber einmal zu schlecht von sich, um sich in Erinnerung zu rufen, dass es noch viel zu tun gibt und das Ende der Arbeit an sich, den Dingen, Prozessen oder am Gartenzaun noch lange nicht erreicht ist. Jeder Tag ist ein neuer Anfang und es gibt keinen einzigen Grund, sich auf vergangenen Lorbeeren auszuruhen oder diese in die Luft zu heben.

Wenn Sie diesbezüglich Ihre Wahrnehmung im biblischen Ausmaß verändern wollen, verändern Sie Ihren Freundeskreis. Stellen Sie sich einmal vor, dass Ihr gesamter Freundeskreis nur aus Männern und Frauen besteht, die es lediglich interessiert, ob und wie Sie wachsen. Wenn Sie bereits solche Freunde haben, dann beglückwünsche ich Sie. Noch besser ist es, wenn Sie solch einen Partner oder solch eine Partnerin haben. Es ist ein riesiges Geschenk.

Oft aber sind die angeblichen Freunde einfach nur eine Enttäuschung. Sie halten Sie zurück, bremsen Sie aus, wünschen Ihnen nicht das Beste, reden Sie schlecht und Ihre Träume klein. Das hat nichts mit Verbesserung zu tun, sondern mit Stagnation. Stagnation wiederum ist eine Form des Rückschritts. Entweder es geht vorwärts für Sie und Sie wachsen, oder Sie bleiben stehen und sterben bereits, bevor Sie beerdigt werden.

Niemand ist vor den Meinungen anderer Menschen gefeit. Sie beeinflussen uns immer, selbst den härtesten Stoiker. Seneca schrieb dazu an Lucilius: »Du fragst, was du nach meiner Meinung besonders zu meiden habest. Das Menschengedränge, sage ich.« Doch wie sehr uns die Meinung von anderen beeinflusst, liegt innerhalb unserer Kontrolle. Sagen Sie sich: »Oh Gott, die Jesse hat so recht. Die anderen denken wirklich so von mir« oder eher: »Es ist interessant, was Jesse gesagt hat. Aber mehr auch nicht.« Doch bevor wir alle Meinungen anderer verabscheuen, so sei gesagt, dass es auch wertvollen Rat gibt, der uns hilft, zu lernen und zu wachsen. Wenn wir zu beschäftigt damit sind, unsere eigene Person für einzigartig und wichtig zu erachten, können wir einen wertvollen Rat im heißen Gerede der Menge leicht übersehen.

Der Weg zur Erleuchtung

Im Jahre 1999 ergab eine Studie der beiden Sozialpsychologen David Dunning und Justin Kruger, dass weniger kompetente Menschen dazu neigen, ihre eigenen Fähigkeiten zu überschätzen, überlegene Fähigkeiten bei anderen nicht zu erkennen oder zu unterschätzen und das Ausmaß ihrer eigenen Inkompetenz nicht richtig einzuschätzen. Diese kognitive Verzerrung im Selbstverständnis inkompetenter Menschen wird als Dunning-Kruger-Effekt bezeichnet. Der Dummkopf glaubt, trotz geringer Erfahrung und Kompetenz richtig gut zu sein, obwohl er eigentlich keine Ahnung hat. Sein Selbstvertrauen ist ungeheuer groß. Nieten in Nadelstreifen entstehen. »Ein Zwerg wird nicht größer, auch wenn er sich auf einen Berg stellt«, schrieb Seneca an Lucilius dazu. Eine solche Selbstüberschätzung ist maßlos und gegen jede Vernunft. Die Stoiker lehnen sie ab. Häufig können wir sie bei Menschen erkennen, die gefährliches Halbwissen haben und sich selbst nicht als Lernenden sehen.

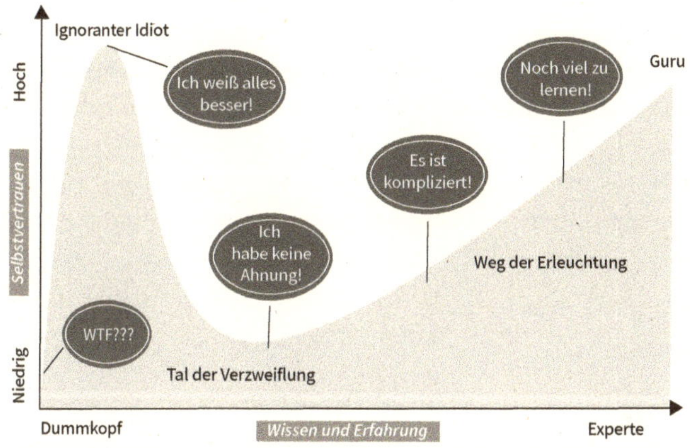

Wenn wir uns jedoch auf den Weg machen, mehr zu lernen und besser zu werden, schreiten wir vorab durch das Tal der Verzweiflung. Im Grunde genommen ist es der Moment, in dem wir denken, dass wir der größte Depp sind, keine Ahnung von irgendetwas haben und uns fragen: »Warum zum Teufel haben die mich überhaupt eingestellt? Ob die merken, dass ich gar nichts kann?« Bekannt ist dieses Phänomen auch als das Impostor-Syndrom, das Hochstapler-Syndrom. Man denkt, dass jeder Erfolg Zufall, pures Glück oder eine göttliche Fügung war. Nichts, was man erreicht hat, hat man aufgrund der eigenen Kompetenz erreicht.

Interessant ist dazu auch der sogenannte Matthäus-Effekt. Er besagt, dass derzeitige Erfolge gar nicht so sehr auf der derzeitigen Leistung beruhen als vielmehr auf ehemaligen Erfolgen. Dieter Bohlen ist dazu ein gutes Beispiel. Der Pop-Titan wurde zu seiner aktiven Musikerzeit gefeiert und gelobt. Heute, lange nachdem Dieter Bohlen keine eigene Musik mehr macht, ist er dennoch durch raffinierte Pressearbeit und Inszenierung in aller Munde.

Doch selbst wenn wir durch das Tal der Verzweiflung schreiten, so gibt es doch einen Ausweg. Wir müssen erkennen, dass es noch viel zu lernen gibt. Wir müssen uns sozusagen unsere eigene Dummheit, Torheit und Naivität eingestehen. Wer immer ein Schüler ist, wird immer lernen und sich niemals maßlos emporheben. Bescheidenheit ist das Stichwort.

Wer immer ein Schüler ist, wird immer lernen und sich niemals maßlos emporheben.

Wer stoische Weisheit finden will, muss erkennen, dass es noch so viel zu lernen gibt. Auch wenn er Ausbilder, Lehrer, Professor, Doktorand oder Gelehrter ist. Selbst wenn wir reich geworden sind, können wir immer noch Neues entdecken und erfahren. Diese Erkenntnis ist der Anfang zur stoischen Kardinaltugend der Weisheit.

Das Studium der Weisheit

Der Dunning-Kruger-Effekt ist nicht nur auf unser Berufsleben oder unsere finanziellen Entscheidungen anwendbar. Nehmen wir unser Privatleben. Vielleicht haben Sie sich dazu entschieden, nicht länger Single sein zu wollen. Plötzlich steht Ihnen der gigantische Singlemarkt vor Augen und Sie denken sich: »Das wird die Suche nach der Nadel im Heuhaufen. Das kriege ich ja nie hin.« Kurz darauf haben Sie ein paar Dates hinter sich gebracht und fühlen sich als die Nummer eins am Aufreißerhimmel. Da besteht kein Zweifel – Sie sind der Schürzenjäger schlechthin oder die gefragte Heldin! Im Grunde genommen sind wir aber nur ignorante Idioten. Dann merken wir, dass uns das auch nicht wirklich glücklich macht, und plötzlich rasen wir die Kurve in das Tal der Verzweiflung hinab. Jetzt haben wir statt Zuversicht Angst. Wir fürchten uns vor Verletzung oder Verlust. Dieser Zustand kann für einige Menschen über Jahre andauern. Für einige sogar ein Leben lang. Wer aber erkennt, dass trotz Schmerz, Enttäuschung und Verletzung morgen wieder die Sonne scheinen kann, beginnt zu lernen. Jetzt sagen wir uns: »Womöglich war diese Trennung ein Wink des Schicksals. Vielleicht ist dies für mich eine Chance, Neues über mich zu lernen, neue Menschen kennenzulernen, zu wachsen und neue Wege zu gehen.« Wir beginnen damit, den Weg zur Erleuchtung zu beschreiten.

Maßlosigkeit kann schnell in den Gegenverkehr geraten. Wo wir gerade noch dachten, dass wir einzigartig und sexy sind, denken wir urplötzlich zu gering von uns. Wir beginnen, uns für andere aufzuopfern, weil wir glauben, dass wir es nicht verdienen, zu lieben oder geliebt zu werden. Wir glauben, dass wir den Erfolg nicht verdienen, die Welt gegen uns ist und wir am Ende doch sowieso alles kaputtmachen werden. Unsere Selbstzweifel sind ansteckend und vergiften daraufhin alles, was gut und wertvoll ist. Der Rat der Stoiker ist: »Hören Sie auf zu jammern!« Jammern ist maßlos. Übernehmen Sie Verantwortung und geben Sie sich nicht selbst auf oder anderen hin, in der Hoffnung, dass jemand anderes Sie erretten wird. Es tut mir ja auch leid, aber ich muss Ihnen das sagen: Da kommt keiner, der es besser machen wird für Sie. Mama und Papa sind selbst zu beschäftigt oder gar nicht mehr da. Der Bruder und die Schwester haben ihre eigenen Probleme. Die meisten Freunde sind in solchen Momenten sowieso meilenweit entfernt und der eigene Partner ist häufig mit sich selbst so beschäftigt, dass er Ihre Probleme übersieht oder gar nicht wahrnehmen möchte. Sie müssen Ihre Zweifel und Ängste loswerden. Wie? Indem Sie eine Einstellung des kontinuierlichen Wachstums und Lernens etablieren – ein Leben gemäß Arete.

»Herr Lahmer, Sie verstehen nicht, was ich schon durchstehen musste. Da bleiben Narben, die niemals verschwinden«, wird mir dann gesagt. Ja, das kann sein, und jetzt? Was wollen Sie mit den Narben denn machen? Wen interessieren diese überhaupt? Wenn wir Menschen uns in Selbstmitleid suhlen, ist das nur eine andere Form, uns selbst in die Höhe zu heben und uns für einzigartig zu halten. Wir halten uns vielleicht nicht für einzigartig hervorragend, aber für einzigartig minderwertig und bemitleidenswert. Auch so finden Sie keine Ruhe und keinen Frieden. Üben Sie sich stattdessen im Studium der Weisheit, wie Seneca rät. Er schrieb: »Ich weiß, dass niemand glücklich oder auch nur erträglich leben kann ohne [das] Studium der Weisheit.« Verschreiben Sie sich erst einmal den stoischen Tugenden, so werden Sie schnell merken, wie spielend leicht es für Sie wird, mit sich selbst ins Reine zu kommen.

MISSTRAUEN SIE IHREN EMOTIONEN

> »Das höchste Gut ist die Harmonie der Seele mit sich selbst.«
>
> *Seneca*

Früh am Morgen klingelt der Wecker. Der schöne Traum ist vorbei und die Realität erwacht mit Ihnen. Sie rollen sich aus dem Bett und greifen zum Smartphone, schalten den Wecker aus, trotten in die Dusche und folgen Ihrer Morgenroutine. In diesem Moment haben Sie bereits verloren. Sie haben bereits verloren, bevor der Tag überhaupt begann und Sie auf der Arbeit Ihr Bestes geben konnten. Die Worte dieses Buches sind längst verhallt und was die Stoiker vor 2000 Jahren mal vor sich her gemurmelt haben, haben Sie auch schon vergessen. Womöglich könnten Sie es besser machen, aber es ist verdammt hart und ein leichteres Leben ist so viel bequemer. Überall sehen Sie die Verlockungen des leichten Weges. Hier der Massagesessel, hier der All-inclusive-Urlaub, dort Time-out mit Netflix und Couch. Schön, doch was gewinnen Sie? Über die Zeit wird Ihr Körper träge und langsam. Sie werden müde und Ihre Muskeln schwach. Wo ist da Ihr bestes Ich? Unser Bestes zu geben, ist ein vager und unpräziser Ratschlag, den niemand so richtig versteht. Mitunter ist dies wohl auch ein Grund, warum er auf Grußkarten oder Motivationskalendern zu finden ist. »Gib dein Bestes!« Toll, und jetzt? Was bedeutet es wirklich, gemäß Arete zu leben?

Arete ist nicht nur ein Ratschlag, sondern eine Anleitung. Um die beste Person zu sein, die Sie sein können, müssen Sie sich täglich dafür entscheiden, das Beste zu leisten, und ein tugendhaftes Leben führen. In unserer heutigen Zeit ist solch ein tugendhaftes Leben weder besonders attraktiv noch gesellschaftlich anerkannt. Stattdessen scheint es, als seien die Menschen sich selbst verpflichtet und würden Prinzipien wählen, die der Situation bedingt dienlich sind und zum jeweiligen Moment am besten passen.

Wir könnten stattdessen morgens aufwachen, den Alarm des Weckers beim ersten Mal beenden und direkt nach dem Aufstehen unser Bett machen. Wir könnten das Bettlaken sauber glatt ziehen, die Bettdecke ordentlich hinlegen und am Ende über alles drüberstreichen. Wir könnten zu Beginn in einer leichten Kälte duschen und uns später sogar eiskalt auf den Tag vorbereiten. Statt Schokoladenmüsli könnte es einen Smoothie aus Spinat, Orangen, Äpfeln und Kiwi geben. Wir könnten, statt Kaffee zu trinken, lernen, Tee zu genießen, und somit eine weitere Abhängigkeit aus unserem Leben verbannen. Mit Leichtigkeit könnten wir morgens den Fernseher auslassen, stattdessen meditieren oder beten. Daraufhin könnten wir gut vorbereitet den Tag beginnen und weiterhin unser bestes Ich sein. Wie wollen Sie Ihr bestes Ich sein, wenn Sie am Morgen bereits gegen all die leichten Wege verlieren?

Ich bin mir bewusst darüber, dass das heutzutage leichter geschrieben als getan ist. Überall lauern die Verlockungen und obendrein ist die Predigt eines tugendhaften Lebens vielleicht völlig neben der heutigen Norm. Wer weiß heutzutage noch, was ein tugendhaftes Leben ist?

Wir predigen in unserer heutigen Zeit beispielsweise Ehrlichkeit und Aufrichtigkeit und dennoch sind wir alle nur Menschen und somit auch Lügner. Wir lügen, dass sich die Balken biegen. Unsere Lügen haben einen biologischen Ursprung und auch ihre Gründe. Zuweilen flunkern wir und ertappen uns selbst bei der einen oder anderen kleinen Lüge. Manchmal belügen wir Menschen boshaft und täuschen andere ganz bewusst mit der Absicht, sie ins Dunkel zu führen. In jeder zwischenmenschlichen Beziehung wird gelogen und dennoch geben heute die meisten Menschen in einer Beziehung an, dass Ehrlichkeit eine der wichtigsten Säulen ihrer Liebe sei. Wir mögen unsere Flunkereien verzeihen und tatsächlich ist radikale Ehrlichkeit fast unmöglich. Sie kann verletzend und rüpelhaft sein und unsere Mitmenschen demütigen oder uns als gefühllos und kaltherzig herüberkommen lassen. Wo ist also die Alternative zur Lüge, wenn es nicht die absolute Wahrheit ist?

Ehrlichkeit ist eine Tugend und wir alle wünschen uns, dass man ehrlich zu uns ist. Solange uns diese Wahrheit nicht verletzt zumindest. Doch tatsächlich tut die Wahrheit oft weh und wir müssen uns eingestehen, dass wir die Wahrheit nicht immer wahrhaben wollen. Nichts schmerzt das Ego so sehr, wie sich die eigenen Fehler einzugestehen und zu merken, dass wir kolossal danebenlagen. Wie oft hören wir unsere Mitmenschen sagen: »Mensch, ich habe echt Scheiße gebaut!«? So vulgär das auch sein mag, umso besser trifft es den Sachverhalt, wenn jemand zugeben kann, dass er oder sie falschlag und einen Fehler gemacht hat. Sie und ich wissen, dass Fehler eine Möglichkeit sind, zu lernen und sich zu verbessern. Na und? Tun wir es denn auch? Marcus Aurelius schrieb: »Verschwende keine Zeit mehr damit, darüber zu debattieren, was ein guter Mensch sein sollte. Sei einer.« Über seinen eigenen Schatten zu springen, ist schwer, aber notwendig. Suchen Sie also die unbequeme Wahrheit und konfrontieren Sie sich damit. Das Unbequeme mag das frühe

Aufstehen, das routinierte Joggengehen oder die verbesserte Ernährung sein. Es mag auch ganz einfach damit beginnen, dass Sie morgens Ihr Bett machen. Begegnen Sie dem Ego und dem Unbequemen. Jeden Tag aufs Neue! Das Schwierige ist dabei nicht das Anfangen. Das Schwierige ist das Dranbleiben. Der tägliche Kampf, der da lautet: »Du gegen dich. Allein!«

Wenn Stoiker lieben

Das ist in der Liebe nicht anders. Nehmen wir einmal Dominik und Lisa als Beispiel. Die beiden haben sich gerade frisch kennengelernt. Alles knistert und die beiden sind über beide Ohren verliebt. Er kann es kaum erwarten, sie wiederzusehen, und sie stellt sich bereits vor, wie es wäre, ihn jeden Tag sehen zu dürfen. Jeder Kuss ist eine französische Reverie. Jedes Liebesspiel eine ganze Operette. Alles passt. Er glaubt, dass sie die Richtige ist. Sie glaubt, dass er der eine ist. Wenn es jetzt eine epochale Hintergrundmusik gäbe; sie würde ertönen. Dann nach einigen Monaten spielt sich der Ton ein. Es folgen die gleichen Akkorde, die gleiche Melodie und nach einer Weile spielen beide im gleichen Stück die Rolle, mit der sie am besten klarkommen. Lisa sagt: »Klar liebe ich ihn. Sehr sogar. Unsere Liebe hat sich einfach nur verändert.« Dominik bestätigt es und erklärt: »Der Alltag ist dazwischengekommen.« So kommt es, dass nach einer Weile die Beziehung stagniert. Das ist erst einmal gar nicht schlimm. Routine existiert eben. Das Furchtbare aber ist, dass die beiden keine gemeinsame Entwicklung teilen. An seinem Geburtstag weiß sie gar nicht, was sie ihm schenken soll. Er schenkt ihr maximal noch Blumen an Valentinstagen. Die Tage, an denen das Essen fertig als Überraschung auf dem Tisch stand, sind lange schon vorbei. Er schreibt ihr auch keine Liebesbriefe mehr. »Sie weiß ja, dass ich sie liebe«, lautet die Begründung. Körperliche Liebe? Maximal einmal alle zwei Wochen. Wenn er und sie zu müde sind, vielleicht einmal im Monat. So gehen die Monate und Jahre ins Land.

So sehen die Beziehungen vieler Paare aus. Nach einer Weile sucht unser Ego nach dem leichten Weg. Der Weg, der gerade noch genug ist, um ihn oder sie nicht zu verlieren. Wer damit zufrieden ist, lebt glücklich. Doch zum gemeinsamen Glück gehören eben zwei dazu. Einem von zwei Menschen wird das manchmal zu viel. Das Problem ist aber nicht, dass der eine Partner dem anderen zu viel wird. Käme einer von beiden darauf, dass nicht der Partner, sondern man selbst an der Entwicklung Schuld habe, so könnte man Verantwortung übernehmen und stattdessen an sich selbst die Entwicklung ausrichten. Wie würden es also die Stoiker stattdessen sehen? Dürfen Stoiker überhaupt lieben?

Wie wir gelernt haben, waren die Stoiker keine Freunde von Abhängigkeiten. Es galt sich also daran zu erinnern, dass Liebe kein Garant ist und der Partner oder die Partnerin so gesehen nur heute da ist. Wenn eine Trennung einen nicht entzweien würde, so vielleicht ein Unfall oder der Tod. Wie würde wohl die Beziehung von Lisa und Dominik aussehen, wenn beide sich täglich daran erinnern würden, welches Glück sie miteinander haben? Stellen Sie sich vor, dass er am Morgen, wenn er seine Augen das erste Mal öffnet, sie sieht und einen Moment innehält, um sich daran zu erinnern, wie unglaublich schön und einzigartig sie für ihn ist. Stellen Sie sich vor, dass sie ihm den Kuss gibt, den sie sich von ihm wünscht, nicht um weiter auf seinen Kuss zu warten, sondern um ihm ihren endlich selber zu schenken. Wie würde die Liebe sich entwickeln, wenn Lisa sich täglich gegen den Status quo erheben und Dominik nicht einfach nur als »ihren Kerl« sehen würde? Was würde passieren, wenn sich beide täglich Arete verschreiben und an sich arbeiten, um die Beziehung gedeihen zu lassen? Ja, Stoiker lieben und wenn sie es tun, dann tun sie es jeden Tag so, als sei es der erste und letzte Tag, an dem sie diese Liebe empfinden dürfen.

Ich weiß nicht, wie es Ihnen geht, aber ich für meinen Teil will Arete an jedem Tag leben, atmen und verkörpern. So könnten auch Sie das Leben und die Liebe richtig spüren, sie verbessern, sie vervollkommnen und ein Beispiel für alle werden, die so lieben und geliebt werden wollen, wie Sie es tun. Niemand bräuchte irgendeinen unsinnigen Beziehungsratgeber. Sie wären das lebende Beispiel für vollkommene und wahrhaftige Liebe. Stellen Sie sich also die Frage: »Wie kann ich heute der bestmögliche Partner für meinen Schatz sein und wahrhaftig lieben?«

Liebe ist ein Geschenk. Es ist ein zerbrechliches Geschenk, das nicht nur an Valentinstagen, Geburtstagen, Weihnachten oder Jahrestagen gepflegt werden will. Jeder Tag ist eine Entscheidung. An manchen dieser Tage gewinnen wir. Manchmal verlieren wir. Die Aufgabe ist es jedoch, dem eigenen Ego nicht den Raum zu geben, den leichten Weg einzuschreiten. Ihr Ego vernichtet sonst das zerbrechliche und kostbare Geschenk, das Sie in Ihrem Schatz gefunden haben. Manchmal müssen wir uns eingestehen, dass wir träge geworden sind, unsere Partnerin vernachlässigt, unseren Partner als Garant genommen haben und einander nicht das geschenkt haben, was innerhalb unserer Macht gelegen hätte. Arete ist kein Fitnesskonzept und kein Ratschlag für bessere Geschäfte. Wer gemäß Arete lebt, der liebt, atmet, arbeitet und strebt jeden Moment seines Lebens danach, sich selbst und alles um sich herum zu vervollkommnen. Auch das gehört zu einem tugendhaften Leben dazu.

Tapferkeit ist nicht nur für Ritter

Dieses ganze Gerede von der Tugendhaftigkeit lässt die Frage aufkommen, was es eigentlich damit auf sich hat. Was genau bedeutet es denn, tugendhaft zu leben? Im Stoizismus spricht man von den Kardinaltugenden der Weisheit, der Tapferkeit oder des Mutes, der Mäßigung und der Gerechtigkeit. Diese Kardinaltugenden sind ein wesentlicher Bestandteil des Stoizismus und ein Kernelement dieser Philosophie. All diese Tugenden hier einzeln zu erläutern, würde ihren Zweck verfehlen, da viele Techniken, Praktiken und Übungen der Stoiker eine oder mehrere Tugenden gleichzeitig enthalten und verkörpern. Doch schauen wir uns das genauer an.

Ich fragte damals den Sergeant, der es wie folgt erklärte: »Tapfer zu sein, bedeutet, nicht nur der bösen Nadel der Spritze mutig entgegenzutreten. Wenn es dir an Mut fehlt, fehlt es dir an der Möglichkeit, überhaupt gut leben zu können. Ohne Mut wirst du niemals irgendetwas erreichen oder irgendwohin kommen.« Mut gehört zweifellos zu einem tugendhaften Leben dazu und tatsächlich heißt die Übersetzung des lateinischen *fortitudo* Mut und Tapferkeit zugleich. Die Stoiker ermahnen uns, mutig und tapfer zu sein. Obwohl wir von diesen Tugenden meist das letzte Mal in Rittergeschichten des Mittelalters gehört haben, sind sie heute ebenso nützlich wie damals. Tugendhaftigkeit, Ritterlichkeit und Mut wurden von einem

Knappen gefordert, wenn er zu einem Ritter geschlagen werden wollte. Die Tugenden sollten ihn zum Beschützer der Schwachen und zum Hüter der Gerechtigkeit machen. Das klingt alles ziemlich aufregend, doch wenn wir heute an Mut und Tapferkeit denken, so fallen uns der Zehn-Meter-Turm im Freibad und maximal noch der erste aufregende Kuss im zarten Alter ein. Längst ist die Zeit von Schwertern und listenreichen Schlachten mit Ross und Reiter vergangen. Wenn Sie stattdessen heute beim ersten Date von sich erzählen und erklären, dass Sie tugendhaft leben, suchen Sie kurz darauf schon nach dem nächsten ersten Date.

Für die Stoiker war ein gutes Leben ein tugendhaftes Leben – ein Leben, das nach Prinzipien geführt wird, die so unerschütterlich sind, dass Sie diese niemals loslassen. Ein Stoiker muss zutiefst davon überzeugt sein, gemäß diesen Tugenden zu leben, selbst wenn es bedeutet, auf mögliche Annehmlichkeiten oder Errungenschaften zu verzichten. Tugenden sind keine Lampe, die Sie an- und ausschalten. Entweder Sie leben ein tugendhaftes Leben, oder Sie leben keines. Wer sich hier und da der Tugend bedient, tut dies aus disziplinlosen und meist egoistischen Gründen. Doch nicht immer sind wir vollkommen tugendhaft, selbst wenn wir es versuchen. Nur der perfekte Stoiker könnte dies. Auch in diesem Punkt sind sich die Stoiker einig: So etwas wie einen stoischen Weisen hat es bisher noch nicht gegeben. Jeder Fehlschlag sollte von uns als eine Lektion betrachtet und jede tugendhafte Tat als ein kleiner Erfolg anerkannt werden.

Doch warum sollten wir überhaupt tugendhaft leben? Was bringen uns Tugenden wie Gerechtigkeit, Tapferkeit, Mäßigung und Weisheit? Sind Weisheiten nicht für alte Männer mit weißen Haaren und langen Bärten geeignet? Sind diese Tugenden denn nicht in unserer heutigen Zeit und hedonistischen Welt völlig antiquiert?

Was bringen uns Tugenden wie Gerechtigkeit, Tapferkeit, Mäßigung und Weisheit?

Tatsächlich sind Tugenden kein Garant für Erfolg, Glückseligkeit oder Reichtum. Doch ein tugendhaftes Leben fordert von uns das beharrliche Streben und Arbeiten an unserer Person und damit auch an unseren Taten und Handlungen. Nehmen wir als Beispiel die Tugend der Tapferkeit und des Mutes. Nehmen wir an, dass es Ihnen an Mut fehlt, Ihre Ziele beharrlich zu verfolgen. Sie fürchten sich davor, dass Sie scheitern könnten und Sie Ihre Ziele nicht auf Anhieb erreichen werden. Sie üben sich sozusagen in einer destruktiven *praemeditatio malorum*. Sie malen sich aus, wie Sie zum Gespött der Leute werden, weil Sie keinen Erfolg haben und an Ihren Zielen gescheitert sind. Sie stellen sich daraufhin vor, wie schrecklich Sie sich fühlen werden und dass andere Menschen hinter Ihrem Rücken über Ihre Fehler und Misserfolge reden werden, dass Sie Ihre Anerkennung verlieren und niemand mehr mit Ihnen etwas zu tun haben möchte. Um diesen Dingen zu entgehen, fassen Sie Ihre Ziele erst gar nicht an und bleiben lieber beim Status quo, den Sie einfachheitshalber akzeptieren können. Der Fehler war jedoch nicht die negative Visualisierung, sondern das Fehlen von Mut, Ihre Ziele überhaupt anzufassen. Hätten Sie den Mut aufbringen können, so hätten Sie die Disziplin entwickeln und die Beharrlichkeit aufbringen können, um diese Ziele anzugehen und zu erreichen, unabhängig davon, was andere Menschen über Ihre anfänglichen Fehlschläge gesagt hätten.

Betrachten wir noch ein anderes Beispiel, mit einer scheinbar geringeren Tragweite. Nehmen wir an, dass Sie bei einem

Spaziergang durch den Park bemerken, wie ein Hundebesitzer mit seinem Vierbeiner spazieren geht und das Tier mitten auf dem Weg sein Geschäft verrichtet. Der Hundebesitzer nimmt es zur Kenntnis, ignoriert es jedoch. Statt eine Plastiktüte zu verwenden, geht der Hundehalter mit dem Hund weiter. Sie haben nun die Wahl, dies so zu akzeptieren oder sofort den Hundebesitzer anzusprechen. Würden Sie tugendhaft nach Gerechtigkeit streben, so würden Sie die Regeln der Gesellschaft anerkennen und dem Hundebesitzer wünschen, dass er an der nächsten Ecke nicht selbst in einen Kothaufen treten möge. Sie würden so etwas niemandem wünschen und daher den Hundehalter auch direkt ansprechen und ihn bitten, des Hundes Geschäft zu entfernen. Sie hätten in diesem Fall tugendhaft gehandelt. Ob der Hundebesitzer Sie nun unhöflich anmacht, Sie ignoriert oder gar beleidigt, liegt nun nicht mehr innerhalb Ihrer Kontrolle. Sollten Sie nun auf die Idee kommen, den Haufen selber wegzumachen, würden Sie gegen Ihre Tugend verstoßen. Sie würden einem anderen seine Aufgabe wegnehmen, ihn seiner Verantwortung berauben und ihm gleichzeitig die Möglichkeit nehmen, sich zu verbessern. Das wäre weder gerecht noch fair. Auch in diesem Fall bleibt Ihnen nichts anderes übrig, als das Bestmögliche aus der Situation zu machen und tugendhaft zu reagieren. Hätten Sie stattdessen den Hundebesitzer und den Vierbeiner schweigend ziehen lassen, weil Sie Angst vor einem möglichen Streit hätten, so hätte es Ihnen an Mut und Tapferkeit gefehlt.

Jeder Moment im Leben ist eine Möglichkeit und Übung für Tugendhaftigkeit. Wer mutig ist, kann aber nicht nur Hundebesitzer stoppen. Wer Mut kultiviert, erhält die Chance, vielleicht den richtigen Menschen im Leben zu begegnen, sich von einem nervenzerreibenden Job zu befreien oder in das richtige

Geschäft zu investieren. Mut kann Sie beflügeln. Er ist die erste stoische Tugend, bei der Sie es sich nicht erlauben können, sie nicht zu kultivieren.

Heul leise!

Die zweite stoische Kardinaltugend ist die Mäßigung. Wenn wir an die stoische Tugend der Mäßigung denken, so mögen wir vielleicht an die hedonistische Tretmühle um uns herum denken, den ständigen Konsum und die Dauerberieselung durch Social Media. Wir mögen uns dazu angehalten fühlen, uns bei Konsum, dem Verzehr von Nahrung und der Nutzung von digitalen Medien zu mäßigen. Das stimmt auch. Im späteren Verlauf gehe ich hier noch genauer darauf ein.

Doch Mäßigung bedeutet für den Stoiker nicht nur, dass wir unser Konsumverhalten, unseren Besitz und die Völlerei an Weihnachten überdenken sollten. Wir sollten genauso unsere Gefühle mäßigen. Auch hier möchte ich Ihnen ein Beispiel geben. Wir alle kennen höchstwahrscheinlich die Hollywood-Blockbuster, Spielfilme bei Netflix und Dramen der Liebe, die für das Kino und den Fernseher produziert wurden. Der Fan von Serien und Filmen wird hier schnell erkennen, dass die meisten Filme in ihrem Genre einem gewissen Muster folgen. Bei den romantischen Filmen lernen sich die Hauptakteure kennen, verbringen eine aufregende und zutiefst emotional erfreuliche Zeit miteinander, bis der erste Streit vom Zaun bricht. Dann kracht es gewaltig. Der Karton wackelt und schüttelt sich, dass man als Zuschauer nur denkt: »Herrgott, warum reden die nicht einfach einmal vernünftig miteinander?« 20 Minuten vor dem Spielfilmende kommen die beiden Akteure wieder zusammen, überwinden ihren Streit und lieben sich, bis die Laken schmutzig sind und der Film sein Happy End findet.

Was lernt der Zuschauer dadurch? Wenn Sie Liebe, Sex und Leidenschaft wollen, muss es regelmäßig krachen und das Drama muss die Emotionen zum Kochen bringen. Schreien, Kreischen und Beleidigungen gehören angeblich zu einer liebevollen und leidenschaftlichen Beziehung dazu! Am Ende wird alles gut und wenn es nicht gut wird, war es wohl der falsche Partner und der Film geht weiter. Am Ende tauscht man den Akteur und die Szene beginnt von vorn. In der Realität und fern von Hollywood aber ist ein solches Gefühlschaos das reinste Gift für uns Menschen. Jede zwischenmenschliche Beziehung bedarf der Herausforderung, aber nicht der permanenten emotionalen Explosion.

Mäßigung bedeutet auch, dass wir uns in unseren emotionalen Regungen beherrschen und unseren Zorn, Hass, unsere Wut und Aufregung zügeln. Es bedeutet aber genauso, dass wir lernen müssen, unsere Aufregung, Vorfreude und unsere Leidenschaft zu bändigen. Von Seneca können wir dazu lernen: »Es gibt keinen größeren Beweis für Geistesgröße, als wenn man sich durch nichts, was einem begegnen kann, in Aufruhr bringen lässt.« Mäßigen Sie sich also nicht nur bei Ihrer nächsten Auseinandersetzung, sondern bei allen überwältigenden Gefühlen, die Ihr Körper empfindet. Misstrauen Sie dem direkten Anflug von Lust, Begierde, Zorn oder Wut. Sie sind nicht Ihre Emotionen und Ihre Emotionen bestimmen nur Ihr Leben, wenn Sie dies zulassen. Wir sollten uns als Neulinge des Stoizismus vor allem darum bemühen, unsere Gefühle zu mäßigen.

Dies klappt besonders dann, wenn wir in dem Moment des Gefühls ein paar Sekunden innehalten. Es gibt einen kurzen Moment zwischen Reaktion und Impuls, den wir nutzen können, um zu atmen und uns zu mäßigen. In diesem Moment stoisch zu reagieren, bedeutet nicht, dass Sie sich alles gefallen lassen müssen oder dass man auf Ihnen herumtrampeln darf. Doch egal, wie Sie behandelt werden, Sie können Ihre Reaktion darauf bestimmen. Auch hier gilt das Prinzip, dass Sie nur kontrollieren können, was innerhalb Ihrer Macht steht. Wie Menschen mit Ihnen umgehen, liegt außerhalb Ihrer Macht. Wie Sie darauf reagieren, bestimmen aber nur Sie. Mäßigen Sie Ihre Gefühle!

Einsicht ist besser als Vorsicht

Sich zu mäßigen, ist eine richtige Gladiatorenaufgabe. Nur die geübtesten Stoiker nutzen jede Chance erfolgreich, um Ihre Gefühle zu bändigen und sich nicht dem Zorn oder der Wut hinzugeben. Der Schlüssel hierzu ist die Einsicht. Wer sein Fehlverhalten nicht erkennt und die Schuld gar bei anderen sucht, ist unbelehrbar und wird sich niemals einer solch schwierigen Aufgabe wie der Mäßigung hingeben können und diese erfolgreich meistern. Seneca schrieb: »Wer die Einsicht besitzt, ist auch maßvoll; wer maßvoll ist, auch gleichmütig; wer gleichmütig ist, lässt sich nicht aus der Ruhe bringen; wer sich nicht aus der Ruhe bringen lässt, ist ohne Kummer; wer ohne Kummer ist, ist glücklich: Also ist der Einsichtige glücklich, und die Einsicht reicht aus für ein glückliches Leben!« Ich füge dem hinzu: »Wer sich in Mäßigung übt, ist glücklich.«

Betrachten Sie jedes Gespräch, jede Information und jede zwischenmenschliche Verbindung als eine Übung, sich zu mäßigen. Halten Sie Ihr Temperament im Zaum, auch wenn Ihnen durch gesellschaftliche Kreise vermittelt wird, dass es in Ordnung wäre, Ihrem Temperament freien Lauf zu lassen. Wer sein Temperament nicht zu zügeln vermag, wird immer ein Sklave seiner Emotionen sein. Wenn Sie ein Sklave Ihrer Emotionen sind, so werden Sie Ihr Leben lang ferngesteuert sein und niemals die Kontrolle über das Mögliche erlangen. Sie werden niemals Ihre Emotionen am Aktienmarkt im Zaum halten können und mögliche Gewinne niemals umsetzen, genauso wenig wie Sie jemals lernen werden, mit Mitarbeitern, Freunden oder gar dem Liebespartner angemessen zu agieren. Durch Mäßigung können Sie so viel mehr erlangen, als Sie heute glauben, jemals erreichen zu können. Im Grunde genommen ist es relativ einfach: Entweder Ihre Emotionen beherrschen Ihr Schicksal, oder Sie beherrschen Ihre Emotionen.

Wer sein Temperament nicht zu zügeln vermag, wird immer ein Sklave seiner Emotionen sein.

Nun können wir nicht jede einzelne Emotion, die wiederum zu unseren Gedanken führt, kontrollieren. Das wäre menschlich gar nicht möglich. Zwischen 60.000 und 80.000 Gedanken hat der Mensch an einem Tag. Wie soll man die alle kontrollieren oder gar die Emotionen dahinter beherrschen? Das ist gar nicht möglich. Doch können wir damit beginnen, uns unserer Emotionen bewusst zu werden. Was heute mit dem Trendwort Achtsamkeit Yogakurse und spirituelle Sitzungen füllt, ist im Grunde genommen eine einfache Übung, die wir im Stoizismus, Buddhismus, Taoismus oder anderen Philosophien wiederfinden.

Durch eine einfache stoische Übung können wir unsere Emotionen neutral und wertfrei bemerken und sie begutachten. Selbstverständlich könnten Sie dies durch Meditation und viel Übung erlernen, doch tatsächlich geht es auch leichter.

Jedes Mal, wenn Sie ein starkes Gefühl empfinden, sei es nun Wut oder Leidenschaft, können Sie sich vorstellen, wie Ihr Geist aus Ihrem Körper tritt und wie ein Vogel über Ihnen aufsteigt und das Geschehen von oben betrachtet. Sie distanzieren sich physisch in Ihrer Vorstellung von der Situation und Ihren Gefühlen. Sie nehmen nun nur noch Ihren Körper von außen wahr und können jetzt Ihre Emotionen mit dem nötigen Abstand betrachten. Wichtig ist, dass Sie bei dieser Übung und Technik nicht werten. Bleiben Sie so neutral, wie es geht. Seneca sagte dazu: »Einer großen Seele aber ist es eigentlich, gelassen zu sein und ruhig sowie Ungerechtigkeiten und Beleidigungen aus der Höhe zu betrachten.«

Persönlich übe ich mich in dieser Technik fast täglich. Besonders geschäftlich erfahre ich immer wieder auf eine überraschende Weise, wie negativ und respektlos sich Menschen benehmen können. Ich habe es immer wieder mit Brüllaffen, Rüpeln, Respektlosen und sogar Narzissten zu tun. Oft genug wurde ich auf eine Art behandelt, die ich nicht tolerieren kann. Jedes Mal finde ich mich dann in einer Situation wieder, in der ich mit Ruhe und Mäßigung meinem Gesprächspartner erläutern muss, dass ich es nicht toleriere, wenn man so mit mir umgeht. Während ich das Fehlverhalten anderer ertrage, höre ich aufmerksam zu und spüre dabei immer wieder, wie in mir der Impuls hochkommt, meinem Gegenüber die Nase zu brechen. Ein kleiner und schneller Kantenhieb oberhalb der Oberlippe und schon wäre die Sache geritzt. Na ja, zumindest in meiner Vorstellung. In dem Moment, in dem ich den Impuls verspüre, zornig zu werden, oder mich ungerecht behandelt fühle, atme ich durch die Nase tief ein und erinnere mich daran, dass meine Reaktion unter meiner Kontrolle steht. »Wie würde sich ein guter Stoiker verhalten?«, war die Frage, die mir der Sergeant immer stellte. Ich bleibe also lieber ruhig und bewahre meinen Frieden. Des Öfteren bringt diese Ruhe mein Gegenüber ebenfalls zurück zu sich selbst und damit zur Ruhe. Manchmal leider nicht. Seneca lehrte uns: »Nichts ist schwieriger für einen überlasteten Menschen, als gut zu leben.« Ich sehe den Menschen ihr Fehlverhalten nach. Ich tadele sie nicht und möchte mich auch nicht als den großen Besserwisser darstellen. Meist führt mein Verhalten ganz von selbst zu einer Spiegelung bei meinen Mitmenschen, sodass sie auch ruhig und gelassen werden. Dieses Phänomen kennen wir auch aus der Psychologie. Wir Menschen spiegeln schnell das Verhalten anderer und verändern somit auch unsere eigenen Gefühle. Man spricht beim Thema der Körpersprache hier auch von der sogenannten Homöostase.

Gehen Sie als gutes Beispiel voran. Werden Sie bekannt dafür, dass Sie nichts und niemand aus der Reserve locken kann. Es wird eine Eigenschaft an Ihnen sein, die Ihre Mitmenschen am meisten wertschätzen werden und auch gerne für sich selbst übernehmen werden möchten.

Auf den Spuren der Gerechtigkeit

Eine andere Kardinaltugend ist die angesprochene Gerechtigkeit. Diese Kardinaltugend ist besonders schwer zu verstehen, da das Wort »Gerechtigkeit« immer wieder missverstanden oder für eigene Zwecke interpretiert wird. Hier ein Beispiel: Ein Kindsmörder wurde verurteilt. Verdient dieser Mörder nun selbst den Tod und hat er durch seine schändliche Tat sein Leben verwirkt? Hier spalten sich die Geister. Der eine sagt: »Ja, niemand darf sich an einem Kind vergreifen. Dieser Mensch verdient den Tod und sollte gerichtet werden.« Ein anderer Mensch wird sagen: »Nein, denn selbst wenn dieser Mensch ein Mörder ist, so müssen wir nicht selbst zu einem Mörder werden und ihm dafür das gleiche Schicksal auferlegen.« Ein dritter Mensch mag in heutigen Zeiten sogar dafür plädieren, dass dieser Mörder resozialisiert werden sollte. Es sind unterm Strich verschiedene Meinungen, die das Wort »Gerechtigkeit« anders interpretieren. Auch der Stoizismus mag diese Frage nicht leichtfertig beantworten können, denn Gerechtigkeit ist nicht so leicht zu greifen und lässt immer Spielraum für Interpretationen. Die Kardinaltugend im Stoizismus aber können wir sehr genau für uns definieren. Gerechtigkeit bedeutet auch Integrität und ein integres Verhalten liegt innerhalb unserer Kontrolle. Wie ein Mörder von einem Gericht verurteilt wird, liegt hingegen, solange wir nicht der Richter sind, außerhalb unserer Kontrolle.

Integrität ist gerecht und ein Maßstab für unser Verhalten. Dazu gehören Pünktlichkeit und Zuverlässigkeit. Stehen Sie zu Ihrem Wort? Vielleicht haben Sie ein Versprechen gegeben, das Sie später nicht halten konnten. Ihr Verhalten wäre in diesem Fall weder gerecht noch integer und damit nicht tugendhaft. Seien Sie also vorsichtig mit Ihren Versprechungen. Bedenken Sie die Wahl Ihrer Worte und mäßigen Sie sich bei leichtfertigen Versprechungen. Achten Sie darauf, dass Ihr Verhalten stets tugendhaft ist und Ihre Versprechen grundsätzlich gehalten werden. Seien Sie pünktlich, wenn Sie Termine ausmachen, und zuverlässig sowie hilfsbereit, wenn man Sie braucht.

Ein integres Verhalten inkludiert auch, dass Sie anderen Menschen nichts antun, von dem Sie möchten, dass es Ihnen nicht widerfährt. Das kennen wir bereits aus der Bibel oder dem Koran. Auch im Stoizismus basiert dieser Gedanke auf der Kardinaltugend der Gerechtigkeit. Üben Sie sich also in der Nachsicht, einem respektvollen und gerechten Umgang mit Ihren Mitmenschen und sich selbst. Womöglich fällt es Ihnen leicht, andere Menschen tugendhaft zu behandeln, doch zu sich selbst sind Sie äußerst hart und über alle Maßen streng. Seien Sie also auch gerecht zu sich selbst und bringen Sie die gleiche Güte für andere wie für sich selbst auf. Seien Sie gerecht zu sich selbst. Doch verwechseln Sie Gerechtigkeit nicht mit Unehrlichkeit. Radikale Ehrlichkeit ist gerecht und sollte daher dennoch von Ihnen praktiziert werden.

Gerechtigkeit bedeutet auch, dass wir andere nicht beneiden. Neid ist ein Gefühl, das eine Leere in uns erzeugt. Wir beneiden andere Menschen für ihren Besitz, ihr Auto, das Haus, Geld oder Prestige. Doch Neid ist eine destruktive Emotion, welche wir aus unserem Leben verbannen sollten. Seneca lehrte: »Wer nach Fremden hinschielt, dem gefällt das Seinige nicht.« Wir können erkennen, dass die Kardinaltugenden alle miteinander verbunden sind und niemals vollständig voneinander abgegrenzt werden können. Mäßigung und Gerechtigkeit gehen also Hand in Hand. So auch in dem Fall, wenn wir Neid empfinden. Seien Sie gerecht, indem Sie anderen Menschen ihren Erfolg und Besitz gönnen. Streben Sie niemals nach dem, was andere haben, nur weil Sie es den Menschen gleichtun wollen. Sie werden eine Abhängigkeit erschaffen und damit sich selbst in Ihr eigenes Unglück führen. Freiheit ist gerecht. Ein Leben im Einklang mit der Natur ist gerecht. Sich selbst zu verbessern und nach einem größeren Charakter zu streben, ist gerecht. Lassen Sie auch Gerechtigkeit walten, wenn Ihnen Gerechtigkeit widerfahren soll.

Nichts wird gewährt, was nicht geschenkt wird

Der Stoiker strebt nach einem Leben in Harmonie mit der Natur. In dieser Natur wird ihm nichts gegeben, was ihm nicht zusteht, und nichts genommen, was er benötigt. Erst der Tod läutet das Ende ein und selbst da waren sich die Stoiker nicht immer einig. Die Stoiker konnten sich zwar ein Leben nach dem Tod vorstellen, es aber nicht beweisen und erschufen daher auch nie die Vorstellung einer Hölle oder eines Himmels. Solange wir aber ein gerechtes Leben führen, so wird uns ein Leben gewährt, das gerecht zu uns ist. Mit anderen Worten: Wir können nicht bestimmen, ob uns ein Unheil widerfährt oder ob man uns etwas Schlimmes antun wird. Niemand ist vor einem Unheil gefeit, doch können wir darüber entscheiden, ob wir anderen Menschen ein Unheil zufügen oder anderen schaden. Wir haben die Macht über unser eigenes gerechtes Verhalten und die Kontrolle darüber, wie wir reagieren, wenn jemand uns ungerecht behandelt.

Gefährlich wird es allerdings erst dann, wenn wir glauben, dass uns Gerechtigkeit zusteht und sie unser Geburtsrecht ist. Einst lernte ich einen Beamten kennen, der diese Meinung vertrat. Er hatte in seinen jungen Jahren für eine große Firma viel und hart gearbeitet, bevor er Jahre später in den öffentlichen Dienst ging und dort ein Beamter des Staates wurde. Nun unkündbar, feierte der Beamte regelmäßig krank und ließ sich verschiedene Urlaube und Tage in einer Kur verschreiben, weil er der Ansicht war, dass der Staat und das Leben ihm etwas für seine Dienste in jungen Jahren schuldeten. Auch hier spalten sich wie immer die Meinungen. Die einen tun es ihm gleich und sprechen den Beamten frei von einer Schuld. Andere hingegen werden sagen, dass er ein Schmarotzer ist und den wirklich arbeitenden Menschen und dem Staat auf der Tasche liegt. Wie auch immer Ihre Meinung dazu aussehen mag, so können wir feststellen, dass es kein tugendhaftes Verhalten ist und diesem Beamten nicht das zusteht, was er seinem eigenen Ego nach verdient. Das Leben schuldet Ihnen nichts und Ihnen sollte nichts geschenkt werden, was Sie sich nicht heute verdienen. Ihre einstigen großen Taten sind in der Vergangenheit und haben für die Taten Ihrer Gegenwart keine Bedeutung. Aus dieser Gerechtigkeit lässt sich daher auch die Bescheidenheit ableiten, die auch eine Tugend im Stoizismus ist.

Ich habe mir beispielsweise als stoische Übung angewöhnt, von Fremden oder Bekannten keine Geschenke anzunehmen, die diese einst Geld gekostet haben. Erstens brauche ich nichts, das ich mir nicht selbst kaufen könnte, und zweitens würde ich dieses Geschenk nicht weiterverschenken können, da es gegen meine Prinzipien verstoßen würde. Ich schenke selbst nur, was andere sich dringend wünschen und benötigen. Ein Geschenk um des Schenkens willen beruht auf einem Zwang und ich möchte ein einfaches Leben nicht aufgrund von gespielter Dankbarkeit aufgeben müssen. Bodenständigkeit ist eine Tugend, die im Stoizismus eine gewaltige Rolle spielt. Mit ihr gehen Güte und Demut einher.

Dies mögen alles Tugenden sein, von denen besonders jüngere Generationen heute kaum noch etwas verstehen mögen, so scheint es mir zumindest, doch an Bedeutung haben sie niemals verloren. Demütig oder bescheiden zu sein, ist nicht im Trend. Es scheint viel interessanter zu sein, wenn man lauthals nach Aufmerksamkeit sucht und durch schicke Sportwagen, teure Kleidung, Schmuck, Wohlstand, Prestige oder Ruhm seinen Wert zu zeigen versucht. Vor allem die heutige Social-Media-Kultur unterstreicht dies. Wer am lautesten schreit, bekommt die meisten Daumen hoch, Kommentare und Matches bei Tinder. Wen das nicht abschreckt, dem vermag ich nicht zu helfen. Gewöhnen Sie sich als frischgebackener Stoiker daher an, nichts zu schenken, das der andere nicht dringend braucht, da auch Sie nichts von anderen benötigen, solange Sie keiner dringenden Hilfe bedürfen. Nehmen Sie an, was Sie brauchen, und lassen Sie los, was zu viel wird. Bleiben Sie bescheiden und mäßigen Sie sich in Ihren Wünschen, während Sie Hilfsbereitschaft und Güte schenken.

Sie werden nach einer Weile für diese Tugenden anerkannt werden, ohne sie explizit zu bewerben oder über sie zu sprechen. Man wird Sie als demütigen, bodenständigen und bescheidenen Menschen wahrnehmen und Sie dafür achten und respektieren. Doch seien Sie ein solcher Mensch nicht, damit Sie diesen Respekt bekommen, sondern weil es der richtige Weg ist, ein gutes Leben zu führen. Der Ihnen dafür entgegengebrachte Respekt kann Ihnen egal sein. Inwiefern könnte er Ihr Leben denn auch verbessern? Alles, was Sie benötigen, ist bereits bei Ihnen.

Sparen Sie sich Ihr Mitleid

Wir haben bereits gelernt, dass Ruhe und Gelassenheit im Einklang mit sich selbst ein harmonisches Leben ermöglichen. Wir nannten dies auch ein Leben im Einklang mit der Natur. Unserer Natur sozusagen. Doch viele Dinge können diese Ruhe und Gelassenheit stören. Wichtig ist zu verstehen, dass keine externen Banalitäten oder Ereignisse diese Ruhe zu stören vermögen, sondern unsere Interpretation der Ereignisse uns die Unruhe bringt.

Nehmen wir an, ohne es uns zu wünschen, dass Sie in einen Autounfall geraten sind und dabei eine schwere Verletzung erlitten haben, die Sie für den Rest Ihres Lebens einschränken wird. Mit einer arroganten Selbstverständlichkeit gehen wir Menschen instinktiv davon aus, dass wir nun ein Opfer des Lebens sind und Mitleid verdienen. »Ach wie schlecht es uns doch geht«, klagen wir über unser eigenes Leben. Wir klagen jedoch nicht, damit unser Leid sich dadurch mindert, sondern um Anerkennung und Mitleid zu erfahren. Wir wollen wortwörtlich, dass andere mit uns leiden.

Anders war es bei der jungen Paola Antonini, die in jungen Jahren wegen eines schweren Autounfalls ihr linkes Bein verlor. Die junge Paola versank nicht in Selbstmitleid und erwartete auch kein Mitleid anderer. Stattdessen kämpfte sie sich zurück ins Leben und fieberte ihrem Traum, Model zu werden, entgegen. Paola schaffte es und wurde Botschafterin für die Paralympics in Rio 2016. Heute strahlt die junge Frau eine unglaubliche Energie aus und inspiriert andere Menschen weltweit dazu, sich nicht hängen zu lassen. Paola bewies stoische Widerstandsfähigkeit und ersparte sich das Mitleid.

Aus stoischer Sicht ist Mitleid der absolute Wahnsinn. Das emphatische Empfinden von Mitleid stört unsere Seelenruhe und Gelassenheit und lässt uns den Schmerz anderer mitempfinden. Heißt dies nun, dass wir nicht empathisch sein dürfen oder nicht für andere Menschen da sein können?

Aus stoischer Sicht ist Mitleid der absolute Wahnsinn.

Menschlichkeit und Fürsorge gehören zu einem tugendhaften Leben, so wie es die Weisheit tut. Wir können und sollten für unsere Mitmenschen in schwierigen Situationen da sein und ihnen nach bestem Gewissen helfen. Keine Frage! Doch sollten wir niemals mit an den Abhang treten und uns den Abgrund miteinander ansehen. Wir laufen sonst Gefahr, mit in die Dunkelheit gezogen zu werden. Seien Sie also ein Freund und unterstützen Sie Ihre Mitmenschen in Not und Sorge, aber um Himmels willen, tun Sie es ohne Mitleid! Was bringt es Ihnen, nach Hause zu gehen und dort Ihrem Schatz zu sagen: »Mensch, ich war gerade beim Tobi. Er sieht furchtbar aus und der Unfall hat sein ganzes Leben zerstört. Er tut mir so leid. Ich hoffe, dass uns das niemals widerfahren wird«? Es bringt Ihnen nur Leid und Unruhe.

Vor ein paar Jahren starb ein Freund von mir, der sich freiwillig durch den Strick das Leben nahm. Ich erinnere mich gut daran, wie sehr das meinen Vater erschütterte, da er ihn als Jungen groß werden sah. Plötzlich war mein Kumpel fort. Ich fragte mich, was ich hätte tun oder sagen können, damit er seine Entscheidung überdenkt. Doch dann bemerkte ich, wie meine Ruhe schwand und ich in Mitleid verfiel. Ich dachte an seinen trauernden Vater, seine Schwester und Mutter. Ich musste an seine Freunde denken und die Leere, die er hinterlassen hatte. »Was für ein furchtbares Grauen es sein muss, als Eltern den eigenen Sohn zu beerdigen«, sagte ich mir. Auch wenn dies ein Albtraum zu sein scheint, so hätte mir etwas Ähnliches widerfahren können. Auch ich hätte durch einen Unfall vor meinen Eltern gehen können und nun wären sie es, die um mich trauerten. Mein Mitgefühl stieg ins Unermessliche, bis ich dem Wahnsinn Einhalt gebot. Wo führte mich mein Mitleid hin? Der Tod ist ein natürlicher Bestandteil des Lebens und im Grunde genommen sterben wir alle jeden Tag ein wenig mehr. Den Tod schönzureden, ist keine Lösung. Doch sollten wir uns daran erinnern, dass ein Freitod eine Wahlmöglichkeit jedes Individuums ist. Statt Mitleid empfand ich nun Respekt für seine Entscheidung. Ich respektierte seine Entscheidung, seinem Leben ein Ende zu setzen, auch wenn ich ihn gerne unter den Lebenden sehen wollte. Doch dies lag nun nicht mehr in meiner Kontrolle. Heute erinnere ich mich an ihn, denke an die schönen Tage unserer Kindheit und bin dankbar für diese Zeit, wissend, dass auch ich eines Tages diese Erde verlassen werde und jeder Moment ein schwindender Augenblick ist. Ich habe ihn im Herzen gehen lassen, so wie auch mein Mitleid. Heute empfinde ich Ruhe und Frieden bei dem Gedanken an ihn.

Seien Sie für Ihre Mitmenschen da. Die Stoiker waren keine Unmenschen, die ein kaltherziges Verhalten forderten. Doch lassen Sie Vorsicht walten, wenn Sie Mitleid empfinden. Es trügt Ihr Urteil, nimmt Ihnen Ihre Seelenruhe und unterstützt nicht die leidenden Menschen um Sie herum. Inwiefern werden Sie Ihren Mitmenschen helfen, wenn Sie sich mit in den Abgrund stürzen und die Dunkelheit in sich aufnehmen? Ihr Mitleid ist keine Hilfe oder Unterstützung. Misstrauen Sie dieser Emotion. Wer von Ihnen mehr Mitleid fordert, will dieses Mitleid aus egoistischen Gründen und wünscht sich selbst das Beste für sich, aber nicht das Beste von Ihnen. Das Beste, was Sie schenken können, ist Ihre Fürsorge, aber nicht Ihr Mitleid.

Subjektiv gefangen

Das Problem an unseren Emotionen ist unser Urteil. Die Tatsache, dass wir Menschen Gefühle haben und Empfindungen hegen, ist weder gut noch schlecht. Erst unser Urteil über unsere Gefühle beeinflusst unser Leben. Darüber waren sich auch die Stoiker einig. Seneca schrieb an Lucilius: »Wenn du mich um meine Meinung fragst, so gibt es für einen Mann nur ein Unglück, nämlich, dass es Ereignisse in der Welt geben kann, die er als Unglück ansieht.« Unsere Aufgabe ist es nicht, unsere Emotionen zu leugnen oder sie in allen ihren Bestandteilen zu verstehen und aufzudröseln, sondern sie zu zähmen. Unser Urteil und unsere Bewertung sind maßgeblich. Meist sind sie subjektiv und hindern uns somit daran, objektiv zu deuten. Seneca schrieb in seinem 116. Brief an Lucilius, dass es nicht unsere Aufgabe sei, unsere Leidenschaften zu mäßigen, sondern wir uns darin üben sollten, diese zu bändigen und uns nicht von ihnen versklaven zu lassen. Doch was genau meinte Seneca damit? Heißt dies platt gesagt, dass wir unser Streben nach einem Sportwa-

Das Problem an unseren Emotionen ist unser Urteil.

gen mäßigen und uns stattdessen mit einer kleinen Tröte zufriedengeben sollten?

Seneca rät uns, das Gefühl wahrzunehmen, doch Leidenschaften nicht weiterzuentwickeln. Diese Leidenschaften definierten die Stoiker als Schmerz, Angst, Begierde und Lust. Für den Stoiker war es das Ziel, diese Gefühle zu bändigen, um dadurch die Wahrheit zu finden, die wir mit der Weisheit gleichsetzen können. Zu der Angst gehörten Mitleid, Neid, Missgunst, Bestürzung, Wehleid, Missmut oder Eifersucht. Doch auch das Verlangen, Hass, Wut, Liebe, Zorn, Schadenfreude und Ergötzung waren Gefühle, die es zu zähmen galt. Die Stoiker waren sich einig, dass, wenn wir diesen Gefühlen erliegen, unsere Vernunft den Kampf gegen unsere Emotion verliert und unser Ziel, ein tugendhaftes Leben zu führen, in die Ferne rückt.

Die Stoiker strebten die Apathie an, welche sich aus dem griechischen Wort *apátheia* ableitet und einen Geisteszustand beschreibt, der nicht von Leidenschaft beeinflusst ist. Doch Vorsicht! Diese vollkommene *apátheia* wurde dem Idealbild des Stoikers, dem stoischen Weisen, zugeschrieben. Es ist also davon auszugehen, dass diese vollkommene *apátheia* niemals erreicht werden kann. Für uns moderne Stoiker ist das auch nicht wichtig. Maßgeblich ist, dass wir lernen, unsere Leidenschaften zu kontrollieren. Fortschritt ist entscheidend, nicht Perfektion!

Genau an diesem Punkt wird der Stoizismus oft missverstanden und oberflächlich betrachtet als kaltherzige Lebensphilosophie beschrieben. Für uns ist es wichtig zu lernen, dass wir unsere Emotionen niemals vollständig kontrollieren können. Wir können aber lernen, unsere Urteile zu überprüfen. Wie wir über eine Situation oder ein Gefühl urteilen, liegt innerhalb unserer Kontrolle und kann durch niemanden sonst beeinflusst werden. Tun Sie sich den Gefallen und analysieren Sie Ihre Gefühle nicht zu Tode, wie es gerne in der Esoterik oder in einigen psychologischen Methoden getan wird. Urteilen Sie nicht schlecht über Ihre Gefühle, sondern akzeptieren Sie sie rational. Sie sind schließlich menschlich. Doch vergessen Sie nicht, dass Sie nicht Ihre Emotionen sind und ein Urteil Ihnen zusteht und dieses Ihrer Kontrolle unterliegt.

Wenn Sie den Impuls der Emotion empfinden, so halten Sie inne und lassen Sie das Gefühl ziehen. Sagen Sie sich: »Ich bin nicht meine Emotion.« Erlauben Sie sich, das Gefühl gehen zu lassen oder die Bedeutung des Gefühls zu minimieren. Doch wie genau können wir das schaffen?

Von oben betrachtet

Als Außenstehender ist ein Ratschlag immer einfach. Auch für mich. Mit Leichtigkeit kann ich kluge Ratschläge geben, solange ich selbst nicht in der Patsche stecke. Ist man selber erst einmal in der Misere, so fällt es einem deutlich schwerer, die Lage objektiv zu betrachten und sich von den eigenen Emotionen zu trennen. Schließlich sind wir ja subjektiv gefangen.

»Die Seele besitzt das dem Menschen erreichbare Glück in seiner Vollkommenheit und Überfülle, wenn sie, alles Übel mit Füßen tretend, in die Höhe emporstrebt und in den innersten Bereich der Natur vordringt.« Auch in diesem Fall empfiehlt uns Seneca, dass wir uns wieder der bereits angesprochenen Technik der Vogelperspektive bedienen. Nehmen Sie die Vogelperspektive über Ihre Lage und Emotion ein. Stellen Sie sich erneut vor, dass Sie aus Ihrem Körper hinaustreten und wie ein Vogel über Ihrem Körper kreisen.

Betrachten Sie die täglichen Dinge des Lebens und das Geschehen aus einer gewissen Distanz. Tun Sie einfach einmal so, als ob Sie über den Dingen stünden. Nicht um eine Art Arroganz zu schauspielern, sondern um sich von der Bedeutung der Emotion zu trennen. Wie alle Übungen und Praktiken des Stoizismus können Sie diese täglich in jeder Situation üben. Denken Sie einmal an den aggressiven Autofahrer auf der Autobahn hinter Ihnen oder an die Konflikte im Büro, den Streit mit Ihrem Liebsten, trotzige Kinder, den ständig Party feiernden Nachbarn oder den Computer, der scheinbar nicht immer das tut, was er soll. Von oben betrachtet, sind diese Dinge so banal und unglaublich unwichtig. Unsere Emotionen, die wir mit diesen Dingen verbinden, sind sogar noch viel dümmer. Von außen betrachtet, benehmen wir uns oft wie ein Kleinkind.

Seneca lehrt uns weiterhin: »Geh mit dir zurate und erwäge, wofür du dich entscheiden sollst: Lust und Leid sind hier verbunden; um zu jener zu gelangen, musst du dieses auf dich nehmen. (...) Aber wisse, wenn du zu leben beschließt, dann hast du dich für die Welt in ihrer Gänze – für die Welt, wie sie mit ihren Freuden und Schmerzen vor deinen Augen ausgebreitet liegt – entschieden.« Wir haben die Wahlmöglichkeit über unsere Entscheidung und Emotion und können frei wählen, wie wir die Dinge sehen. Seneca ermahnt uns, dass wir in unserem Leben beide Seiten der Medaille erhalten werden –so wohl den aggressiven Autofahrer als auch die sichere Heimreise. Unsere Perspektive macht den Unterschied!

Wir haben eine Wahlmöglichkeit über unsere Perspektive. Wir können frei entscheiden, wie wir die Dinge sehen. Von oben betrachtet, sind die meisten Dinge banal und unwichtig. Da die meisten Dinge uns aber so nahestehen, halten wir sie auch für unglaublich wichtig. Wenn der Kühlschrank, der ein so wichtiges Gerät in unserem Leben ist, plötzlich kaputtgeht, bricht für uns die Welt zusammen. »Jetzt werden die ganzen Lebensmittel schlecht. Was mache ich denn jetzt nur? Wo soll ich jetzt so schnell noch einen neuen Kühlschrank herbekommen?«, fragen wir uns. Dabei ist nichts verloren. Ein neues Gerät kann innerhalb von wenigen Tagen neu gekauft und geliefert werden. Wir verhungern nicht, weil sich uns immer noch die Chance bietet, auswärts zu essen, bei Freunden um Hilfe zu bitten oder etwas anderes zu uns zu nehmen. Im ersten Moment aber geht für uns die Welt unter, weil wir in diesem Moment gefangen sind.

Wir haben eine Wahlmöglichkeit über unsere Perspektive.

Assoziierte Realität

Unsere Perspektive bestimmt maßgeblich unsere Lebensqualität. »Das ist die alte Leier vom halb vollen Glas«, könnte man meinen. Obwohl mir die Leier widerstrebt, ist an der Aussage des Volksmundes nicht alles verkehrt. Wenn Sie Ihre Probleme aus einer anderen Perspektive betrachten, so können diese kleiner oder größer werden. Sie können sie tiefer hinab oder aufwärts befördern. Dabei geht es nicht darum, derzeitige Herausforderungen oder Probleme zu leugnen. Probleme, Krankheiten und Schwierigkeiten zu leugnen, ist eine Form der Lüge. Sie würden sich selbst belügen und Ihr eigenes Leben verneinen.

Das Ziel der Vogelperspektive und der Übung der Stoiker ist es, sich von den Dingen räumlich und gerne auch zeitlich zu trennen. Betrachten Sie heute Ihre Probleme von vor fünf Jahren. Erinnern Sie sich noch an den aggressiven Autofahrer, den kaputten Kühlschrank, den Streit mit Ihrem Partner oder den anstrengenden Kunden? Schon längst sind diese Dinge verflogen und keines von ihnen belastet Sie mehr. Mit der Zeit sind diese Probleme so irrelevant geworden. Doch waren Sie damals denn überhaupt von Relevanz? Scheinbar waren sie es, als wir mit ihnen direkt konfrontiert waren. Wir betrachteten die Probleme als einen Teil unseres Lebens.

Durch die Übung der Vogelperspektive schaffen wir einen Raum zwischen uns und den Problemen. In der Psychologie spricht man auch von einer dissoziierten Perspektive. Sie haben sich erfolgreich von den Dingen getrennt. Sie trennen sich durch die Übung der Vogelperspektive vom geistigen Ballast. Nicht umsonst sagen die Menschen so etwas wie: »Ach, das schiebe ich erst einmal ganz weit nach hinten in meinem Kopf.« Die Menschen meinen es wortwörtlich. Sie trennen sich von den Dingen und dissoziieren sich. So können wir vielleicht erkennen, dass alles, was wir im Leben wahrnehmen, durch eine Perspektive bedingt ist. Die einzige Perspektive, die dabei vonnöten ist, ist die unsere. So wie Sie die Dinge sehen, so erleben Sie Ihre Welt und Ihre Realität. So erleben Sie Ihr Leben. Wenn wir anfangen, uns von dem Ballast in unserem Leben zu trennen, erfahren wir eine völlig neue Form der Freiheit.

Alle Dinge sind in ihrer Sache relativ. Wechseln Sie Ihre Perspektive, so können Sie erkennen, wie relativ leicht es ist, seine Emotionen und den eigenen Gemütszustand zu verändern. Nichts ist von Bedeutung, bis zu dem Zeitpunkt, an dem wir den Dingen Bedeutung verleihen.

Nichts ist von Bedeutung, bis zu dem Zeitpunkt, an dem wir den Dingen Bedeutung verleihen.

Niemals wieder enttäuscht werden

Extreme und starke Emotionen wie Liebe, Hass oder Neid können uns Menschen zu extremen Taten verleiten. Diese können von uns als positiv oder negativ bewertet werden. Wir können unsere Liebe zu einem Menschen als überaus positiv sehen und unseren Hass auf jemanden zelebrieren. Von außen betrachtet, ist Hass sicherlich keine konstruktive, sondern eine destruktive Emotion und dennoch liegt die Bewertung der Emotion im Auge des Betrachters. Sie unterliegt seinem Urteil.

So verhält es sich auch mit allen Emotionen, die wir auf der Grundlage von Hoffnungen oder Erwartungen empfinden. Wie oft verspüren wir Vorfreude auf etwas in der Annahme, dass wir eine wunderbare Zeit haben werden. Wir geben unserer Fantasie und Vorstellung die Bedeutung. Vielleicht ging Ihnen dies schon einmal so vor dem ersten Date. Sie haben sich gerade kennengelernt und nun ein Treffen ausgemacht. Schnell beginnen Sie, von der Person zu schwärmen und die ersten Momente in Gedanken wiederzubeleben und zu zelebrieren. Im Grunde genommen aber denken Sie nur an ein fleischliches Wesen, was in diesem Moment wahrscheinlich gerade auf der Toilette sitzt. Keine schöne Vorstellung! Trotzdem denken Sie nur das Beste von diesem Menschen, radieren alle möglichen Fehler aus und malen sich ein tolles Bild. Dann folgt das erste Date und alles läuft blendend. Ihre Erwartungen werden erfüllt und daher glauben Sie, dass auch in Zukunft alle Ihre Erwartungen erfüllt werden. Nach einigen Monaten merken Sie aber, dass alles ganz anders kommt und der Mensch sich verändert hat. Tatsächlich aber hat er sich nicht verändert. Die Realität hat einfach nur nicht Ihren Erwartungen entsprochen und Sie sind enttäuscht. Wir erleben Enttäuschungen, wenn unsere Hoffnungen nicht der Realität entsprechen und unsere Erwartungen sich als falsch herausstellen. Das ist bei Beziehungen, Berufen, Aktienkursen, Freundschaften und einfach allen Dingen so, die der Veränderung unterliegen.

Je höher Ihre Erwartungen und je größer Ihre Hoffnungen sind, desto tiefer ist der Sturz, den Sie erleben müssen. Menschen oder Dinge enttäuschen Sie nicht. Es sind Ihre Erwartungen, die Sie enttäuschen. Doch lässt es sich denn überhaupt ohne Hoffnungen und Erwartungen leben? Gute Frage! Hier meine Gegenfrage: Lässt es sich ohne Gefühle leben? Auch Erwartungen sind unserem Urteil unterworfen. So wie es bei unseren Leidenschaften der Fall ist. Auch unsere Erwartungen müssen wir lernen zu mäßigen. Eine positive Überraschung kann etwas Angenehmes sein und Sie müssen nicht zum Pessimisten oder Skeptiker werden, um Ihre Erwartungen zu bremsen.

Im Buch *Von der Kürze des Lebens* schrieb Seneca: »Das größte Hindernis des Lebens ist die Erwartung, die am Morgen hängt und das Heute zerstört.« Es ist eine wundervolle stoische Übung, seine Erwartungen wahrzunehmen, sie zu beurteilen, zu streichen und unbefangen den Ereignissen entgegenzulaufen und sie wahrzunehmen. Seitdem ich diese Übung regelmäßig praktiziere, kann ich mich nicht mehr daran erinnern, bewusst enttäuscht worden zu sein. Ich hege keine Hoffnungen mehr und erwarte nur von mir selbst das Höchste. Auch wenn ich nur selten meinem Anspruch gerecht werde, so konzentriere ich mich auf das, was unter meiner Kontrolle steht.

Es liegt innerhalb Ihrer Kontrolle, was Sie erwarten und worauf Sie hoffen wollen. Sie haben die Macht, darüber zu entscheiden und zu urteilen. Damit wurde Ihnen durch die Natur die Macht gegeben, Ihr Leben zu bestimmen, auch wenn das Schicksal oft unerwartete Wege für Sie bereithält.

Misstrauen Sie also Ihren Emotionen. Zügeln Sie Ihre Erwartungen und Hoffnungen. Verschreiben Sie sich stattdessen dem Prinzip Arete und konzentrieren Sie sich auf die Kontrolle Ihrer Leidenschaften. Halten Sie inne! Finden Sie Ruhe!

DIE HEDONISTISCHE TRETMÜHLE

> »Allein der ist weise, dem alles gehört und es zu schützen nicht schwerfällt. Der Weise sagt daher: Das alles ist mein! So kommt es, dass er nichts begehrt, weil alles in ihm ist. So besitzt der Weise im Geiste alles.«
>
> *Seneca*

Im Jahre 2019 mussten in Deutschland laut dem statistischen Bundesamt über 580.000 Verbraucher eine Schuldnerberatung in Anspruch nehmen. Als Hauptgrund dafür wurde die Arbeitslosigkeit angegeben. Obwohl arbeitslos zu sein kein Zuckerschlecken ist, wundere ich mich dennoch über diese hohe Zahl. Arbeitslosigkeit mag vielerlei Gründe haben. Vielleicht ist man krank geworden, hatte einen Unfall, die Firma ist insolvent gegangen oder eine ganze Branche wurde scheinbar über Nacht vernichtet. Als Ende 2019 und in den darauffolgenden Monaten die Corona-Pandemie ausbrach, litten ganze Branchen und Geschäftsfelder. Auch ich merkte, dass das Geschäft ruhiger wurde. Ich konnte mich zu den dankbaren Menschen zählen, die in dieser Zeit nicht alles verloren. Das lag mit daran, dass ich die Prinzipien und die Philosophie der Stoa für mich zu nutzen wusste und Senecas Ratschlag befolgte, wie man sich auf solche stürmischen Zeiten vorbereitet.

Obwohl die Stoiker nie explizit über Finanzen und Vermögensaufbau sprachen, waren ihre Ratschläge und Weisheiten zum Thema Geld, Ressourcen und Vermögen profund und weise. Die Stoiker waren vielmehr in einer Daueralarmbereitschaft für schlechte Zeiten. Sie sehnten sich diesen fast entgegen, könnte man meinen. Die Stoiker suchten die Herausforderungen des Lebens, auch wenn finanzielle Schwierigkeiten dazugehörten. Seneca lehrte: »Der Weise gestattet dem Reichtum nichts, euch gestattet der Reichtum alles. Ihr gebärdet euch, als hätte euch irgendjemand den ewigen Besitz desselben zugesagt: Ihr gewöhnt euch an ihn und verwachst mit ihm. Der Weise dagegen denkt gerade dann am angelegentlichsten an die Armut, wenn er sozusagen im Reichtum schwimmt.«

Wir träumen von mehr Geld, einem anderen Auto, dem Eigenheim, dem Urlaub in einem fernen exotischen Land und einem sorgenfreien Leben. Doch diese Träume sind eine Illusion. Wir Menschen glauben instinktiv, dass diese externen Einflüsse, deren Erfüllung nur bedingt unter unserer Kontrolle steht, uns glücklich machen werden. Manche wiederum kämpfen jeden Tag mit finanziellen Herausforderungen und hoffen auf bessere Zeiten. Auch das ist eine Art der Illusion, solange wir nicht die Kontrolle über die Dinge gewinnen, die wir kontrollieren können, und loslassen, was außerhalb unserer Macht steht. Ja selbst wenn wir das schaffen, ob arm oder reich, so gewöhnen wir uns viel zu schnell an unseren finanziellen Stand. Wir geben uns mit diesem zufrieden und nehmen ihn als den Standard wahr, als sei er schon immer da gewesen.

Eine interessante Studie versuchte diesen Umstand 1978 etwas genauer zu untersuchen. Sie kam zu dem Schluss, dass Lottogewinner nach rund einem Jahr nicht bedeutend glücklicher waren, als es vor dem Geldsegen der Fall gewesen war. Der neu gewonnene Überfluss an Geld und materiellen Ressourcen machte die Menschen nicht glücklicher. Nach einer Weile pendelte sich das Hochgefühl wieder bei dem täglichen Normalzustand ein. Das volle Bankkonto war nun normal geworden. Auch bei Beförderungen verhält es sich so. Zuerst bekommen wir die Beförderung ausgesprochen und freuen uns wie ein Honigkuchen. Wir sehen die neuen Möglichkeiten, mehr Geld, mehr Einfluss und Anerkennung. Nach gut zwei bis drei Monaten haben wir uns an das höhere Gehalt, die neue Position und das neue Büro gewöhnt. Wieder pendelt sich unser kurzzeitiges Hochgefühl bei unserem täglichen Normalzustand ein. Sie ahnen, dass es sich bei romantischen Beziehungen ähnlich verhält. Zu Beginn flattern die Schmetterlinge im Bauch herum und wir fühlen uns buchstäblich wie im siebten Himmel. Alles ist aufregend und besonders. Der Sex ist wild und hemmungslos, permanent muss man an den anderen denken, jedes Lachen, jedes Wort, jeder Blick und Moment ist eine Explosion chemischer Prozesse im Kopf. Nach einer Weile dann wird das Liebesspiel zur Gewohnheit, das vorbereitete Abendessen eine Selbstverständlichkeit und die Schmetterlinge im Bauch sind nun auch mittlerweile ziemlich erschöpft vom Auf und Ab. Der Partner ist nun eben da, weil er ja immer da ist.

Wir Menschen gewöhnen uns sehr schnell an neue Umstände und akzeptieren sie als gegeben. Wissenschaftlich gesehen, ist dies unserer Biologie geschuldet. Der Mensch ist aus evolutionstechnischer Sicht nicht dafür gemacht, dauerhafte Hochs und Tiefs zu erleben. Das ständige Hoch und Runter lenkt uns ab und könnte dazu führen, dass wir am Ende mögliche Gefahren in unserem Leben übersehen, die uns eventuell sogar den Kragen kosten könnten. Deshalb sind launenhafte und unstetige Beziehungen nie von langer Dauer. Drama-Queens haben es in dieser Welt sehr schwer.

Drama-Queens haben es in dieser Welt sehr schwer.

Kardinalfehler

Wir gewöhnen uns sehr schnell an die Dinge, die wir haben, die Menschen und an den vermeintlichen Standard in unserem Leben. Gleichzeitig streben wir nach immer mehr. Der Manager strebt nach der höheren Position, markiert sein Gebiet, drückt durch Statussymbole wie eine teure Uhr, die Marke des Anzugs und ein besonderes Auto aus, welche Position er bekleidet. Der Arzt zeigt durch das umgehängte Stethoskop nun, dass er tatsächlich Facharzt ist und nicht nur ein kleiner Mitarbeiter im System. Die neu gegründete Familie will raus aus der Dreizimmerwohnung und das eigene Traumhaus am Stadtrand bauen. Egal was es ist, wir streben nach mehr. Dieses Streben ist auch eine hervorragende Sache.

Der Stoizismus wird oft als eine Philosophie abgetan, die Fortschritt und das Streben nach mehr unterbindet, nur weil Epiktet, einer der größten Stoiker der Antike, ein materiell armer Mann war. Doch das Gegenteil ist der Fall. Unser Streben nach Fortschritt und Entwicklung kommt nicht nur uns zugute, sondern auch der Gemeinschaft und der Gesellschaft. Daher ist unser Streben kein Kardinalfehler. Auch Seneca war zu seinen Lebzeiten ein sehr ehrgeiziger Mann, der viele geschäftliche und politische Erfolge feierte. Es ist richtig, heute hart für ein besseres Morgen zu arbeiten, sich große Ziele zu setzen und sich an die Arbeit zu machen, um diese Ziele auch umzusetzen. Wollen Sie ein eigenes Haus bauen oder eine eigene Firma gründen, ein Buch schreiben oder einen Pilotenschein machen? Dann machen Sie sich auf, dieses Vorhaben in die Tat umzusetzen. Der Kardinalfehler, den wir dabei aber begehen, ist, dieses Streben an unser Glücksempfinden und unsere Identität zu binden.

»Der Grund für dein Unglück ist die hedonistische Tretmühle, in der du dich gefangen hältst«, sagte der Sergeant zu mir. »Du und ich, wir beide arbeiten hart. Du arbeitest in deinem Beruf und ich arbeite heute die meiste Zeit am Fließband. Die Aufgaben sind unterschiedlich. Für deine Aufgaben verdienst du mehr Geld als ich für meine Arbeit. Doch ich bewerte nicht und behaupte nicht, dass deine Arbeit wichtiger ist als meine. Ich spreche daher auch nicht von einer angeblichen Ungerechtigkeit innerhalb der Gesellschaft. Wenn ich aufhöre zu arbeiten, kommt ein neuer Mensch, der für mich einspringt. Genauso ist es bei dir auch. Glaube nicht, dass du unersetzlich bist. Arbeite nicht für dein Ego oder den Fortbestand deines Einkommens. Deine Arbeit muss eine Übung sein, bei der es deine Aufgabe ist, zu wachsen.«

Arbeit für den alleinigen Zweck des Geldverdienens macht nicht glücklich. Leidenschaftliche Arbeit kann hingegen maßlos sein. Eine Aufgabe aber gibt uns das Gefühl von Glück und Signifikanz. Der Sergeant fragte mich damals, was meine persönliche Aufgabe sei. Auf diese Frage hatte ich keine Antwort. Geld verdienen? Ja, und was noch?

Ich bitte Sie, mich nicht falsch zu verstehen. Ich mag Geld, sehr sogar. Ich mag es zu sehen, wenn Dinge wachsen. Ich mag, was passiert, wenn man Geld verschenkt. Ich mag die Sicherheit, die Geld mir gibt, das gute Essen, ein warmes Bett und das Dach über dem Kopf. Ich liebe die Reisen, die mir das Geld ermöglicht. Geld ist wichtig. Sehr wichtig sogar. An dieser Stelle mag ich es aber auch dabei belassen, da ich bereits Bücher über das Thema Geld und finanziellen Erfolg geschrieben habe. Fakt aber bleibt, dass wir ohne Geld nicht all die Dinge tun können, die wir gerne erleben oder verschenken wollen.

Doch wo ist der Sinn und der Mehrwert für unsere Gemeinschaft und uns selbst, wenn unsere Aufgabe nur darin besteht, mehr Geld zu verdienen? Wir drehen uns in der Tretmühle, ohne zu bemerken, dass unsere Anstrengungen im Sande verlaufen. Wir arbeiten, um Geld zu verdienen, geben das Geld aus, um zu überleben, um zu zeigen, was wir so alles scheinbar sind, und um dann wieder weiterzuarbeiten. Wir drehen uns um uns selbst und vergessen in diesem Hamsterrad, tatsächlich zu leben. Jedes Mal, wenn wir dann etwas Neues erreicht haben, gewöhnen wir uns an das Erreichte. Plötzlich setzen wir wieder höhere Maßstäbe und vergolden unser eigenes Gefängnis und unser ganz persönliches Hamsterrad. Vielleicht erkennen Sie die Wahrheit in diesen Worten, auch wenn sie womöglich Ihr Leben auf den Kopf stellt. Auch Seneca ermahnte uns mit den Worten: »Es ist ein Trost für uns Menschen, dass niemand unglücklich ist außer durch eigene Schuld. Gefällt es dir, so lebe; gefällt es dir nicht, so kannst du wieder hingehen, woher du gekommen bist.« Wir können diese hedonistische Tretmühle verlassen und beginnen, unser Leben nach unseren Maßstäben zu leben und gemäß dem Stoizismus Freiheit zu erlangen.

Wir drehen uns in der Tretmühle, ohne zu bemerken, dass unsere Anstrengungen im Sande verlaufen.

Belohnung und Status

Wie oft kaufen wir materielle Dinge und versuchen dadurch, unseren Wunsch nach mehr zu befriedigen? »Das gilt vielleicht für andere. Doch nicht für mich«, möge man denken. Doch tatsächlich sind weder Sie noch ich da anders. Haben wir es nicht anders gelernt, dann achten wir nach wie vor sehr stark auf die Meinungen anderer. Das ist der Grund, warum wir uns Kommentierungen anschauen, Bewertungen anderer Menschen lesen, unterhalten werden wollen und auch nach der Meinung anderer Menschen fragen. Diese Meinungen sind nichts Verkehrtes. Es bleibt jedoch wichtig, sich daran zu erinnern, dass alles, was wir hören, eine Meinung ist. Worte sind keine Tatsachen. Selbst empirische Studien sind im Grunde genommen nur Meinungen, die durch eine hohe quantitative Anzahl an Bewertungen zu einem kausalen Zusammenhang zusammengeführt wurden. Wir achten auf die Meinungen anderer und kaufen daher auch Dinge, um diese Meinungen zu beeinflussen. Das Ergebnis nennen wir dann Status oder einen Platz in der sozialen Hierarchie.

Hier ein Beispiel: Von wem würden Sie instinktiv, ohne den Menschen zu kennen, behaupten, dass er einen größeren Status besitzt: die Richterin am Europäischen Gerichtshof oder der Dachdecker im Nachbarort? Errungenschaften führen zu mehr Anerkennung und Status und damit auch zum Aufstieg innerhalb der sozialen Hierarchie. Auch durch eigene Errungenschaften gewinnen wir eine Meinung über uns selbst. Wir erheben uns über andere und glauben, dass wir nun etwas ganz Besonderes sind, nachdem wir all unsere einstigen Ziele erreicht haben. Daraufhin belohnen wir uns. Womit Sie sich belohnen, ist völlig irrelevant. Ob es eine Reise ist, ein neues Auto, eine Uhr, mehr Kleidung oder ein gutes Essen, ist nicht von Bedeutung. Die Belohnung an sich ist das Problem, da Sie permanent den Erfolgen nachjagen, auch wenn sie noch so klein sind, um sich daraufhin selbst zu belohnen. Sie

Sie jagen dem Erfolg für eine Belohnung nach.

jagen dem Erfolg für eine Belohnung nach. Das Interessante dabei ist, dass die Belohnungen niemals ein Ende finden werden. Marcus Aurelius schrieb in seinen *Selbstbetrachtungen*: »Wenn du wüsstest, aus welchem Quell die menschlichen Meinungen und Interessen fließen, du würdest aufhören, nach dem Beifall und Lob der Menschen zu streben.« Es kann immer noch einmal eine neue Uhr, ein neues Buch, eine neue Reise, ein neues Auto oder ein Essen sein. Auch wenn die gleichen Belohnungen nach einer Weile der hedonistischen Tretmühle unterliegen und ihren Wert verlieren, geht es darum, belohnt zu werden.

Unser Gehirn wird süchtig nach dem Dopamin, welches unser Körper ausschüttet, sobald wir uns belohnen. Dopamin ist in erster Linie ein Stoff, der als eine Art Bote in unserem Gehirn fungiert. Dieser Botenstoff ist für motivations- und antriebssteigernde Effekte verantwortlich und treibt uns regelmäßig an, mehr Glück und Zufriedenheit zu empfinden. Dopamin kann schnell zu einer Droge werden. Wissenschaftler fanden beispielsweise heraus, dass Dopamin vermehrt im Gehirn produziert wird, je öfter der Mensch nach Anerkennungen in den sozialen Medien strebt. Das ständige Greifen nach dem Handy verbindet der Körper mit einem angenehmen Gefühl, produziert vermehrt Dopamin und bringt uns in eine Abhängigkeit. Ähnlich funktioniert es mit den Belohnungen. Wir suchen immer wieder den neuen Kick, ohne dabei zu bemerken, dass die hedonistische Tretmühle dafür sorgt, dass sich unser Glück nicht messbar vermehrt. Im Gegenteil sogar. Je mehr Sie bekommen, desto weniger nehmen Sie Ihr Glück noch wahr. Je mehr Anerkennung, je mehr Meinungen und je mehr Belohnungen Sie erhalten, desto weniger empfinden Sie das Glück, das Leben und das Hier und Jetzt.

Maßlosigkeit

Auch die Stoiker hatten eine Meinung, eine Auffassung und Einstellung gegenüber dem Verlangen nach mehr Wohlstand, Materialismus und Besitz. Zuweilen waren Sie sich nicht ganz einig. Epiktet, der einst ein Sklave war, lehnte jede Form von Besitz ab. Seneca und Marcus Aurelius waren bei dem Thema etwas lockerer. Sowohl Seneca als auch Marcus Aurelius schafften es zu Lebzeiten zu gigantischem Vermögen und Besitz. Als Seneca zum Ende seines Lebens ins Exil musste, ließ er all seinen Reichtum los, als sei dieser niemals etwas wert gewesen. Seneca sagte: »Ich halte den nicht für arm, dem das wenige, das er noch übrig hat, genügt.« Auch Marcus Aurelius, der römischer Kaiser wurde und zu den mächtigsten Menschen der damaligen bekannten Welt zählte, kümmerte sich wenig um seinen Besitz. Er schrieb: »Denke lieber an das, was du hast, als an das, was dir fehlt. Suche von den Dingen, die du hast, die besten aus und bedenke dann, wie eifrig du nach ihnen gesucht haben würdest, wenn du sie nicht hättest.«

Schauen Sie sich die Menschen an und sehen Sie, wie diese mit vollen Einkaufstüten, Taschen und Autos voller Besitz aus den Einkaufsstraßen kommen und glücklich heimfahren. Das Glück trifft sie, solange sie sich an dem Kauf oder Besitz erfreuen. Daheim werden die Dinge dann in den Schrank gehängt und verlieren bereits am nächsten Tag an Bedeutung. Laut einer Greenpeace-Umfrage, tragen die Deutschen 18 Prozent ihrer Kleidungsstücke maximal zweimal. 20 Prozent werden seltener als einmal im Vierteljahr getragen. Jeder Achte trägt seine Schuhe sogar weniger als ein Jahr lang. Unsere Konsum- und Wegwerfgesellschaft lebt gemäß einem angelernten Hedonismus. Wir suchen und streben nach mehr Glück und der Erfüllung unserer Wünsche, indem wir versuchen, uns das Leben schönzukaufen.

Seneca rät uns, maßvoll mit unseren Besitztümern umzugehen. Maßlosigkeit ist ein Feind unseres Glücks, unseres Lebens und widerspricht der Möglichkeit, die beste Person zu sein, die wir sein können. Wer maßlos ist, vergisst, was wertvoll ist und was nicht. Maßlosigkeit ist ein Feind guter Tugenden. Dies haben Sie bereits gelernt. Seneca sagte: »Was du verstehen musst, ist, dass ein Strohdach eine Person genauso gut macht wie ein Dach aus Gold.« Ob Sie ein einfaches Auto, einen dicken Geländewagen oder eine Limousine fahren, sagt nichts über die Größe Ihres Wesens aus, sehr wohl aber über Ihre Darstellung, Ihre Persönlichkeit und Ihr Ego. Der moderne Stoiker verbietet die Limousine nicht und propagiert auch nicht die einfache Blechbüchse. Denn »nicht auf die Größe des Vermögens, sondern auf die des Geistes kommt es an«, so Seneca. Die Wahl über Ihren Untersatz, Ihr Haus und Ihren Besitz soll frei von Ihnen getroffen werden. Ich maße mir nicht an, Ihnen vorzugeben, wie Sie zu konsumieren und Besitz zu erleben haben. Doch vermag ich es, vielleicht hinterfragen zu dürfen, inwiefern uns ein maßloses Leben dienen kann und es unsere Gemeinschaft verbessert.

Wer maßlos ist, vergisst, was wertvoll ist und was nicht.

Alles nur gemietet und geleast

Vor einer Weile fand ich mich in einer hitzigen Debatte über dieses Thema wieder. »Man kann nur mit weniger zufrieden sein, wenn man sich alles leisten kann«, sagte mir eine der Frauen in der Gesprächsrunde. »Sie haben leicht reden, Herr Lahmer. Sie haben sich ja auch diesen ganzen Luxus schon gönnen können«, ergänzte sie. Ich hätte diese Dame gerne vom Gegenteil überzeugt, doch wären es Mühen gewesen, die jene Wahlmöglichkeiten dieser Frau zu manipulieren versucht hätten. Manipulieren wollte ich sie aber nicht. Also fragte ich die Dame: »Nehmen wir an, ich hätte Angst, die Dinge, die ich besitze, loszulassen. Warum, glauben Sie, hätte ich diese Angst?« Die Dame wurde wütend: »Ich habe aber keine Angst. Ich mag einfach nur all die Dinge, die ich besitze.« Das verstand ich. »Wenn ich also Angst hätte, diese Dinge loszulassen, und ich gleichzeitig genug Geld in der Tasche habe, um in das nächste Geschäft zu gehen, um etwas Neues zu kaufen, warum kaufe ich dann überhaupt neue Dinge, wenn ich doch schon andere schöne Dinge besitze? Wenn ich sie kaufe, weil sie mir gefallen, kaufe ich so lange, bis mir nichts mehr gefällt oder ich kein Geld mehr habe, denn ich kann die unendliche Schönheit der Dinge nicht vollends sammeln und konsumieren. Es wird ein Ende haben«, ergänzte ich. Plötzlich wurde die Dame ruhiger und verstand, was ich meinte. Ich glaube, dass sich diese Frau in genau diesem Moment der Tragweite unseres Shoppens, des Einkaufens neuer Dinge, des Strebens nach Anerkennung durch Äußeres und der Endlichkeit aller Dinge bewusst wurde. Alles in unserem Leben ist von

Selbst unser Körper ist so gesehen nur gemietet. Langzeitleasing sozusagen.

endlicher Dauer. Unser gesamter Besitz ist so gesehen nur gemietet. Unsere Häuser, Autos, Telefone, Computer und unsere Kleidung sind nur eine endliche Zeit bei uns. Selbst unser Körper ist so gesehen nur gemietet. Langzeitleasing sozusagen.

Trotzdem beharren wir auf unserem Besitz und glauben, dass er ein Teil von uns ist, uns bestimmt, uns ausmacht oder uns repräsentiert. Völlig egal ob dies nun das teure Auto, eine Uhr, ein Zertifikat oder das erste eigene Album ist. Wir sind nicht unser Besitz und unser Besitz bestimmt nicht die Qualität unseres Lebens, unserer Zukunft und die Qualität unserer Persönlichkeit. Der Sergeant ermahnte mich mit den Worten: »Deine teure Kleidung, dein exklusiver Besitz und all der Konsum sind aus der Sicht eines Stoikers nichts Schlimmes und nichts Gutes. Sie sind lediglich eine Ablenkung. Sie sind ohne Wert. Dein Streben nach mehr Besitz lenkt dich von deiner Aufgabe ab. Wie willst du wachsen, wenn du doch eigentlich zu beschäftigt damit bist, deinen Besitz zu verwalten und ihm permanent ein Upgrade zuzuführen?«

Minimalismus

Was heute gerne als der Trend der Nachhaltigkeit und des bewussten Konsums vermarktet wird, ist für den Stoiker nichts Neues. Die Stoiker waren bereits während der Antike Minimalisten. Geringer Besitz bedeutete auch wenig Verwaltung und damit mehr Zeit für das Leben. Je mehr wir besitzen, desto weniger Zeit haben wir für die wichtigen Dinge im Leben. Unser Auto muss gewartet und getankt werden, zum TÜV und zur Reparatur. Das Eigenheim muss dauernd instand gesetzt werden und frisst dabei Geld wie ein schwarzes Loch. Unsere Elektronik gibt den Geist auf und muss erneuert oder ersetzt werden. Die meisten unserer Besitztümer sind zur Verwaltung verdammt. Die Verwaltungskosten dafür bezahlen wir sowohl mit Geld, vor allem aber mit unserer Lebenszeit. Weniger Konsum und Besitz ermöglicht uns ein freieres und bewussteres Leben. Seneca schrieb in seinem Brief an Lucilius: »Wie entbehrlich viele Dinge unseres täglichen Gebrauchs sind, das erkennen wir oft erst an dem Tag, an dem wir sie zum ersten Mal haben entbehren müssen.«

Per se ist an Besitztümern nichts auszusetzen und ganz ohne Besitz lässt es sich auch nicht wirklich gut leben. Für die Stoiker war die Abhängigkeit von Besitztümern eine Knechtschaft unseres Geistes. Je mehr wir besitzen, desto mehr denken wir über diese Dinge nach, verwalten Sie im Hinterkopf und streben mit dem nächsten Gedanken bereits das Neue an. Wie wir minimalistisch leben sollen, haben uns die Stoiker nicht übermittelt. Im Stoizismus werden wir niemals die fertige Backmischung und das perfekte Rezept für das beste Leben finden. Da es darum geht, die beste Person zu werden, die wir sein können, ist auch der Weg von Person zu Person unterschiedlich. So bleibt uns auch hier die Wahlmöglichkeit über unser Leben und Konsumieren. Es sei aber an dieser Stelle gesagt, dass die Stoiker uns nicht durch Worte, sondern durch ihre Taten vormachten, wie wir minimalistisch leben können. Jeder Stoiker fand seinen eigenen Weg. Marcus Aurelius, Seneca und auch Epiktet hatten alle ihren eigenen Weg beim Umgang mit Besitztümern. Überliefert wurde uns aber, dass keiner von ihnen an Besitztümern festhielt. Im Gegenteil sogar. Seneca lehrte uns: »Kein anderer ist würdig des Gottes, als wer den Reichtum als gleichgültig ansieht.«

Sehen Sie also Ihren Besitz als gleichgültig an. Genießen Sie ihn nicht, sondern nutzen Sie ihn. In unserer modernen Zeit haben wir vor allem gelernt, die Dinge zu verbrauchen statt zu gebrauchen. Das Auto hält eine begrenzte Anzahl an Jahren und muss dann aufgrund komplexer Elektronik und Bauweise verkauft und erneuert werden. An alten Autos schraubt es sich eben bedeutend leichter. Auch unsere Heimelektronik verhält sich so. Nach einigen Jahren ist der Prozessor unserer Computer hin und wir ersetzen die ganze Kiste. Das Handy ist nach zwei bis drei Jahren im Eimer und muss erneuert werden. Laut einer Greenpeace-Umfrage haben über 50 Prozent der Deutschen noch nie ihre Kleidung zum Schneider gebracht und über die Hälfte der 18- bis 29-Jährigen hat noch niemals ihre Schuhe einem Schuster übergeben. Wir verbrauchen, kaufen neu und verbrauchen weiter, als gäbe es keine endlichen Ressourcen. Seneca ermahnt uns in dem Werk *Von der Kürze des Lebens*: »Ihr fürchtet alles, als wäret ihr nur sterblich; ihr begehrt alles, als wäret ihr auch unsterblich.« Die Stoiker ermahnen uns, gleichgültig mit unserem Besitz umzugehen und zu diesem keine Bindung aufzubauen. Wir müssen uns unserer Sterblichkeit, aber auch der Sterblichkeit der Dinge bewusst werden. Doch solange diese Dinge existieren, können wir sie erhalten. Wir können reparieren, verformen, anbauen, aufbauen, umrüsten oder verwerten. Wenn wir die Dinge einfach nur wegwerfen, so negieren wir die Mühen, die wir aufgebracht haben, um diese Dinge überhaupt kaufen zu können. Je mehr wir uns an weniger Besitz, vielleicht sogar qualitativ hochwertigem Besitz, erfreuen, desto leichter fällt es uns, uns vom unbewussten Konsum, vom Kaufen neuer Dinge und Shoppen loszusagen. Wenn dann ein Teil unseres Besitzes aus-

Sehen Sie also Ihren Besitz als gleichgültig an.

gedient hat und seine Nutzdauer abgelaufen ist, können wir mit der gleichen Freude diesen Besitz wieder loslassen und etwas Neues in unserem Leben willkommen heißen.

Üben Sie sich in Armut

Im Frühling vor langer Zeit saß ein einsamer Mann auf den Mauern der Ruinen eines alten Palastes irgendwo in Asien. Er hatte die letzten Jahre seines Lebens mit der Arbeit verbracht, geschuftet und geackert und war zu großem Reichtum gekommen. Doch er hatte die Freude an seinen Taten verloren und war verzweifelt und rastlos geworden. Er hatte, wie wir in unserer modernen Zeit sagen würden, einen Burn-out und reiste aus diesem Grund fern der Heimat, um sich selbst wiederzufinden. Auf den alten Steinen sitzend, vergaß er die Zeit, schlug die Hände vor seinem Gesicht zusammen und weinte wie all die Jahre zuvor nicht. Ein Mönch bemerkte den Mann und kam zu ihm, setzte sich neben ihn und holte aus einem großen Topf, den er mit sich führte, eine kleine Schüssel Reis heraus und bot sie dem Mann an. Diesen Akt der Freundlichkeit und Selbstlosigkeit konnte der reiche Mann kaum glauben. In all den Jahren war ihm nichts geschenkt worden. Für alles hatte er hart arbeiten müssen und nun plötzlich stand am anderen Ende der Welt ein Mann vor ihm, den er nicht kannte, der mit ihm sein Essen teilte. Er wollte dem Mönch für seine Güte seine teure Uhr schenken, doch der Mönch verweigerte das Geschenk. Als der Mann Geld aus seiner Hosentasche zog, verweigerte es der Mönch ebenfalls, denn der Mönch begehrte nichts, das er nicht brauchte, und gab alles, was andere benötigten. Als der Mann Asien verlassen hatte und wieder in seiner Heimat war, erzählte er die Geschichte seiner Begegnung mit dem Mönch und schwor, sich ab sofort in Demut zu üben und ab und an sich der bewussten materiellen Armut zu verschreiben.

»Das ist ja eine nette Geschichte, aber was zum Teufel muss man geraucht haben, um sich in Armut üben zu wollen?«, mögen Sie denken. Wer ist schon gerne arm? Doch im Grunde genommen ist Besitz eine Illusion. Im allgemeinen Sprachgebrauch sagen wir gerne so etwas wie: »Dieses Auto gehört mir« oder: »Wir haben uns diese Möbel gekauft.« An der Tatsache, dass der Fahrzeugbrief auf Sie ausgestellt wurde und Sie die Rechnung für die Möbel bezahlt haben, ist nicht zu rütteln. Doch all die Materialien, aus denen diese Gegenstände erschaffen wurden, gehören Ihnen nicht. Sie sind ein Teil unserer Welt, den Sie nutzen dürfen. Sie können nicht frei über diese Dinge verfügen. Sie können es nur so lange, bis diese Dinge ihren Zweck erfüllt haben und ihrer Funktion nicht mehr entsprechen, kaputtgehen oder vernichtet wurden. Um nicht zu sehr an den Dingen zu hängen und sie wertzuschätzen als etwas, das uns gegeben wurde, raten uns Epiktet wie Seneca, uns immer wieder in Armut zu üben. Wir müssen uns darin üben, dass unsere Häuser, Autos, Möbel und unsere Kleidung keinen wahren Wert besitzen. Seneca schrieb an Lucilius: »Nicht wer zu wenig hat, sondern wer mehr begehrt, ist arm.« Wir müssen nicht nur lernen, uns mit wenig zufriedenzustellen, sondern unser Begehren zu zügeln und ein Szenario zu akzeptieren, in welchem wir keinen Besitz mehr haben. Seneca ergänzte: »Wer mit der Armut gut auskommt, der ist reich.«

Zu Beginn war dies ein Konzept für mich, das ich überhaupt nicht verstand. Es widersprach der gesamten gesellschaftlichen hedonistischen Meinung und der des Kapitalismus. »Hatte ich nicht als Geschäftsmann auch geschäftliche Ambitionen und Ziele, um wirtschaftlichen Erfolg für meine Mitarbeiter und mich zu gewährleisten? Wenn ich mich in Armut üben soll, warum dann der ganze Aufwand?«, fragte ich mich. Tatsächlich aber war ich geschäftlich um der Arbeit willen tätig und nicht wegen der monetären Resultate, die das Geschäft womöglich bringen würde. »War es das etwa, von dem der Sergeant sprach, als er sagte, dass die Aufgabe wichtiger sei als der Verdienst und das Lob?«, fragte ich mich.

Reichtum liegt schlussendlich außerhalb unserer Kontrolle. Wir können unser Vermögen nur begrenzt bestimmen. Wir können klug investieren, clevere Entscheidungen treffen und auch das ein oder andere Mal kann uns der Zufall hold sein. Doch über unsere Fähigkeiten, Tugenden, die Größe unseres Charakters und unserer Taten sagt das nichts aus. So können wir vielleicht schlussfolgern: »Auch wer zu großem Erfolg gelangt ist, viel Geld verdient hat und wirtschaftliche Erfolge feiern konnte, kann sich in Demut üben. Auch wer fleißig seine Tätigkeit vermarktet, kann sich in Bescheidenheit üben.« Wer maßlos lebt, wird leiden und an diesem Leid zugrunde gehen. Fragen Sie sich also: Was ist es, das Sie wirklich brauchen im Leben? Bis auf Gaststätten und Restaurants braucht niemand vierzig verschiedene Messer, Gabeln und Löffel oder zwanzig Teller in der Küche. Der einfache Haushalt benötigt keine fünfzig Paar Schuhe oder drei Badezimmer. Wir benötigen keine vier Autos, zwei Motorräder pro Person und eine Kollektion von Ritterrüstungen aus dem 15. Jahrhundert. Wer sind wir denn? Sind wir der Kurator unseres eigenen Lebens, der verwaltet und verges-

Wer maßlos lebt, wird leiden und an diesem Leid zugrunde gehen.

sen hat, dieses Leben tatsächlich zu erleben? Üben Sie sich darin, Ihre Begierden und Wünsche zu züchtigen und darauf zu vertrauen, dass es Ihnen niemals an etwas mangeln wird, solange Sie nicht dem Maßlosen verfallen und lernen, für das wenige dankbar zu sein.

Reichtum ist keine Schande

Für gewöhnlich spalten sich hier die Lager der Menschen. Die eine Seite spricht mir zu und empfindet diesen Gedanken als gerechtfertigt. Schnell geht es dann in den darauffolgenden Gesprächen um Gerechtigkeit, Fairness und die Schere zwischen Arm und Reich. Die andere Seite hingegen widerspricht mir und erklärt, dass sie ein Anrecht auf Reichtum habe und dafür schließlich auch hart genug arbeite. Wer hat nun recht? Beide und keiner. Sie haben kein wirkliches Anrecht auf Reichtum, weil kein Recht auf Reichtum Ihnen juristisch jemals zugesprochen wurde. Sie kamen als Wesen ohne Besitz und Sie gehen als Wesen ohne Besitz. Alles, was bleibt, ist, was Sie hinterlassen. Gleichzeitig aber ist es keine Schande, zu Reichtum zu gelangen. In unserer Gesellschaft werden des Öfteren wohlhabende Menschen als bösartig und gierig dargestellt. Arme Menschen hingegen werden als gütige und einfache Menschen bezeichnet, welche unter den bösen Kapitalisten leiden. Denken wir nur einmal an die Geschichten, Filme und Romane, in denen der Bösewicht meist ein reicher Kapitalist ist. Wie wir über Reichtum, Geld und Vermögende zu denken haben, wurde uns

Gleichzeitig aber ist es keine Schande, zu Reichtum zu gelangen.

früh beigebracht. Ich habe dazu mehr in meinem Buch *Rebellion im Hamsterrad* geschrieben.

Ein ansehnliches Vermögen zu besitzen, ist nicht verkehrt. Auch Marcus Aurelius war wie gesagt überaus vermögend, während er gleichzeitig nach den Prinzipien des Stoizismus lebte. Auch Seneca, der politisch und geschäftlich sehr tüchtig war, gelangte zu großem Reichtum. Oft wurde ihm dies sogar vorgehalten. Der Senator Publius Suillius Rufus warf Seneca vor, nicht gemäß den stoischen Prinzipien zu leben, da seine Worte und seine Taten konträr zueinander stünden. Seneca könne niemals ein wahrer Stoiker sein, solange er sich am Hofe seiner Machtposition bediene. Seneca wurden Wucher, Gier und unmoralisches Verhalten zur Last gelegt. Doch gerade die Unvollkommenheit Senecas zeigte, dass auch die größten Stoiker keine vollkommenen Weisen waren. Die Anschuldigungen gegen Seneca jedoch konnten niemals bewiesen werden. Diese Ansicht vertrat unter anderem die Altertumswissenschaftlerin Hildegard Cancik-Lindemaier. Seneca war ein ehrgeiziger Mann. Wir sollten uns ihn nicht als alten grauen Mann vorstellen, der sein Leben lang in der Ecke saß und über das Leben philosophierte. Sowohl Seneca als auch Marcus Aurelius nahmen den Reichtum an und strebten nach einem besseren Morgen. Wir können von Seneca lernen, dass wir Reichtum nicht ablehnen müssen, um stoisch zu leben. Doch Protz, Überheblichkeit und Maßlosigkeit, vor allem mit Geld, waren für die Stoiker undenkbar.

Das beste Vermögen

Strebsamkeit, Ehrgeiz und Tüchtigkeit waren und sind mit dem Stoizismus vereinbar. Sie sind keine konträren Tugenden, die wider eine Philosophie sprechen, welche oft als einfache und ärmliche Philosophie verkauft wurde. So können Sie zu großem Vermögen gelangen, gute Geschäfte tätigen und Fleiß beweisen und dennoch gemäß den Prinzipien des Stoizismus leben. Doch Vorsicht! Der Erfolg ist vielen zu Kopf gestiegen und hat aus tüchtigen Menschen maßlose Menschen werden lassen.

Noch vor einer Weile wurde mir dies wieder bewusst, als ich auf einer Geschäftsreise einen Mann im Frühstücksraum des Hotels traf, der vehement darauf bestand, dass seine Ananas direkt aus Afrika kommen müsse und vor nicht mehr als 24 Stunden geerntet worden sein dürfe. Eine Flugananas würde ihm zustehen, stritt er. Er würde für diese Köstlichkeit auch gerne zusätzliche Transportkosten und einen Obolus bezahlen. Diesem Mann, der scheinbar zu Erfolg gelangt war und sich in feinster Kleidung mit Pelz präsentierte, war der Erfolg zu Kopf gestiegen. Er war der Ansicht, dass das Leben ihm etwas schulde. Jeder im Frühstücksraum – ob er wollte oder nicht – wusste nun von den Neigungen des Herrn.

Etwas Ähnliches ereignete sich, als ich in einem Schnellzug von Hamburg nach Basel reiste und ein älterer Herr und seine Ehefrau im Zug bestohlen wurden, als der Zug in Frankfurt einen Halt einlegte. Als der Zug bereits wieder angefahren war, fiel dem Ehepaar auf, dass einer ihrer Koffer entwendet worden war. Laut beschwerte sich der Herr beim Personal der Bahn und listete die Gegenstände auf, die in dem fehlenden Koffer waren: ein Füller für 800 Euro, sein Anzug für 5000 Euro, Schmuck im Wert von 15.000 Euro und seine kostbaren Manschettenknöpfe im Wert von 750 Euro. Dem Ehepaar sah man das Geld an. Beide hüllten sich in die feinste Kleidung. Der Herr trug einen kostbaren Tweed-Anzug, handgearbeitete italienische Schuhe, eine goldene Rolex und ein schickes Hemd. Die Dame trug ein passendes Kostüm und rundete ihr Outfit durch goldene Ringe und eine goldene Halskette ab. Die beiden machten keinen Hehl aus ihrem Erfolg, den sie hatten, bevor sie vermutlich in den Ruhestand gegangen sind. Doch nicht alle Menschen gönnen ihnen einen solchen Erfolg. Stattdessen wurden sie Opfer eines Verbrechens, weil man ihnen den Reichtum ansah.

Das beste Vermögen ist jenes, von dem keiner außer Ihnen weiß. Damit ist nicht gemeint, dass Sie niemandem von Ihrem Erfolg berichten dürfen oder ihn nicht etwa teilen sollten. Der Umgang mit Geld ist eine Wahlmöglichkeit und bleibt damit jedem selbst überlassen. Doch in Zeiten von Habgier, Geiz und steigender Kriminalität sind auch Sie nicht vor den bösen Blicken neidender Personen geschützt. Dies gilt es zu bedenken. Daher kann es äußerst klug sein, sein eigenes Kapital nicht zur Schau zu stellen und dadurch die neidenden Blicke anderer zu vermeiden. Ferner noch ist es klüger, sich in extremer Bescheidenheit und Einfachheit zu üben. Nicht um krimineller Energie zu entgehen, die einen in Angst leben lässt, sondern um vor allem Konzentration und Fokus für das wirklich Wesentliche zu finden.

Das beste Vermögen ist jenes, von dem keiner außer Ihnen weiß.

Erfolg ≠ Aufmerksamkeit

Oft wird Erfolg mit Aufmerksamkeitshascherei verwechselt. Vor allem die Jugend scheint zu glauben, dass, wer Erfolg haben will, auf sich aufmerksam machen muss. Sicherlich muss jemand klappern, der gute Geschäfte machen möchte, und seine Leistungen und Produkte auch vermarkten. Einfach nur hervorragende Leistungen anzubieten und zu hoffen, dass diese für sich selbst sprechen, ist in einer globalisierten Welt nicht genug. Dennoch übten die Stoiker sich darin, gemäß Arete zu leben und das Beste zu sein und anzubieten, was sie waren und konnten. So war es bereits in der Antike und vor der Globalisierung keine Ausnahme, dass, wer Erfolg hatte, nicht immer berühmt wurde. Heute ist dies nicht anders. Von wie vielen erfolgreichen Geschäftsleuten kennen Sie die Geschichte? Wir kennen meist ein paar allgemeine Hintergründe über den einen oder anderen Millionär, Milliardär oder kurzfristigen Stern am Prominentenhimmel. Doch auch dieser Erfolg ist nur vorübergehend und währt nicht ewig. Epiktet soll über das Würfeln gesagt haben: »Woher kann ich denn wissen, was fallen wird? Aber von dem, was fällt, einen bedächtigen und spielgemäßen Gebrauch zu machen, dies ist nun schon mein Geschäft.«

Die Stoiker empfehlen uns, gut und rechtschaffen zu arbeiten, aber diese Arbeit nicht wegen des Erfolgs oder der Anerkennung auszuüben. Streben Sie also hervorragende Arbeit an, vermarkten Sie diese in einer tugendhaften Weise und konzentrieren Sie sich auf das, was Sie leisten und kontrollieren können. Seneca sprach: »Nichts bringt uns mehr vom Weg zum Glück ab, als dass wir uns nach dem Gerede der Leute richten statt nach unseren Überzeugungen.« Es ist den Menschen nicht zu verübeln, dass sie Erfolg auch anstreben, um ihn zur

Schau zu stellen, sich damit zu präsentieren und deutlich zu machen, dass sie jemand sind. Sie können das Gerede und die Perspektive Ihrer Mitmenschen nicht kontrollieren und das liegt weit außerhalb Ihrer Möglichkeiten. Warum also sollten wir unsere Zeit nur für eine Sekunde damit verschwenden, darüber nachzudenken, was andere Menschen über uns denken?

In der Regel denken wir viel zu oft darüber nach, wie andere über uns reden oder denken. Doch tatsächlich ist jeder so sehr mit sich selbst beschäftigt, dass Sie gar nicht oder nur kaum auffallen und an Sie kein Gedanke verschwendet wird. Wir werden durch die Gedanken gepeinigt, dass andere Menschen über uns nachdenken könnten. Selbst jene, die behaupten, dass sie davon vollkommen befreit sind, belügen sich meist. Am Ende des Abends sitzen sie dennoch wieder da und denken: »Gott, war das heute peinlich. Bin ich denn zu dumm, um einen vernünftigen Satz herauszubringen?«

Sollten Ihre Taten, Ihre Geschäfte und Ihr Erfolg für sich sprechen und Aufmerksamkeit für Ihr Handeln und Ihre Person daraus resultieren, dann sollte dies so geschehen. Außerhalb Ihrer Kontrolle liegt diese Aufmerksamkeit dennoch. Sehen Sie diese Aufmerksamkeit aber als gleichgültig an, gewöhnen Sie sich nicht an sie, da Sie sich sonst selbst strafen, wenn die gegebene Aufmerksamkeit eines Tages wieder vergangen ist. Je mehr Sie sich an den Glanz und den Ruhm gewöhnen, desto schwerer wird es Ihnen fallen, die Aufmerksamkeit wieder loszulassen, wenn Medien, Presse und Menschen wieder von Ihnen ablassen.

Betrachten Sie nur die bekannten Personen aus Fernsehen, Social Media und Presse. Sehen Sie, wie sie um die Aufmerksamkeit der Medien buhlen und sich albern aufführen, um weiterhin Beachtung zu erfahren?

Erst letztens fiel mir dies wieder auf, als ich von den erfolgreichen Neuveröffentlichungen der jüngsten Autoren hörte. Unter ihnen tummelten sich solche, die Aufmerksamkeit nicht etwa durch Kompetenz, sondern durch ihre lächerliche Inszenierung erhielten. Diese Selbstinszenierung ist ein gigantischer Verwaltungsakt und bedarf großer Mühen. Doch sosehr wir Menschen auch an unseren Bedürfnissen festhalten, am Ende verlassen uns der Ruhm, die Aufmerksamkeit und der Medienrummel. Je mehr wir etwas versuchen, desto eher werden wir scheitern. Je härter wir festhalten, desto schwerer fällt uns das Loslassen.

Je mehr wir etwas versuchen, desto eher werden wir scheitern. Je härter wir festhalten, desto schwerer fällt uns das Loslassen.

Abnehmender Grenznutzen

Unser Streben nach mehr Aufmerksamkeit, Erfolg, Wahrnehmung, Besitz und Erlebnissen ist nicht nur vergänglich, sondern bei anhaltendem Anstieg auch noch weniger erfüllend. Wir gehen zwar davon aus, dass unser Glück uns linear befällt, jedoch spüren wir nach einer gewissen Zeit eine abnehmende Freude an den Dingen. So ist der Unterschied zwischen 20.000 Euro und 40.000 Euro Jahresgehalt enorm. Der Unterschied zwischen 220.000 und 240.000 Euro Jahresgehalt ist dann nur noch nett, aber nicht wirklich bedeutend und der Unterschied beim Jahresgehalt zwischen 20.020.000 und 20.000.000 Euro ist maximal noch ein Tippfehler auf Ihrer Steuererklärung. Der erste Kuss mit dem neuen Partner ist noch unglaublich aufregend. Nach vierzig Jahren Ehe aber sind die Küsse wie das tägliche Duschen. Der erste Cocktail ist richtig gut, der zwölfte Cocktail aber führt uns nur noch über die Schüssel. Das erste Stück Pizza ist noch richtig köstlich, die drei Pizzen hintereinander aber lassen uns nur noch quer über die Straße rollen. In der Erinnerung aber an die Ekstase des ersten Moments oder ersten Genusses erhoffen wir uns die gleiche Freude von all den Momenten, die darauf folgen werden. Da dies nicht der Fall ist, ist unsere Unzufriedenheit auf dem Weg zu mehr bereits gewiss. Mehr ist nicht automatisch besser und unsere Erlebniskurve verläuft nicht linear.

Teil der hedonistischen Tretmühle ist der Gewöhnungseffekt, der eintritt, sobald wir etwas öfter erleben und uns an die einst neuen Dinge gewöhnt haben. Nach einer Weile wird das Neue zur Gewohnheit und ist nun weder aufregend noch etwas Besonderes für uns. Für zwischenmenschliche Beziehungen ist dies das pure Gift, bis wir erkennen können, dass diese scheinbare Kurve ein Ende hat. Wir vermissen die Menschen

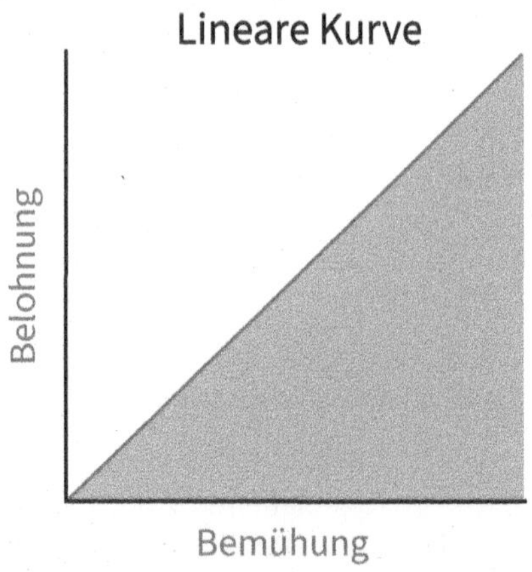

eben erst, nachdem wir sie verloren haben und merken, für wie selbstverständlich wir doch einiges genommen haben. Nach einer Weile hat sich das Streben nach mehr in eine seltsame Zufriedenheit gewandelt und schleichend beginnen wir damit, uns über die Dinge nicht mehr so zu freuen, wie wir es einst taten. Plötzlich ist das einstige Traumauto eben nur noch die Karre in der Garage und der jährliche Urlaub doch nur noch der gleiche Strand unter den alten Palmen. Je mehr wir von etwas bekommen, desto eher gewöhnen wir uns an diese neue Sache. Gleichzeitig wird alles, was wir vorher einst genossen haben, zum Standard und alles unterhalb dieses Standards für uns nur noch unerträglich. Wer einmal für zwei Wochen in einem Ferrari durch die Gegend fahren konnte und danach den Mietwagen wieder abgab, um sich wieder in die eigene Mühle zu setzen, kennt dieses Gefühl nur zu gut. Es ist das gleiche Gefühl, wenn wir uns im Urlaub eine Villa gemietet haben und nach drei Wochen Auszeit wieder nach Hause in die Zweizimmerwohnung kommen. Spätestens dann dürfen sich Ihre Kol-

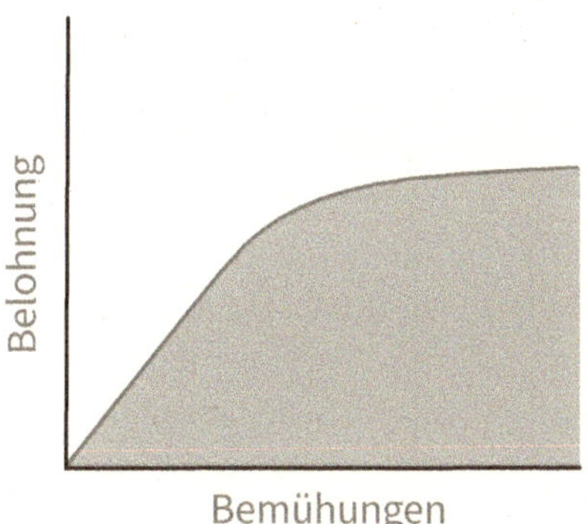

legen im Büro anhören, wie schön Ihr Urlaub war, wie sehr Sie ihn vermissen und zurückmöchten.

Wer jetzt glaubt, nun auch nicht mehr in den Urlaub fahren zu können oder niemals wieder einen Leihwagen fahren zu dürfen, liegt schlichtweg daneben. Sie kämen ja auch nicht auf die Idee, im Restaurant das leckere Sushi im Nachgang weitere vier Mal zu bestellen, nur weil es das erste Mal schon so köstlich war. Stattdessen würden Sie sich auf das konzentrieren, was innerhalb Ihrer Kontrolle liegt und die Lebensqualität und den Genuss steigert. Sie würden sich die Zeit nehmen, um die Urlaubstage intensiver zu reflektieren und zu erleben. Sie würden die Zeit im Sportwagen besonders auskosten und das Sushi mit einem tieferen Gefühl der Dankbarkeit genüsslich verzehren.

Antrainierter Hedonismus

Die Idee im Stoizismus ist es also, etwas vollends zu genießen, ihm aber gleichgültig gegenüberzustehen. Reichtum ist ein Bonus. Besitz ist eine Art Bonus. Alles, was wir an Besitztümern in unserer Welt erlangen, ist nicht von Dauer und kann daher von uns in der Zwischenzeit genossen werden. Doch wenn wir diese Dinge verlieren, sie uns nicht mehr leisten können oder sie kaputtgehen, lassen wir sie als moderner Stoiker einfach gehen. Der Autor William Irvine beschrieb es so: »Die stoische Philosophie verlangt ein einfaches Leben, aber keine Selbstkasteiung.« Seneca führt diesen Gedanken fort mit den Worten: »Kein Mensch hat

»Die stoische Philosophie verlangt ein einfaches Leben, aber keine Selbstkasteiung.«

die Macht, alles zu bekommen, was er will, aber es liegt in seiner Macht, nicht zu wollen, was er nicht hat, und das, was er hat, mit Freude gut zu nutzen.«

Stellen Sie sich einmal unsere moderne Gesellschaft vor. Vielleicht denken Sie nun an volle Städte, Kaufhäuser, U-Bahnen, Autobahnen, Flughäfen und eine sich schnell verändernde und wachsende Welt, in der wir Menschen leben. In dieser Welt – zumindest in der westlichen – ist der Kapitalismus die häufigste Wirtschafts- und Gesellschaftsordnung. Dies hat vor allem den Hintergrund, dass wir Menschen mit anderen Systemen wie der Planwirtschaft, dem Sozialismus oder Kommunismus nichts anfangen konnten. Die Ideen waren schön und gut, taugten aber in der Praxis nicht. Auch der Kapitalismus ist nicht das Gelbe vom Ei. Doch es ist das einzige System, das wir haben, das scheinbar gut funktioniert. Jedenfalls noch. Ein antikes System aus Griechenland einzuführen, wäre genauso utopisch wie ein anarchisches System. Wozu aber diese Überlegungen? Mögen doch Soziologen und Volkswirte die Vor- und Nachteile des Kapitalismus und der modernen Welt im Vergleich zu anderen Systemen bearbeiten. Tatsächlich schaut sich der Stoiker die vorherrschenden Systeme an, bewertet sie aber nicht. Er stellt lediglich fest, dass wir in einer vom Kapitalismus dominierten Welt leben und in dieser Welt den modernen Hedonismus antrainiert bekommen haben. Wir haben durch Medien, Marketing, Social Media und durch Einflüsse großer Unternehmen gelernt, dass wir weiterkonsumieren müssen, auch wenn wir schon längst alles haben, was wir brauchen. Wir leben in einer Zeit, in der wir den modernen Hedonismus antrainiert bekommen haben.

Sich von diesen Einflüssen zu befreien, ist nicht immer ganz einfach. Als Stoiker wollen wir nicht den Kapitalismus oder ein anderes System verteufeln und uns in wilden Diskussionen und Meinungen verlieren. Wir können es akzeptieren und versuchen, dem antrainierten Hedonismus entgegenzuwirken, um ein maßvolles Leben führen zu können.

Dabei können wir der Werbung, den Diskussionen, dem Fernsehen und den Medien selten vollends entgehen. Doch wir könnten über unseren medialen Konsum eine Entscheidung treffen. Wir könnten das Smartphone täglich eine begrenzte Zeit nutzen oder auf ein altes Telefon umsteigen. Ein »Downgrade« sozusagen. Wir könnten die ganzen Apps und Möglichkeiten löschen. Wir könnten Social Media umgehen, Nachrichten nur noch in Form von schriftlichen Berichten konsumieren, schnelle Videos hier und da vermeiden und ein Zeitlimit für YouTube einrichten. Das sind natürlich nur Ideen. Es lohnt sich aber, einige Gedanken dafür aufzuwenden, wie wir ein leichteres Leben führen können und dem digitalen Ballast, dem Ballast an Werbung und den Meinungen über Konsum, dem Shopping, neuen Produkten und Veröffentlichungen entsagen können.

Diese Ideen sind nicht völlig neu. Gedanken zum Thema des digitalen Minimalismus sind zu Beginn des 21. Jahrhunderts stark in Mode gekommen und auch der Nicht-Stoiker beginnt, den Medienkonsum zu hinterfragen. Dieser Konsum hat mittlerweile schon alberne Formen angenommen. Die Neuveröffentlichung eines Telefons ist nunmehr ein »Product-Launch« und eine erfolgreiche Werbung schimpft sich »Viral-Marketing«. Die Neuerfindungen des Marktes sind nicht zu verteufeln. Viele neue Errungenschaften machen uns das Leben leichter und ermöglichen uns eine neue Konnektivität miteinander – auch über große Distanzen. Die Welt rückt zusammen. Auch das bringt Vor- und Nachteile mit sich.

Als Stoiker hinterfragen wir, ob wir bei all diesen neuen Errungenschaften dabei sein müssen. Müssen wir immer das neuste Smartphone, das neuste Gerät, das beste Auto, das günstigste Gadget haben und immer beim neusten Trend mit dabei sein? Die Stoiker raten uns, den Wandel objektiv zu betrachten. Besonders in diesen Momenten fällt uns auf, wie leer die meisten Dinge sind und dass der Trend auch an uns vorbeiziehen darf, ohne dass er uns Raum nimmt, uns belastet und uns zu neuen, möglicherweise unüberlegten Taten zwingt.

Homo consummatio

Wie auch immer Sie sich entscheiden, Ihr persönliches Leben als angehender Stoiker mit Besitz zu füllen oder es zu leeren, mit der modernen Welt, Medien und Einflüssen umzugehen oder sich in Verzicht zu üben, so lohnt es sich, die Gedanken von Justus Jonas dem Älteren, einem deutschen Juristen des 16. Jahrhunderts, zu überdenken: »Viele würden gern ein einfacheres Leben führen, wenn der Weg dahin nicht so kompliziert wäre.« Ja, scheinbar ist es schwer, die Dinge loszulassen, unseren Besitz zu vereinfachen und einem völlig neuen Weg zu folgen, der vielleicht sogar gegen die letzten Jahre oder Jahrzehnte unseres Lebens spricht. Neue Wege zu beschreiten, ist Teil des Aufbruchs, von dem Seneca sprach.

Ich weiß nur selbst zu gut, wie schwer es war, all die Dinge loszulassen, die ich einst besessen, mir hart erarbeitet und gegönnt habe, um sie daraufhin verwalten zu müssen. Ich hörte bereits Menschen von physischen Schmerzen sprechen, als sie mir vom Loslassen berichteten. »Ich hatte starke Kopfschmerzen und mir war richtig übel, als ich einen Teil der Sachen verschenkt habe«, sagte mir einst ein älterer Herr, der zu Beginn seines Ruhestandes begann, sich intensiv mit dem Stoizismus auseinanderzusetzen. Sergeant First Class P. Gilmore berichtete mir Folgendes: »Als Soldat hast du kaum etwas von Besitz. Das wenige, was du hast, ist in einer kleinen Box. Du wirst gezwungen, den Kopf frei zu haben. Es ist im Einsatz eine unglaubliche Erlösung. Sobald du wieder heimkommst aus dem Ausland und merkst, dass dort so viel Zeug ist, was auf dich wartet, ist das ein unglaublicher Ballast.«

Was große Schwierigkeiten mit sich bringt und weit außerhalb unserer Komfortzone liegt, ist oftmals etwas Erstrebenswertes. Es geht daher tatsächlich im Stoizismus nicht so sehr um das Gewinnen, sondern um das Loslassen. Etwas zu gewinnen, zu erfahren oder zu erhalten, ist einfach. Wenn wir aber diesen Besitz erst einmal in unserem Leben etabliert haben, so fällt es uns oft deutlich schwerer, ihn auch wieder loszulassen. Der moderne Stoiker strebt aus diesem Grund vor allem danach, ein guter Mensch zu sein und eben nicht ein Individuum, das dazu verdammt ist, sein hart erarbeitetes Geld lediglich dafür zu verwenden, es wieder auszugeben und in einem Hamsterrad, welches wir auch als hedonistische Tretmühle bezeichnen können, zu leben und sich zu drehen. Womöglich gelangen Sie auf eine neue und fantastische Reise, wenn Sie es zulassen, sich von der modernen hedonistischen Tretmühle zu befreien.

Auch wenn einige Stoiker von den Kynikern beeinflusst wurden und ein besitzloses Leben forderten, müssen Sie nicht so leben. Als moderner Stoiker können Sie den Prinzipien des Stoizismus treu bleiben und trotzdem zwei Paar Schuhe besitzen. Dass die Damen in meiner Leserschaft in der Regel deutlich mehr als zwei Paar Schuhe besitzen, klammere ich hier

einmal aus. Nichtsdestotrotz ist zu viel Besitz, Kaufen, Anhäufen und Verwalten maßlos und widerspricht damit der Philosophie der Stoiker. Seien Sie nicht maßlos, sondern achtsam in Ihrem Umgang mit externen Besitztümern. Seien Sie achtsam im Umgang mit Geld und Ihren Ressourcen. Seneca lehrte: »Der Weise achtet sich keinerlei Gaben des Zufalls unwert. Er liebt die Reichtümer nicht, aber er zieht sie der Armut vor; er nimmt sie nicht in seine Seele, wohl aber in sein Haus auf.« Nehmen Sie also an, was Ihnen zuteil wird, und üben Sie sich darin, alles mit der gleichen Gelassenheit wieder loszulassen.

AMOR FATI

»Liebe die Vernunft! Diese Liebe wird dich wappnen auch gegen das Härteste.«

Seneca

Von kaum jemandem wurde der Begriff »Amor Fati« so sehr geprägt wie von Friedrich Nietzsche. »Ich will immer mehr lernen, das Notwendige an den Dingen als das Schöne zu sehen – so werde ich einer von denen sein, welche die Dinge schön machen. Amor Fati: Das sei von nun an meine Liebe!«, schrieb Nietzsche in *Die fröhliche Wissenschaft*. Nietzsche war ein großer Verfechter des Stoizismus und ein Bewunderer der stoischen Prinzipien und Ideen. Doch der lateinische Begriff *amor fati* stammte nicht von ihm. Das Prinzip Amor Fati gelangte durch den Stoizismus zu uns und bedeutet so viel wie: Liebe dein Schicksal.

Zunächst klingt Amor Fati nach einem Lebensratschlag aus einem Glückskeks. Unser Schicksal zu lieben, klingt zuerst einmal sehr weit hergeholt. Wie kämen wir denn darauf, unser Schicksal zu lieben? Sollten wir denn etwa all die Schwierigkeiten, den Trotz, die Enttäuschungen, die Verluste und die Niederlagen akzeptieren? Nein, Amor Fati verlangt von uns sogar, dass wir all diese vermeintlich schlimmen Dinge lieben. Das Stichwort ist die Liebe. Wir sollen das Schlechte nicht akzeptieren oder respektieren. Wir sollen es nicht als gleichgültig ansehen, sondern es lieben. Zunächst mag das nach der alten Leier klingen: Halten wir doch einmal die andere Backe hin und schauen, was passiert. Sie werden sehen, dass es genauso auf der linken wie auf der rechten Backe klatscht und das scheinbar Schlechte, egal von welcher Seite wir es betrachten, Schmerzen mit sich bringt.

Ist Amor Fati also eine Praxis der Stoiker, die in der Antike ihren Platz fand und heute völlig irrelevant geworden ist? Tatsächlich hat der Stoizismus in 2000 Jahren nichts an Relevanz verloren und seine Leitsätze sind auch heute noch von Bedeutung. Möglicherweise aber ist Amor Fati eines der schwierigsten Konzepte im Stoizismus und daher auch so schwer in seiner Umsetzung. Wie könnten wir unser Schicksal überhaupt lieben? Sollen wir denn den nervigen Kunden und seine Quengelei lieben? Sollen wir die Tatsache lieben, betrogen und hintergangen worden zu sein? Sollen wir die Lügen, die uns all den Schmerz brachten, jetzt auch noch lieben? Sollen wir den Stau auf der Autobahn willkommen heißen und die Tatsache lieben, dass auf Omas Kuchen die so schmackhafte Glasur fehlt? Wenn Sie nicht spätestens jetzt der Überzeugung sind, dass der Lahmer voll einen an der Schraube hat mit seinem Stoizismus, mache ich mir Sorgen um Sie. Schließlich war ich es selbst, der damals den Sergeant entsetzt unterbrach, als der leichtfüßig von den Ideen der hedonistischen Tretmühle zu Amor Fati sprang: »Hör mal, erst verlangst du von mir, meinen Besitz loszuwerden, und jetzt, dass ich meine schlimmsten Erlebnisse und all das auch noch Schlechte lieben soll. Drehst du jetzt völlig ab?« Wie üblich lachte mich der Sergeant nur aus.

Akzeptanz

Amor Fati bedeutet nicht, dass wir alles im Leben akzeptieren müssen. Als guter Mensch, der ein gutes und tugendhaftes Leben führt, sollten wir viele Dinge niemals akzeptieren und gutheißen. Wir dürfen Mobbing, Hass, Rassismus, Gewalt gegen Kinder, Frauen und Schwächere sowie Intoleranz gegen andere Kulturen und Religionen niemals tolerieren und akzeptieren. Wenn wir bei all den Problemen in unserer Welt wegschauen würden, wären wir ein Teil des Schlechten. Der von mir oft zitierte irisch-britische Schriftsteller Edmund Burke schrieb: »Für den Triumph des Bösen reicht es, wenn die Guten nichts tun!« Ich will verdammt sein, wenn mein Beitrag, sei er auch noch so klein, nicht dazu beitragen kann, diese Welt in dem mir möglichen Rahmen zu verbessern. Wir sollten niemals vergessen, dass in einem guten Leben niemals das Anecken, das Nein-Sagen und das Rebellieren fehlen darf.

Amor Fati bedeutet nicht, dass wir alles im Leben akzeptieren müssen.

Die Stoiker waren keine kaltherzigen Philosophen, die alles im Leben akzeptierten, jeden Frevel tolerierten und grundsätzlich zu allem nickten. Im Gegenteil. Sie ermunterten uns sogar dazu, für unsere Prinzipien einzutreten. Das bedeutet auch, dass wir lernen müssen, klare Prinzipien zu formen und diese bis zum Tod zu vertreten. Selbst wenn wir dafür mit unserem Leben bezahlen müssten. So erging es Seneca. Der Rebellion und Verschwörung gegen den Despoten Nero angeklagt, wurde Seneca zum Tode verurteilt. Seneca nahm diesen Tod an. Er bettelte und winselte nicht auf Knien um sein Leben. Stattdessen starb er, während er seinen Prinzipien treu blieb.

Amor Fati bedeutet auch, dass wir das Unausweichliche und Gewisse annehmen und lernen zu lieben. Die Widrigkeiten des Lebens gehören zu unserem Leben wie auch all die guten Dinge. Hören Sie also auf, zu jammern und zu klagen, nur weil gerade einmal wieder schwere Zeiten an der Haustür klopfen. Akzeptieren Sie, dass Sie die schweren Zeiten nicht verändern können. Es liegt außerhalb Ihrer Kontrolle. Innerhalb Ihrer Kontrolle liegt aber Ihre Antwort auf diese schweren Zeiten. Sie können klagen, jammern und schluchzen. Sie könnten aber genauso gut auch die Tragik in dieser Zeit anerkennen, sie hinnehmen und sie dankend willkommen heißen. Jeder Moment, der Ihnen schwer zusetzt, ist ein Wink des Schicksals, der Sie fordern und fördern soll. Deshalb raten uns die Stoiker, das Schicksal zu lieben. Lernen Sie, in all den Schwierigkeiten, den Verlusten, dem Übel, dem Leid und der Pein einen Weg zu sehen, der für Sie gemacht und vorbereitet wurde. Sie können nicht darüber entscheiden, ob ein Sturm aufzieht. Sie können aber entscheiden, ob Sie Mauern oder Windmühlen bauen werden.

Das soll nicht die alte Geschichte der positiven Psychologie sein, die uns vorgaukelt, dass es einen höheren Sinn in all den vermeintlich schlechten Dingen gibt und wir nur positiv denken sollen. Wie soll das überhaupt gehen? Permanent positiv zu denken, ist faktisch unmöglich und würde Ihnen die Fülle des Lebens verwehren. Stattdessen können Sie die Melancholie, die Freude, die Liebe und die Wehmut annehmen. Wenn die schweren Zeiten kommen, so akzeptieren Sie sie und leben in ihnen. Umarmen Sie das Leid und nehmen Sie es an. Wenn die Zeiten dann wieder besser werden und die Sonne anfängt zu lachen, umarmen Sie auch diese Momente und heißen Sie die neue Zeit willkommen. Tanzen Sie zur fröhlichen Musik, feiern Sie ausgiebig und lassen Sie es krachen. Feiern Sie ruhig das

Leben. Was auch immer ist und sein wird, akzeptieren Sie Ihr Schicksal, da es nicht in Ihrer Macht liegt, es zu verändern. Was innerhalb Ihrer Macht liegt und Sie nicht akzeptieren können, dürfen Sie niemals tolerieren. Schwimmen Sie nicht mit dem Strom, sondern gerne auch einmal gegen ihn, wenn Sie darauf bestehen müssen, für Ihre Ideale und Prinzipien einzustehen. Seneca erklärte es uns so: »Vor nichts muss man sich mehr hüten, als dass man wie das Herdenvieh den Vorangehenden nachlaufe.« Kämpfen Sie gegen das an, was Sie nicht tolerieren können, und lieben Sie das Unvermeidliche, das Sie nicht ändern können.

Wählen Sie Ihre Leiden

Oft hören wir den gut gemeinten Ratschlag, dass wir uns in schwierigen Phasen neue Ziele setzen sollen, anfangen sollen, regelmäßig Sport zu treiben, unter Leute gehen und mal rauskommen, um aus dem Tief herauszukommen. Der Ratschlag ist grundsätzlich nicht verkehrt. Sport treiben? Wer kann da schon etwas dagegen sagen? Unter Leute zu gehen, mag sicherlich auch seinen Zweck erfüllen. Doch was ist mit den Zielen? Der Hedonismus erklärt uns, dass wir uns Ziele setzen sollen, wenn wir glücklich werden wollen. Bringt das denn wirklich etwas? In diversen anderen Werken und auch im Internet finden wir unzählige Ratschläge und Weisheiten zum Thema Ziele. Das Ganze wird dann mit einigen Sprüchen scheinbar sehr erfolgreicher Menschen abgerundet, die von ihren schriftlich fixierten Zielen sprechen und schreiben. Sogar in der Wissenschaft finden sich Konzepte zu diesem Thema. Alle erklären uns, dass unsere Ziele maßgeblich sind und wir sie gefälligst aufzuschreiben haben. Wie sahen es die Stoiker?

Auch die antiken Stoiker waren große Befürworter der schriftlichen Reflexion. So können wir unsere Gedanken und Erlebnisse in einem Tagebuch regelmäßig reflektieren und auch unsere Ziele dort manifestieren. Doch bedenken Sie, dass Sie sich kein Ziel setzen, weil es erreicht werden soll und Sie am Ende glücklich macht. Der Skeptiker schreit hier laut auf: »Schon klar. Der Weg ist das Ziel, Konfuzius und so weiter.« Das ist ganz und gar nicht gemeint. Der moderne Stoiker muss hier den Worten des großes Konfuzius widersprechen. Wenn Sie sich Ihre Ziele aussuchen und entscheiden, was Sie im Leben möchten und von Ihrem Leben erwarten, so wählen Sie nicht nur ein Ziel. Sie wählen automatisch auch, wofür Sie die nächsten Monate und Jahre leiden werden. Für die Erfüllung Ihrer Ziele bedarf es vieler Anstrengungen, die das Leiden inkludieren. Die meiste Zeit auf dem Weg zu Ihrem Ziel verbringen Sie am Boden. Sie stecken eine harte Niederlage nach der nächsten ein. Ein Schwinger jagt den nächsten und immer wieder gehen Sie zu Boden. Sie weinen, Sie wissen nicht mehr weiter, haben Angst und gelangen nur zu leicht in eine teuflische Abwärtsspirale. Doch solange Sie wieder aufstehen und weitergehen, weitermachen und beharrlich bleiben, erreichen Sie zu guter Letzt auch Ihr Ziel. Beharrlich und diszipliniert zu bleiben, ist ein einfacher Rat. Doch bedenken Sie, bevor Sie Ihre Ziele auswählen, dass Sie bereit sein müssen, für dieses Ziel immense Qualen und Leiden ertragen zu können. Wählen Sie also anstatt Ihrer Ziele vorerst das aus, wofür Sie bereit sind zu leiden. Würden Sie stattdessen nur gemäß der positiven Psychologie Tschakka-Tschakka singen und sich gut einreden, wie toll Sie sind und dass Sie es packen werden, kämen Sie nicht weit. Motivation ist ein Mythos! Warten Sie erst einmal ab, was an der nächsten Ecke auf Sie wartet. Richtig, an der nächsten Ecke lauert der nächste Tritt in den Hintern und der Haken, der Sie zu Boden bringt.

Nicht nur die Erfüllung Ihrer Ziele, sondern auch zwischenmenschliche Beziehungen beinhalten das Leid. Wie kommen wir Menschen also darauf zu denken, dass, sobald wir eine neue Geschäftsbeziehung, Freundschaft oder intime Beziehung eingehen, sich alles zum Besseren wenden wird? Hinter jeder Geschäftsbeziehung verbergen sich Probleme und Herausforderungen. Jede Freundschaft muss auch mal eine Flaute erleben. Die Liebe muss Widrigkeiten überstehen, gepflegt und behütet werden. Das Leiden gehört dazu und ist die beste Chance für uns, an diesen Beziehungen zu wachsen. Manchmal allein. Manchmal zusammen.

Für das eigene Selbstwertgefühl ist das nicht so leicht zu verkraften. Doch wenn Sie sich in *praemeditatio malorum* üben und bereits die nächste Niederlage in Ihrem Leben erahnen, bevor sie überhaupt eintritt, dann können Sie vorab das Leiden in Kauf nehmen. Das Leiden geht mit Ihren Zielen Hand in Hand. So werden Sie niemals Schiffbruch erleiden und alle Widrigkeiten meistern. Jeder Tag ist ein Kampf. Jeder Tag ist eine Möglichkeit zu lernen, zu wachsen und sich anzupassen. Dies gehört unweigerlich dazu, wenn Sie Ihre Ziele erreichen wollen. Hören Sie also auf zu jammern und nehmen Sie das Leid an. Gehen Sie vom Worst-Case-Szenario aus und planen Sie das Leiden von Beginn an mit ein. Es gehört Ihnen.

Der ewige dunkle Begleiter

Leichtfertig könnten wir behaupten, dass es leider dazugehört, Schmerzen zu empfinden, um ans Ziel zu gelangen. Doch in genau diesem Punkt widersprechen die Stoiker. Statt uns selbst zu bemitleiden und den Umstand von Schmerz und Pein als negativ zu betrachten, müssen wir lernen, diese Herausforderungen und die damit verbundenen Schmerzen zu lieben. Sie sind der Weg. Der Weg ist steinig und mit vielen Qualen gepflastert. Oft sind diese Qualen so furchtbar, dass wir denken, dass Sie uns zu Boden werfen und dort erdrücken. Außerdem ist es nicht nur das Leben, das uns schwer zusetzt, sondern auch noch unser eigenes Ich. Wir alle mögen diese kleine Stimme im Kopf hören, die uns sagt, dass wir nicht genug sind und unsere Ziele nicht erreichen. Für Menschen mit emotionalen Leiden kann dies besonders schwer sein, da diese innere Stimme uns das eigene Leben überdenken und daran zweifeln lässt. Doch muss dies so sein?

Haben Sie jemals von dem Schweizer Psychiater Carl Gustav Jung gehört? Carl Jung war einer der größten Denker unserer Geschichte. Jung war der Begründer der analytischen Psychologie und prägte den Begriff des *Schattens*. Laut Jung ist unser Schatten ein Teil von uns, den wir versuchen zu verbergen, zu unterdrücken oder gar hassen. Der Schatten kann die Stimme in uns sein, die uns sagt, dass wir nicht gut genug sind. Er kann die Stimme sein, die uns sagt, dass wir nichts wert sind und unsere Ziele niemals erreichen werden. Für Jung erwuchs ein Großteil unseres Leidens nicht daraus, dass wir in schlechten Zeiten leben, sondern dass wir unseren

Nicht Selbstliebe, sondern Selbstwertschätzung ist das Zauberwort.

Schatten leugnen. In unserer Gesellschaft haben wir gelernt, gewisse Dinge zu tabuisieren. Depressionen wurden beispielsweise lange als dummes Geschwätz und Jammerei abgetan. Statt unseren Schatten aber zu leugnen und ihn zu einem Tabuthema zu machen, riet uns Jung dazu, offen anzuerkennen, dass es ihn gibt. Er riet uns sogar, unseren Schatten zu akzeptieren, ihn willkommen zu heißen und zu respektieren. Wir müssen nicht alles glauben, was dieser Schatten uns sagt. Wir müssen uns nicht überzeugen lassen, dass wir nichts wert sind oder es nicht schaffen werden. Unser Schatten ist nicht die Dunkelheit, sondern das Bindeglied zwischen Licht und Dunkelheit. Er kann ohne das Licht nicht existieren und so bleibt uns die Wahlmöglichkeit darüber, den Schatten respektvoll in seine Schranken zu weisen und ihm zu widersprechen. Nicht Selbstliebe, sondern Selbstwertschätzung ist das Zauberwort.

Ich begegne meinem Schatten ganz bewusst täglich. Besonders gut geht das, indem wir unseren Körper an seine Grenzen

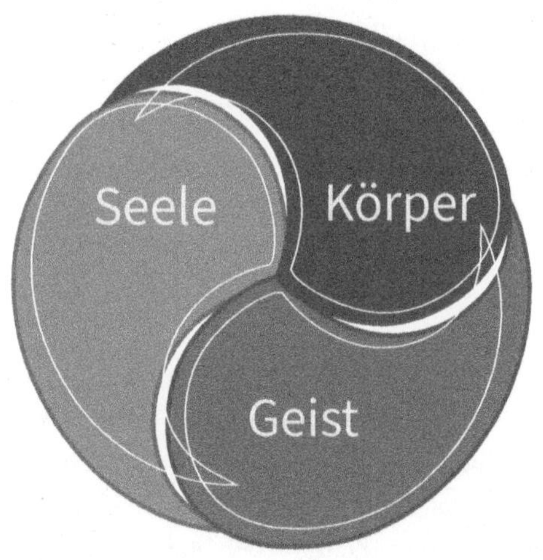

treiben. Erinnern Sie sich an das Prinzip Körper, Geist und Seele? Beim Lauftraining beispielsweise springt der Schatten mich nach einigen Kilometern an: »Hör auf, das tut weh. Mach langsam. Du kannst es dir gönnen. Du bist doch schon mal hier. Dann gehe auch nicht so hart mit dir ins Gericht.« Wenn ich dann dennoch weiterlaufe und den Schmerz annehme und ihn willkommen heiße, verändert sich der Ton: »Du glaubst, dass du diesen Marathon bis zum Schluss laufen kannst? Das packst du niemals! Nicht bei all den Niederlagen, die du erlitten hast.« Dann pustet mir der starke Wind ins Gesicht und der Regen durchnässt meine Kleidung. Am Ende der Straße erkenne ich dann auch noch den nächsten Berg, den es zu erklimmen gilt. Meine Waden und Beine brennen wie Feuer. Auf dem Weg dort hoch murmele ich in mich hinein: »Du kleiner Hügel, du kleine Brise! Ist das alles? Mehr habt ihr nicht drauf?« Manchmal passiert das auch etwas lauter. Dann rufe ich sogar: »Du kleiner Pisser. Lachhaft, was du gegen mich auffährst.« Plötzlich kommt mir ein Spaziergänger entgegen, den ich erst gar nicht wahrgenommen habe. »Der spinnt ja total, der Typ. Der ist irre« steht regelrecht auf seiner Stirn geschrieben. Vielleicht bin ich das. Abends dann aber sitzt er auf seiner Couch, sieht die *Tagesschau* und prostet seinen Kleingeistern zu, wohl wissend, dass sie dem Unbequemen lieber entgehen und ihm entsagen.

Das ist für mich der echte Wahnsinn. Es ist Wahnsinn, in einer hedonistischen Welt zu leben und immer nur auf Sonnentage zu hoffen und sich bei Regen unter der Bettdecke zu verkriechen. Nicht umsonst lehrte mich der Sergeant zuerst das Konzept von Körper, Geist und Seele, wobei der Kampf gegen den Körper am Anfang stand. Es ist ein hervorragender Weg, seiner eigenen dunklen Seite zu begegnen.

Sie gegen sich selbst. Das ganze Leben lang.

Auch wenn die antiken Stoiker nichts von diesem Schatten wussten und Carl Jung niemals kennenlernten, so waren sie sich darüber einig, dass es eine destruktive Kraft in uns gibt, die wir anerkennen und bändigen müssen. Es sei gesagt, dass auch ich Depressionen nicht heilen kann und Panikattacken nicht wegzuzaubern vermag, jedoch lautet ein stoischer Ratschlag von mir: »Lieben Sie Ihren Schatten und nehmen Sie diesen Teil von sich an. Sie sind von keinem Virus befallen und das Leben will Ihnen auch nicht schaden. Respektieren und lieben Sie diesen Teil von sich. Dieser Schatten gehört genauso zu Ihnen wie das Licht. Leugnen Sie nicht Ihr Leben, sondern nehmen Sie es an. Lieben Sie es.« Seneca sagte dazu: »Der Weise ist der Meister in der Kunst, die Übel zu bändigen.« Die Stoiker sind davon überzeugt, dass ein Leben im Einklang mit den Prinzipien des Stoizismus das Übel und den Schatten in uns bändigt und uns zur Ruhe kommen lässt. Aus diesem Schatten erwachsen unser Ego, unsere negativen Gedanken und Emotionen. Der Kampf gegen diesen Teil von uns endet nicht. Erinnern Sie sich? Sie gegen sich selbst. Das ganze Leben lang. Entweder Sie kämpfen noch, oder Sie haben bereits aufgegeben.

Eudämonie

Für den Stoiker war das höchste Ziel des Lebens die Eudämonie – die Kunst des guten Lebens, und nicht etwa Perfektion oder Kaltherzigkeit. Das Ziel war die Seelenruhe. Doch in dieser Ruhe finden wir auch oft unsere Dämonen. Das Wort »Eudämonie« gibt schon Hinweise darauf, dass wir dort auch Dunkelheit finden werden und uns unseren inneren Dämonen und Schatten stellen müssen. Es ist ein schwieriger und vielleicht auch ein endloser Weg bis zur Eudämonie. So sicher bin ich mir da auch noch nicht.

Gewiss ist aber, dass die Eudämonie ein Weg voller Steine, Widrigkeiten und Leiden ist. Der Stoizismus ist eben nicht nur ein Etappenziel oder ein Projekt. Wenn er gelebt wird, lässt er Sie niemals los und wird Sie immer begleiten. Wenn Sie sich das erlauben, wird er ihr treuster Begleiter und Beschützer für alle Situationen im Leben sein. Obwohl das alles nach glorreichen Aussichten klingt, ist der Stoizismus kein Fallschirm, kein Sicherheitsgurt oder Airbag. So etwas wie Sicherheit gibt es im Stoizismus nicht.

Wenn wir genau darüber nachdenken, so gibt es keine absoluten Sicherheiten im Leben. »Nur zwei Dinge auf dieser Welt sind uns sicher: der Tod und die Steuer«, soll Benjamin Franklin gesagt haben. Der Stoizismus ist eine gelebte Philosophie und erkennt daher auch an, dass Sicherheiten nicht existieren. Dennoch wollen wir Menschen im Leben am liebsten alles zugesichert bekommen und uns vor dem Worst Case absichern. Der Rabatt an der Kasse muss dem auf dem Preisschild entsprechen, der Lieblingsitaliener muss unbedingt donnerstags um 17 Uhr öffnen und der heiße Kerl darf freitagabends um 23 Uhr nicht schon schlappmachen. Überall beharren wir auf unseren Sicherheiten und schließen daher zahlreiche Versicherungen ab. Wer Sicherheiten im Leben sucht, wird mit Sicherheit scheitern. Deshalb ist es notwendig, unseren inneren Dämon anzunehmen und regelmäßig herauszufordern.

Wer Sicherheiten im Leben sucht, wird mit Sicherheit scheitern.

Wir müssen den Weg in die Dunkelheit lieben. Er gehört zu unserem Schicksal dazu. Das bedeutet vor allem, dass wir uns mit unseren tiefsten Ängsten und Befürchtungen auseinandersetzen müssen. »Was wird passieren, wenn meine geliebten Freunde, mein Partner, mein Kind oder meine Eltern nicht mehr da sind?«, müssen wir uns fragen. Fragen Sie sich: »Was wird mit mir passieren, wenn diese Menschen nicht mehr da sind? Was wird passieren, wenn ich meine gesamten Ersparnisse oder mein Aktienportfolio verliere? Was wird mit mir geschehen, wenn ich mein Zuhause aufgeben muss?« Mit Gewissheit werden unsere geliebten Menschen eines Tages sterben. Mit Gewissheit werden auch wir eines Tages gehen und sehr sicher müssen wir unser Zuhause eines Tages aufgeben und weiterziehen. Wir müssen unsere Ängste angreifen und uns unseren inneren Dämonen stellen; auch wenn diese Panikattacken, Depression, Verlustängste, Trauer und Tod heißen.

Ich weiß, dass das viel verlangt ist. Einfach ist es nicht. Doch einfach ist nicht das, was wir wollen. Einfach bedeutet, nicht zu wachsen, nicht zu gedeihen und sich nicht weiterzuentwickeln. Wollen Sie im Leben immer nur den einfachen Weg? Wollen Sie im Leben alles immer nur zugesichert und zugesprochen bekommen? Wollen Sie die Dämonen, die jeder von uns in sich trägt, leugnen und so tun, als ob Sie das alles nicht betreffen würde? Vor sich selbst ist noch niemand davongelaufen. Seneca schrieb in einem seiner Briefe: »Was wunderst du dich, dass deine Reisen dir nichts nützen? Bist du es nicht selber, den du herumschleppst? Was dich forttrieb, sitzt dir unmittelbar auf dem Nacken.« Versuchen Sie nicht, der Erste zu sein. Sie würden keinen Erfolg haben. Laufen Sie stattdessen Ihren Problemen entgegen. Ihre

Vor sich selbst ist noch niemand davongelaufen.

Herausforderungen und Probleme sind doch genau das, was Sie wachsen lässt. Am Anfang sehen sie nach Arbeit aus und doch entpuppen sie sich schnell als Ihr größter Verbündeter auf dem Weg zu mehr innerer Ruhe und Gelassenheit. Wenn Sie Ihrem größten Widersacher entgegentreten und diesen bezwingen, wer wird Sie dann noch aufhalten können?

Das mag zu Beginn erst einmal danach klingen, als versuchte ich mich gerade aus einer Marihuana-Wolke zu kämpfen. Doch keine Bange! Der Weg zu Ihrem größten Kontrahenten liegt in der Stille und in Ihnen. Es ist nicht so, als fänden Sie Ihre Dämonen bei Edeka an der Kasse wieder. Stattdessen finden Sie Ihren Widersacher im Extremen. Nehmen Sie sich bewusst Zeit für sich selbst. Fordern Sie Ihren Körper in extremen Momenten oder begeben Sie sich in extreme Stille. Gehen Sie spazieren, wandern, an den Strand, in die Berge oder schließen Sie sich daheim ein. Seien Sie allein und konfrontieren Sie sich mit den schwierigsten Fragen, die Sie sich selbst stellen können. Finden Sie diese dunkle Seite beim Training Ihres Körpers. Wenn scheinbar nichts mehr geht und sich Ihr Schatten herausgefordert fühlt, erscheint er und redet Ihnen dazwischen. Begegnen Sie dem allergrößten Worst-Case-Szenario und Sie werden erkennen, dass Sie auch dieses schlimmste Übel überleben und überstehen werden. Lieben Sie diesen Schatten. Der Umgang mit ihm macht Sie stärker.

Der Krieg formt den Krieger

»Wenn die Armee einfallen wird, werden wir unser Hab und Gut verlieren«, befürchtete man. Die Philister hatten sich vor dem Kampf gerüstet und ihre Truppen in Bewegung gesetzt. Kurz darauf standen sich der größte Krieger der Philister, Goliath, und der schmächtige David gegenüber. David wollte den Krieg verhindern und schritt mutig dem Koloss entgegen. Laut der Legende bezwang David den Riesen Goliath daraufhin mit einer Steinschleuder. Mit einer Schleuder! Wer hätte das gedacht? Als der kleine Hirtenjunge David auf den riesigen Soldaten zuschritt, glaubte sich der Gigant siegessicher. Kurz darauf ging er zu Boden. Können Sie sich heute die Geschichte vorstellen, ohne dass sich David Goliath entgegengestellt hätte? Was wäre wohl passiert? Wäre die Armee der Philister brandschatzend und plündernd weitergezogen? Ohne den Mut und die Akzeptanz der Herausforderung wäre David niemals gegen Goliath angetreten und hätte diesen Riesen niemals mit einer Schleuder bezwingen können. Es ist der Mut, der auch den kleinsten Mann und die schwächste Frau beflügelt und zu gro-

ßen Taten inspiriert. Wir können kaum erahnen, wozu wir fähig sind, wenn wir erst einmal den Mut entwickeln, mehr zu tun, als wir jemals getan haben.

Könnten Sie sich einen Oberst von Stauffenberg vorstellen, der aufgrund seiner Kriegsverletzungen tatenlos im Bett liegen geblieben wäre? Stauffenberg hatte im Krieg sein linkes Auge und einige Finger seiner linken Hand verloren. Doch liegen zu bleiben, war keine Option für ihn. Oberst von Stauffenberg schritt trotz körperlicher Behinderung zur Tat, um die Welt von Adolf Hitler zu befreien. Auch wenn er trotz seiner Bemühungen fehlschlug und sein Leben verlor, so verhielt er sich tugendhaft. Er bewies den gleichen Mut, wie es einst David tat. Dieser Mut machte beide zu Helden.

Amor Fati bedeutet auch, dass wir vor den Herausforderungen unseres Lebens nicht davonlaufen, sondern ihnen entgegentreten. Koste es, was es wolle. Egal wie groß die Herausforderungen sind. Ob sie ein Auge fordern, Leid im Krieg, Hunger oder Verlust. Wir müssen diesen Herausforderungen begegnen. Mut ist eine Tugend. Marcus Aurelius schrieb in seinen *Selbstbetrachtungen* dazu: »Diese gleichgültigen Dinge, die mich an der Erfüllung meiner Pflicht hindern, jedoch können meiner Wirksamkeit hinderlich werden; aber für mein Wollen und meine Gesinnung gibt es keine Hindernisse; denn jenes ist an bedingende Ausnahmen geknüpft, dieser kann ich eine andere Richtung geben. Denn der Verstand wendet und lenkt jedes Hindernis seiner Wirksamkeit zur Förderung des Besseren um, und so wird für eine Handlung förderlich, was dieselbe zuvor hemmen wollte, und was mir im Wege stand, eröffnet mir dann einen Weg.« Anders gesagt wird das, was im Weg steht, zum Hindernis und das Hindernis zum Weg. An diesen Hindernissen wachsen wir und so kann es gleichzeitig kein Wachstum ohne Hindernisse geben.

Es ist der Weg eines Kriegers, eines Stoikers und eines guten Menschen, den Herausforderungen des Lebens entgegenzutreten und nicht etwa zu glauben, dass sie eine Zeitverschwendung und lediglich nervige oder lästige Momente seien. Wenn Sie Ihr Leben und all die Schwierigkeiten lieben wollen, müssen Sie ihnen mutig entgegentreten. Wenn Sie davonlaufen, werden Sie niemals gemäß Arete leben, ein tugendhaftes Leben führen und die beste Person sein können, die in Ihnen schlummert. Das Problem ist nicht, dass wir unser Potenzial nicht erkennen können, weil so viele Hindernisse im Weg stehen und uns daran hindern, uns um die wichtigen Dinge im Leben zu kümmern. Das Problem ist eher, dass wir in diesem Moment die Herausforderungen nicht als einen elementaren Teil unseres Weges anerkennen. Noch schlimmer ist es, wenn wir die Herausforderungen negieren oder gar vor ihnen flüchten. Wer flieht, entgeht der Chance zu wachsen.

Nehmen wir Charlotte als Beispiel. Charlotte hat gerade einen netten Mann kennengelernt, der ihr Avancen macht. Charlotte mag ihn, ist aber viel zu beschäftigt mit ihrem eigenen Leben, um ihn abzuweisen oder ihm zu sagen, dass sie sich erst mal nicht mit ihm treffen möchte. Stattdessen flüchtet sie sich in Ausreden. Sie sagt ihm, dass sie ihn gerne sehen würde, aber einfach keine Zeit habe. Sie habe so viele Projekte. Hier die Arbeit, dort ihre Freundinnen und dann noch der Hund, der ständig vor die Tür will. Statt sich aber selbst der Wahrheit zu stellen, folgt sie dem Weg, der typisch ist für den Hedonismus. Sie versucht, höflich zu sein, in der Hoffnung, dass der nette Kerl sie aufgibt. Am Ende bleiben zwei Menschen enttäuscht zurück – sie von sich und er von ihr. Statt ein schwieriges Gespräch zu führen, läuft Charlotte davor weg. Die Chance, an dieser Situation zu wachsen, bleibt ihr verwehrt.

Wir haben in unserer digitalen Welt des 21. Jahrhunderts dafür einen Fachausdruck. Wir nennen es *ghosting*. Der Begriff beschreibt die Abkehr von einem Menschen, ohne ihn darüber zu informieren. Wir fangen an, ihn zu ignorieren, tun so, als ob die Probleme und dieser Mensch nicht existierten. Wir negieren die Wahrheit, schaffen eine Illusion und glauben unsere eigenen Lügen. Dann werden wir zum Geist. Ghosting. Wir verlieren uns selbst, weil wir zu feige waren, mutig der Herausforderung zu begegnen. Was von uns selbst übrig bleibt, ist ein Schatten unserer selbst. Ein Geist, der keine Form hat. Keinen Anstand, keinen Mut und keine Tugendhaftigkeit.

Wir müssen den Herausforderungen entgegentreten, weil sie ein beständiger Teil unseres Lebens sind. Wir müssen zutiefst davon überzeugt sein, dass dies unsere Pflicht ist. Das Pflichtgefühl ist einer der wesentlichen Bestandteile zum Erlangen von Arete. Als Stoiker müssen Sie von einem tiefen Pflichtgefühl erfüllt sein, sich tugendhaft zu verhalten. Sie müssen die Herausforderung als Ihre Aufgabe wahrnehmen und es als Ihre Pflicht ansehen, Ihre Aufgabe bestmöglich zu meistern.

Wenn es Ihre Aufgabe ist, ein Buchhalter zu sein, dann absolvieren Sie diese Tätigkeit mit dem Ziel, der beste Buchhalter zu sein, der Sie sein können. Sind Sie ein Geiger, so ist es Ihre Pflicht, der beste Geiger zu sein und in der besten Form zu spielen, die Ihnen möglich ist. Doch ohne Übung werden Sie niemals ein solcher Mensch werden können. Seneca schrieb dazu: »So sprich zu anderen, damit du, als Sprechender, es selbst hörest, so schreibe, damit du beim Schreiben es selbst auch lesest, beständig auf deine Besserung bedacht und auf Beschwichtigung der stürmischen Affekte. Richte deinen Wissenstrieb nicht auf das Mehr sondern auf das Besser.«

»Sei keine *pussy*!«

Erweitern Sie den Rahmen Ihrer Möglichkeiten, indem Sie sich den Herausforderungen stellen, vor denen Sie sich fürchten oder vor denen Sie flüchten. Der Sergeant rundete es damals mit den einfachen Worten ab: »Sei keine *pussy*!«

Alles ist eine Übung

Man könnte meinen, dass unsere Wege linear verlaufen. Unser Leben hat uns immer wieder gelehrt, dass dies nicht der Fall ist. Dennoch wundern wir uns immer wieder darüber, dass Projekte fehlschlagen, Pläne grundsätzlich versagen und alles anders wird als gedacht. Das Leben läuft nie wirklich linear.

Das Leben verläuft chaotisch und erst wir können Ordnung in das Chaos bringen. Doch für diese Harmonie müssen wir täglich arbeiten, da wir das Bindeglied zwischen Ordnung und Chaos sind. Unsere Entscheidungen sind daher von größter

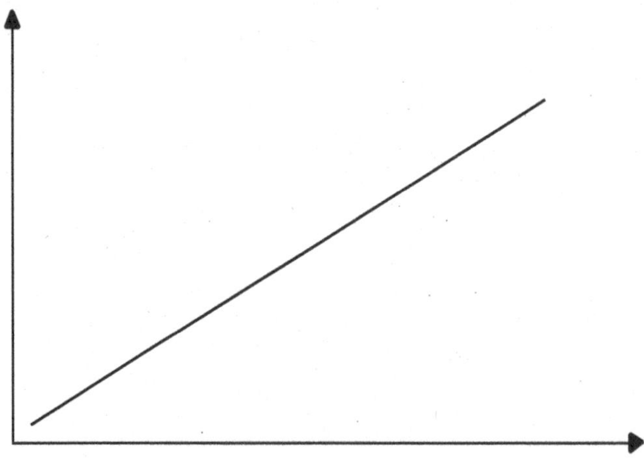

Bedeutung. Wehren wir uns gegen die Arbeit und Herausforderung oder nehmen wir sie an? Haben Sie sich jemals erlaubt, Ihre Arbeit und Ihr Schaffen als eine Übung zu betrachten und nicht einfach nur als die Aufgabe, die Geld in die Kasse spült?

Wenn Sie das tägliche frühe Aufstehen, die morgendliche Routine, das Joggengehen und das Abholen der Kinder am Nachmittag vom Gitarrenunterricht als Übung betrachten, so können Sie den gefühlten Stress in Ihrem Leben reduzieren und wieder zur Ruhe kommen.

Betrachten Sie Ihre Arbeit als Übung. Betrachten Sie alles als eine Übung, um sich gemäß den stoischen Prinzipien tugendhaft zu verhalten. In jedem Moment haben Sie die Wahl, die richtige Entscheidung zu treffen und gemäß Arete zu leben. Selbst wenn dies bedeutet, die Frage zu beantworten: »Koche ich heute Abend etwas Gesundes oder soll ich nicht vielleicht doch lieber einfach nur eine Pizza bestellen? Das geht doch viel schneller.« Der Stoizismus ist nicht nur etwas für die großen Momente und die scheinbar unfassbar relevanten Entscheidungen in unserem Leben. Wer sich entscheidet, stoisch zu leben,

sieht in jedem kleinen Moment eine Möglichkeit, sich zu verbessern und sich in seinen Tugenden zu üben. Das gilt für das Sportprogramm, das Beziehungsleben, die Arbeit, die eigenen Finanzen wie auch bei all den kleinen Momenten des Lebens. Selbst wenn es bedeutet, der älteren Dame mit ihrem Einkauf über die Straße zu helfen. Jeder Moment ist eine Übung.

Die schlimmste Lüge ist der Selbstbetrug! Tun Sie sich minderwertige Prinzipien und den leichten Weg nicht freiwillig an. Das wäre so, als würden Sie freiwillig zur dunklen Seite wechseln. Warum sollten Sie ein prinzipienloses Leben führen wollen? Es ist weder einfach noch gut. Auch wenn der Drang, den leichten und schnellen Weg zu wählen, groß ist, so ist er nicht der richtige Weg. Die erstrebenswerten Dinge kommen langsam und schwerfällig zu uns. Deshalb müssen wir nachhelfen. Am besten gelingt uns das, wenn wir uns Prinzipien verpflichten, die wir als unerschütterlich beachten und befolgen.

Die schlimmste Lüge ist der Selbstbetrug!

Sie können nicht alles verbessern

Wenn gerade einmal wieder das Chaos ausbricht und es unmöglich scheint, die Herausforderung und damit auch unser Schicksal zu lieben, haben wir manchmal, vielleicht auch öfter, das Gefühl, dass wir wegrennen wollen. Raus aus dem Stress, der Arbeit und den Schwierigkeiten. Wir träumen von Urlaub, Stränden, Bergen und der weiten Ferne. Hauptsache, weg von allem! Doch wie können wir uns so leicht von unseren Problemen trennen und so tun, als seien sie nicht wichtig? Glauben

Sie etwa, dass beispielsweise ein von Eifersucht und Liebeskummer geplagter Mensch sich von diesen Gefühlen so leicht trennen könnte, indem er einfach abhaut? Wie oft haben wir als Freund oder Freundin schon unseren Bekannten oder Freunden Rat geschenkt und diesen nie angewendet gesehen? Wir meinen es gut und doch tut die andere Person das Gegenteil von dem, was wir ihm oder ihr geraten haben. Wir erklären unseren Freunden, dass die Liebe nicht real war, die Eifersucht nur selbstschädigend ist und man ablassen soll von diesen destruktiven Gefühlen. »Na und?«, denkt sich unser Freund und läuft in die völlig falsche Richtung hin zu Herzschmerz, Leid und Trauer. Er läuft vor der Lösung der Probleme davon und wirft dabei alle möglichen Prinzipien über Bord.

So gut unser Ratschlag auch ist und sosehr er auch die Perspektive des anderen versucht zu ändern, so können wir nur unsere eigene Perspektive verändern. Über unseren Blickwinkel haben wir Kontrolle. Über den Blickwinkel unserer Mitmenschen besitzen wir keine Macht. Wir müssen daher lernen, dass wir Menschen nicht verändern können. Wir können Menschen nicht zu besseren Menschen machen, sie erfolgreich an unsere Bedürfnisse anpassen oder verändern. Sein eigenes Schicksal zu lieben und das Prinzip Amor Fati zu leben, bedeutet auch, dass wir unseren Einfluss auf unsere Mitmenschen loslassen müssen.

Wenn Sie, wie ich, gerne Menschen helfen und Ihre Ratschläge stets gut gemeint sind, so werden Sie bereits erkannt haben, dass jeder Rat die Absichten und Taten des Menschen, der den Rat empfängt, zu verändern versucht. Unser Rat mag gut gemeint sein, doch sind wir häufig so von unserer eigenen Situation eingenommen, dass unser Ratschlag selten wirklich objektiv sein kann. Wir sagen so etwas wie: »Ich habe das auch schon durchgemacht. Ich sag dir, wie ich da rausgekommen bin.« Doch Ihr Schicksal, Ihr Leben und Ihre Umstände sind niemals deckungsgleich mit denen eines anderen. Ihr Weg wurde Ihnen bereitet und der Weg des Menschen, dem Sie Rat geben, wurde ihm bereitet. Sie gehören auf diesem Weg zweifellos dazu und können diesem Menschen vielleicht auch helfen. Doch das Beste aus der Situation zu machen, das Leben zu verändern, aus der Misere hinauszugelangen und wieder Licht am Ende zu sehen, ist die Aufgabe desjenigen, der den Ratschlag erhält.

Der Sergeant hatte dazu einen Spruch aus der Armeezeit parat: »You can't hire other people to do your push-ups.« Mit anderen Worten kann ich niemand dazu bringen, meine Liegestütze für mich zu machen, und gleichzeitig die Lorbeeren des Trainings genießen. Ein guter Rat ist daher objektiv und niemals subjektiv. Dies ist der Grund, warum wir die alten Stoiker niemals von bestimmten Situationen sprechen hören. Stattdessen sind die Prinzipien des Stoizismus für jedwede Situation anwendbar und ein Leuchtturm in der Dunkelheit.

Begnügen Sie sich stets damit, einen guten und objektiven Ratschlag zu geben, der den Weg aus der Dunkelheit weist. Gehen Sie aber niemals mit in die Dunkelheit, um Händchen zu halten. Das ist nicht Ihr Weg. Wer Menschen mit Depressionen helfen möchte, muss diese nicht gleichzeitig miterleben und wer einem Freund einen Ratschlag geben möchte, sollte nicht gleichzeitig in derselben Patsche stecken. Halten Sie Distanz zu den Problemen anderer und helfen Sie aus sicherer Entfernung, indem Sie einen Weg weisen und Ihre Mitmenschen den Weg selbst gehen lassen. So können Sie sichergehen, dass sich auch Ihre Mitmenschen ihrem Leben nicht verwehren.

Ihre Taten sprechen die lautesten Worte

Hilfsbereit zu sein, ist eine stoische Tugend. Für Freunde da zu sein, wenn diese Sie am meisten brauchen, ist der richtige Weg. Es ist viel leichter, davon zu sprechen, wer oder was ein guter Freund ist. Ein guter Freund zu sein aber, ist deutlich schwerer. Es ist leicht, davon zu sprechen, hilfsbereit zu sein, oder sich selbst in den höchsten Tönen zu loben. Selber aber hilfsbereit zu sein, ist bei all den zeitlichen und terminlichen Engpässen im Leben nicht immer einfach. Gewöhnen Sie sich als moderner Stoiker an, nicht über Ihre Vorteile zu sprechen und nicht darüber zu reden, wie gut Sie sind. Nehmen Sie sich zurück und handeln Sie. Tugendhaftigkeit ist eine Handlung und kein Gerede.

Für Geschäftsleute mag dies manchmal zu Schwierigkeiten führen. Muss man sich denn nicht vermarkten und gleichzeitig seine Angebote anpreisen? Selbstverständlich gehört dies zu den Leistungen und Aufgaben eines Kaufmanns oder einer Kauffrau dazu. Doch es herrscht ein Unterschied zwischen der Vermarktung der eigenen Person und den Leistungen für die Gemeinschaft, einen anderen Kaufmann oder allgemein Dritten. Seneca schrieb: »Am besten wirst du den Charakter eines Menschen kennenlernen, wenn du beobachtest, wie er jemanden lobt und wie er sich verhält, wenn er selbst gelobt wird.«

Gewöhnen Sie es sich ab, oder am besten gar nicht erst an, über Ihre Leistungen zu sprechen. Selbst wenn Sie dies in bescheidener Manier tun können, so fangen Sie niemals ohne Aufforderung an, über vergangene Lorbeeren oder Erfolge zu sprechen. Ich musste mir diese stoische Übung selbst angewöhnen, da ich sonst als Geschäftsmann gerne auch den Wert der Leistungen meiner Firma oder meiner Person frei heraus anbieten wollte. Stattdessen spreche ich heute lediglich über das Produkt oder nur über meine Person, wenn ich explizit gefragt werde. Selbst dann halte ich mich zurück und versuche, mich so neutral wie möglich auszudrücken. Auch ich bin nicht vor den Angriffen meines Egos gefeit und somit wird in diesem Fall jedes Gespräch für mich eine stoische Übung. Ich freue mich immer, wenn ich mich dieser Übung hingeben kann, da sie mir am Anfang besonders schwerfiel und ich seither üben kann, um besser zu werden. Vielleicht mögen Sie glauben, dass das Geschäft darunter leidet. Das Gegenteil ist der Fall. Indem ich weniger Marketing betrieb und weniger sprach über das Geschäft, wuchs es sogar, da der Kunde sich nun nicht mehr um Hintergrundinformationen kümmerte, sondern lediglich um das Produkt.

Wenn Sie erst einmal damit begonnen haben, Ihren Taten eine größere Bedeutung zu geben als Ihren Worten, werden Sie sehen, dass andere Menschen Ihnen mehr Respekt und Hochachtung zollen werden. Dass dieser Respekt und das Lob Ihnen jedoch gleichgültig sein sollten, habe ich bereits angeführt. Tatsächlich aber sollten Ihre Taten Ihren Mitmenschen als hervorragendes Beispiel für ein tugendhaftes Leben dienen. Sie machen es vor und Ihre Mitmenschen lernen, es Ihnen nachzumachen. So geben Sie Ihren Mitmenschen die Chance, auch aus Ihren Niederlagen und Misserfolgen zu lernen. Nirgends wird Ihr Charakter sich besser präsentieren als in den Zeiten, in denen Sie Schiffbruch erleiden.

Buchstäblich erging es so Zenon von Kition, dem Begründer des Stoizismus, der Schiffbruch erlitt und vor der Gründung der Stoa all sein Hab und Gut verlor. Nachdem sein Schiff untergegangen war, kam Zenon nach Athen und begann dort mit dem

Studium der Philosophie. Zenon jammerte nicht über sein Unheil oder sein Schiffsunglück. Er sprach nicht von seinen großen Taten, bevor er nach Athen kam. Bescheiden machte er sich an die Arbeit des Studiums. Durch harte Arbeit wurde er fast ganz von allein zu einem der größten Philosophen des Landes.

Tun Sie es Zenon gleich. Gehen Sie an die Arbeit und machen Sie sich auf den Weg. Ihre Taten sind viel wichtiger als Ihre Worte. Wenn Sie es sich abgewöhnen, von Ihren einstigen oder kommenden großen Taten zu sprechen, wird sich Ihr Ego vernachlässigt fühlen. Es wird versuchen, Sie auf alte und falsche Wege zu führen. Unabhängig davon, ob Sie ein introvertierter oder extrovertierter Mensch sind, kämpft das Ego gegen Ihre stoischen Übungen an. Für die einen Menschen mag diese stoische Übung schon fast eine tägliche Routine und ein Teil ihrer Persönlichkeit sein. Sie sprechen sowieso nicht allzu viel über sich. Für andere ist dies eine unvorstellbare Praxis. Offene und extrovertierte Menschen können sich das vielleicht kaum vorstellen. Doch wir alle können von dieser Übung profitieren, unabhängig davon, welchen Charakter und welche Persönlichkeitszüge wir haben. Die stoische Übung ist für jeden geeignet und kann jedem von uns dienen.

Vom Umgang mit Neidern

Besonders interessant wird es dann, wenn Menschen beginnen, ihr Ego in die Höhe zu heben. Wie leichtfertig die Menschen ihr Ego streicheln und einige sich sogar selbst stolz als praktizierende Egoisten feiern, verwundert mich immer wieder. Doch es kommt noch schlimmer. Selbst wenn Sie bescheiden bleiben und Ihre Arbeit tun, so sind Sie nicht vor dem Ego anderer sicher. Wenn Sie sich in Ihrem Leben der beharrlichen und fleißigen Arbeit verschreiben, so werden sich Neider um Sie scharen. Seneca sagte: »Die Schar der Bewunderer ist nicht größer oder kleiner als die der Neider.« Für Ihre stoische Übung und Praxis werden Sie Lob erhalten und genauso auch Neider finden. Manchmal ist das Lob so leise, dass der Ton der Neider unsere Person besonders schwer trifft.

Auch ich kenne das. Von fünfzig Nachrichten, die mein Herz erwärmen und meinem Ego zu schmeicheln versuchen, trifft mich eine unter der Gürtellinie. Ich habe Anfeindungen bis hin zu Morddrohungen erleben müssen. Neid ist der Beginn, der leicht zu Wut, Zorn und sogar Hass führt. Doch warum sollten Sie Ihre Neider fürchten? Wenn Sie ohne Neider leben wollen, müssen Sie zu Hause bleiben, sich unter der Bettdecke verkriechen und Ihre Lebensaufgabe verneinen. Ihre Arbeit wird Neider hervorrufen. Sie sind ein Teil des Problems und damit ein Teil des Weges. Lieben Sie Ihre Neider. Amor Fati! Sie sind ein Teil Ihres Erfolgs und ein deutliches Signal für Sie, dass Sie sich auf dem richtigen Weg befinden. Ihre Neider sind eine Übung. Auch wenn Sie sich nicht alles gefallen lassen müssen und manchmal sogar der Einsatz eines Juristen notwendig wird, so können Sie jedweden Neid als eine Übung für Ihre stoische Ruhe und Gelassenheit sehen. Auch Neider dürfen Sie nicht zu erschüttern vermögen.

Wenn Sie Neid und Missgunst bei anderen wahrnehmen, so verdrängen Sie diesen Neid nicht. Nehmen Sie ihn wahr und bewerten Sie ihn in ruhiger Manier. Es ist die Dummheit anderer Menschen, über Sie zu urteilen und Neid zu empfinden. Dieses Urteil liegt nicht in Ihrer Macht. Lassen Sie es einfach gehen. Es spielt keine Rolle für die Qualität Ihres Lebens. Denn »mag auch allen deinen Zeitgenossen der Neid den Mund geschlossen haben, es wird weiterhin an solchen nicht fehlen, die völlig unparteiisch urteilen«, erinnert uns Seneca in einem seiner Briefe an Lucilius. Es wird immer Neider und Dummköpfe geben.

Kümmern Sie sich um Ihre Geschäfte, um Ihre Arbeit und Ihr Sein. So werden Sie nicht in Versuchung geraten und selbst zum Neider werden. »Dem Neide wirst du entgehen, wenn du dich den Blicken nicht aufdrängst, wenn du mit deinen Gütern nicht prahlst, wenn du dich bescheidest, dich im Stillen zu freuen«, rät uns Seneca. Bleiben Sie bescheiden. Bescheidenheit tötet jede Form von Neid und Missgunst.

Vom Umgang mit Beleidigungen

So wie wir Menschen manchmal mit Neidern umgehen müssen, müssen wir uns auch den widerlichsten Beleidigungen aussetzen. Manchmal sind sie plump und einfach. Andere Male sind sie so effizient, dass man fast Respekt für solche Kreativität finden könnte. Doch Seneca lehrt uns: »Es kommt nicht darauf an, wie eine Beleidigung zugefügt wird, sondern wie man sie aufnimmt.« Doch wie genau sollen wir mit solchen Beleidigungen umgehen? Sollten wir kreativer werden, Rache planen oder unser Gegenüber bloßstellen? Epiktet lehrte: »Sei dir dessen bewusst, dass dich derjenige nicht verletzen kann, der dich beschimpft oder schlägt; es ist vielmehr deine Meinung, dass diese Leute dich verletzen. Wenn dich also jemand reizt, dann wisse, dass es deine eigene Auffassung ist, die dich gereizt hat. Deshalb versuche vor allem, dich von deinem ersten Eindruck nicht hinreißen zu lassen. Denn wenn du dir Zeit zum Nachdenken nimmst, dann wirst du die Dinge leichter in den Griff bekommen.« Spielen Sie also am besten die Beleidigung mit Ruhe und Witz herunter. Reagieren Sie beispielsweise auf die Beleidigung mit einem Lächeln, während Sie sagen: »Wie peinlich, dass du meinen Fehler präsentierst. Sei so gut und präsentiere aber auch wirklich alle, damit du nicht auch wie ein Trottel dastehst.« Mit Witz und Charme können Sie klarmachen, dass keine Beleidigung Sie zu treffen vermag.

Der Stoiker Cato machte es uns hervorragend vor, als er vor Gericht von seinem Gegner Lentulus angespuckt wurde. Cato wischte sich kurz und ruhig über das Gesicht und erklärte mit ruhiger Stimme: »Ich werde bei jeder Gelegenheit schwören, Lentulus, dass die Leute falschliegen, wenn sie sagen, dass du deinen Mund nicht gebrauchen kannst.« Auch Sokrates, der auf offener Straße geohrfeigt wurde, witzelte darüber, dass man besser einen Helm tragen sollte, wenn man das Haus verlässt, da man sich nie sicher sein könne, was einem auf der Straße widerfährt.

Auf kleine Beleidigungen sollen wir, so der Stoiker Gaius Musonius Rufus, sogar gar nicht reagieren. Stattdessen sollen wir sie einfach überhören.

Nehmen Sie Beleidigungen als eine Schwäche Ihres Gegenübers wahr. Sie erfahren keine Beleidigungen, weil Sie nicht gut genug sind, sondern weil Ihr Gegenüber keine Größe besitzt. Seneca schrieb: »Wer dich beleidigt, ist entweder mächtiger oder schwächer als du: Ist er schwächer, dann schone ihn; ist er stärker, dann schone dich.« Sie können den Beleidigungen anderer Menschen mit Nachsicht begegnen. Güte und Gelassenheit sind Eigenschaften einer großen Persönlichkeit.

Nehmen Sie Beleidigungen als eine Schwäche Ihres Gegenübers wahr.

Beweisen Sie ein solch tugendhaftes Verhalten, selbst wenn unsere heutigen Medien von Gewalt, Rache und Vergeltung sprechen. Werden Sie nicht gleich zum nächsten Axtmörder, nur weil es eine Vielzahl an Menschen gibt, die dem modernen Hedonismus und all seinen Ausuferungen verfallen sind.

Vom Umgang mit Rache

Doch wie steht es mit der Rache? Sollten wir uns nicht rächen, wenn wir ungerecht behandelt wurden? Ist Rache nicht gerecht und die Gerechtigkeit eine Tugend der Stoiker? Das Thema ist schwierig. Keine Frage! Stellen wir uns einen Vater und eine Mutter vor, die durch die Tat eines anderen ihr Kind verloren haben. Plötzlich trifft die Gelegenheit auf die trauernden Eltern. Sollten sie sich an dem Mörder ihres Kindes rächen? Ist Selbstjustiz ein probates Mittel für Gerechtigkeit und Frieden? Auch hier gehen die Meinungen weit auseinander. Marcus Aurelius schrieb in seinen *Selbstbetrachtungen*: »Die beste Art, sich an jemand zu rächen, ist, es ihm nicht gleichzutun.« Ja, denn Rache schadet nicht nur dem Menschen, den die Rache trifft. Sie schadet auch uns. »Rache ist ein Eingeständnis des Schmerzes«, schrieb Seneca in seinem Werk *Über den Zorn*.

Hüten Sie sich davor, Rachegefühle zu hegen. Diese Gefühle sind destruktiv und schaden Ihnen nur selbst. Sie fressen Sie langsam von innen auf. Auch wenn Gerechtigkeit walten muss, so dürfen diese destruktiven Gefühle Sie niemals treffen. Womöglich wurden Sie beleidigt, gedemütigt, hintergangen, verraten oder verletzt. Doch Gleiches mit Gleichem zu vergelten, ist nicht immer gerecht.

Doch heißt dies nicht, dass Sie sich alles gefallen lassen müssen. Im Gegenteil sogar. Doch lassen Sie die Taten anderer nicht an sich heran. Beleidigungen oder tugendlose Taten gegen Ihre Person oder andere geliebte Menschen sollten Sie niemals persönlich nehmen. Selbst wenn diese so gemeint waren. Schon oft habe ich von Beleidigungen und sogar ausufernden und destruktiven Plänen gegen meine Person erfahren. Doch was bringt es mir, mich über sie aufzuregen oder gar Gegenpläne zu schmieden, die ebenfalls von solchem Hass befallen sind? Wenn Sie Gerechtigkeit walten lassen müssen, tun Sie es tugendhaft. Seien Sie gerecht, aber gleichgültig gegenüber der Rache oder den destruktiven Gefühlen, die wir wohl empfinden mögen in diesen Momenten. Erinnern Sie sich daran, dass auch die furchtbaren Taten gegen Ihre Person oder andere eine stoische Übung für Sie sein können. Lassen Sie nicht zu, dass Rachegelüste Sie von Ihrem stoischen Weg fortführen. Bleiben Sie tugendhaft.

Ähnlich ist es, wenn Ihre Taten bei anderen Menschen zu Rachegefühlen führen. Plötzlich sind Sie das Opfer von Rache und Gewalt. Vielleicht sogar, ohne zu wissen, dass Sie jemand anderem Unrecht angetan haben, ihn verletzt oder beschämt haben. Stehen Sie für Ihre Fehler ein. Koste es, was es wolle. Treten Sie mutig vor, auch wenn niemand dies von Ihnen fordert, und sagen Sie offen und ehrlich, dass Sie Mist gebaut haben. Die eigenen Fehler einzugestehen, ist tugendhaft und der richtige Weg, um alle Parteien vor den negativen Gefühlen der Rache zu schützen.

Es ist nie zu spät, ein Underdog zu sein

Sollten Sie das Glück haben, einmal als unwichtiger und geringer bewertet zu werden, als es Ihnen vielleicht zusteht, so sehen Sie diese Geringschätzung als einen Segen an. Es ist nie zu spät, ein Underdog zu sein. Sollten Sie als wichtiger und größer erachtet werden, als Sie es tatsächlich sind, so mögen Sie einem größeren Unglück zum Opfer fallen.

Im Januar 2021 erging es so den Fußballspielern von Bayern München, die zu Besuch bei Holstein Kiel waren. Der kleine Fußballverein in der zweiten Liga sollte für den großen Champion nur eine nette Übung sein. Vor Beginn sprach sich der Trainer von Kiel löblich über die Bayern aus. »Wir werden trotzdem unser Bestes geben«, sagte er. Er blieb bescheiden und führte seine Jungs in das Elfmeterschießen im DFB-Pokal. Plötzlich hagelte es negative Presse auf die Münchener herunter, als Kiel den Riesen bezwang und aus dem Pokalspiel schmiss. Die Kieler verdankten ihren Sieg ihrem Willen, einem guten Spiel und ihrer Bodenständigkeit.

Hatten die Kieler mit einem solchen Sieg gerechnet? Wahrscheinlich nicht. Auch die Münchener hatten sehr wahrscheinlich nicht mit einer solchen Schmach gerechnet. Es ist wahrscheinlich, dass Sie ein Außenseiter sind, solange Sie nicht ganz oben an der Spitze mitspielen. Können Sie den Vorteil in diesem Schicksal erkennen? Womöglich ist Ihnen nicht die Beförderung, der Beruf, die Position, der Lebenspartner oder das Beste vergönnt. Doch hält Sie das davon ab, Ihr Schicksal trotzdem zu meistern und es so anzunehmen, wie es ist? Wir können nicht kontrollieren, welches Leben uns gegeben wurde.

Wir können die Familie, in die wir geboren wurden, nicht bestimmen. Unsere Startmöglichkeiten liegen oft außerhalb unserer Kontrolle. Wir können aber das Beste aus den Karten machen, die uns gegeben worden sind.

Haben Sie schon einmal Geschichten von jungen Unternehmern gehört, die mehr oder weniger freiwillig den fast insolventen Betrieb ihrer Eltern übernommen hatten und diesen zwanzig Jahre später in ein florierendes Unternehmen verwandelt hatten? Sie sind selten. Diese Geschichten handeln von den Underdogs unserer Zeit. So wie auch die Geschichte von Rocky Balboa, der als Außenseiter begann und am Ende alle im Boxring bezwang. Wir Menschen lieben diese Geschichten, weil sie uns zeigen, dass wir gegen Ungerechtigkeit, Leid und Schmerzen mit harter Arbeit ankämpfen können. Kein Herz schlägt so laut wie das eines Außenseiters, der sein Schicksal liebt und alles aus sich herausholt.

Es heißt, dass, wer für Regen betet, auch den Matsch verkraften muss. Wer den Matsch aber gewöhnt ist und mit ihm gut klarkommt, wird immer als Außenseiter emporsteigen und gewinnen. Nehmen Sie die Karten an, die Ihnen das Leben zuspielt. Selbst wenn es so aussehen mag, als bedeuteten sie Ihren Untergang. Von Siegern werden die scheinbar schlimmsten Karten zum Sieg ausgespielt. Seien Sie dankbar für diese Karten. Seien Sie dankbar für Ihr Leben, egal wie schwer es auch zu sein scheint. Lieben Sie Ihr Schicksal. Amor Fati!

SUCHEN SIE DIE STILLE

> »Zieh dich zurück in die Stille der Muße, aber lass auch um diese Muße selbst die Stille walten.«
>
> *Seneca*

Das Donnern war in der Ferne zu hören, als das Schiff nachts durch die Wellen brach. Ich stand an Deck und schaute von Achtern über das ganze Schiff hinweg. In dem einen Moment sah es so aus, als tauchte es in die schwarze See, als im nächsten Moment die Wellen es wieder nach oben drückten und es mir möglich wurde, in die Sternennacht zu schauen. Daraufhin fiel das Schiff ab und tauchte wieder in das pechschwarze Nichts. Der Regen brach von oben wie eine Flutwelle auf das Schiff herein, während der Wind uns um die Ohren peitschte. Die Hälfte der Besatzung und fast alle Passagiere verbrachten ihre Zeit in der Kabine über das WC gebeugt. Ich hatte Jahre zuvor gelernt, dass Sturm auf offener See nur an Deck erträglich ist. So stand ich ganz allein dort oben und suchte in der Dunkelheit den Horizont, um die Umdrehungen meines Magens zu vergessen. Ein Mitglied der Besatzung, das es aufgegeben hatte, das Deck zu schrubben, drückte mir den besten Ipanema meines Lebens in die Hand und stammelte in gebrochenem Englisch, dass der braune Zucker gut für meinen Magen sei. Er grinste über beide Ohren. Klar, dass ich den Drink nicht verschütten wollte, und so stand ich dort in einem Auf und Ab der Naturkräfte. Mit dem Salzwasser in meinem Gesicht legte sich eine sonderbare Stille über mich. Inmitten des Sturms empfand ich Ruhe und Gelassenheit. Es war, als würden Vergangenheit und Zukunft nicht existieren. Es gab nur das Hier und Jetzt. Ich schritt aus meiner Überdachung nach vorn an die Reling und war in nur wenigen Sekunden völlig nass. Das Wasser war warm und machte mir nichts aus. Es war, als könnte ich jeden Regentropfen spüren und jede Welle fühlen, die das Schiff berührte. Es war, als wäre ich eins mit dem Schiff und das Schiff mein Körper. Es gab in diesem Moment keine Bewertungen. Es gab kein Gut und Böse, kein Richtig und Falsch. Es gab nur diesen Moment und die angenehme Stille in mir, während die Welt um mich herum unterzugehen schien.

Das größte Gut

Es gibt nur wenige Momente, die mir ein solches Erlebnis bescheren. Für den einen mögen es die Berge sein und der besonders schwere Aufstieg nach oben. Für andere mag es der Moment auf offener See oder die Vollkommenheit des Waldes sein. Irgendetwas vermag uns Ruhe und Stille zu schenken, wenn wir in der Natur sind. Ich denke in diesen Momenten besonders an die Worte Senecas. Ich fühle mich eins mit der Natur und in völliger Harmonie mit mir und der Welt. Es gibt keine größere Ruhe und keinen vollkommeneren Frieden als diese Momente.

Der Stress mag uns immer wieder erfassen und uns nach unten und heraus aus unserer Mitte ziehen. Seelenfrieden und Stille sind eines der höchsten Güter im Leben. Doch es braucht Zeit, die wir uns oft nicht nehmen. Wir sitzen morgens bereits in aller Früh im Auto auf dem Weg ins Büro. Manchmal ereilt uns der Stau. Vor und in den Großstädten ist das bereits täglich der Fall. Im Büro angekommen, geht der Stress weiter. Wenn der Stress verfliegt, sitzen wir da und schlagen unsere Zeit mit unnötigen E-Mails oder sinnlosen Meetings tot. Manchmal wandern unsere Gedanken zu diesem Moment, in dem es nur die Ruhe und den Moment gab.

Für die Stoiker ist diese Ruhe (Ataraxie) eines der höchsten Güter. Das griechische Wort *ataraxía* beschreibt diese Seelenruhe, auch bekannt als Unerschütterlichkeit vor den Widrigkeiten des Lebens. Des Stoikers Ziel ist, diese Ruhe nicht nur im Urlaub oder in den wenigen Momenten der Stille zu spüren, sondern sie zu einem Teil seines Lebens zu machen. Diese Ruhe ermöglicht uns, alle Widrigkeiten, die täglich auf uns einströmen, zu meistern und zu bändigen. Mit der nötigen Übung finden wir selbst in den größten Stürmen Ruhe und Gelassenheit. Keine Kunden, keine Streitigkeiten, keine Anwälte, Richter, Ärzte oder sonst wer vermag uns noch zu stören. Wir ruhen in uns selbst, wenn wir die Ataraxie erreichen.

Was leicht klingt, ist wie immer deutlich schwerer in der Umsetzung. Die Stoiker haben zwar eine Art Anleitung für das Erreichen der Ataraxie, aber der Weg dorthin ist nicht einfach. Er ist ehrlich gesagt sogar knüppelhart und auch für geübte Stoiker immer wieder eine Herausforderung.

Gerne würde ich Ihnen sagen, dass Sie einfach auf das offene Meer schippern oder in die Berge wandern sollten, um die Ataraxie zu finden. Einmal wandern, die Ataraxie finden, eintüten, verpacken und mitnehmen. Ja, das wäre es! »Was aber nützt die Stille einer ganzen Gegend, wenn die Stimmung tobend fordert?«, fragte uns Seneca. Wo wir sind, ist für die Ataraxie nicht von Bedeutung. Wie wir sind, ist die viel wichtigere Frage. Die Stille können wir also nicht in der Natur oder in der

Welt um uns herum finden. Die Natur kann uns lediglich dazu verhelfen, unsere Mitte zu finden, in der wir uns und unsere Ruhe finden. Obgleich ein langer Spaziergang durch den Wald oder am Strand unterstützend sein kann, so ist die Ruhe in uns und kann auch nur dort gefunden werden. Diese Ruhe vermag unser Ego zum Verstummen zu bringen, die Schatten durch Licht weichen zu lassen und uns eine angenehme Unendlichkeit der Dinge empfinden zu lassen.

Unsere Wahrnehmung

Sie erinnern sich daran, dass wir bereits auf vorherigen Seiten gelernt haben, dass die Stoiker nach Wahrheit und Weisheit strebten. Wenn Sie nach Wahrheit suchen, so werden Sie feststellen, dass die meisten Dinge den Meinungen und Urteilen der Menschen unterliegen. Das ist nichts Neues. Die meisten Wahrheiten aber unterliegen unserer eigenen Beurteilung und unserer Vorstellung. Der Stoiker Epiktet sagte: »Es sind nicht die Dinge selbst, die uns beunruhigen, sondern die Vorstellungen und Meinungen von den Dingen.« Um Ruhe zu erfahren, müssen Sie sich keine neuen Meinungen bilden, sondern die Beurteilungen über bestehende Meinungen loslassen. Es kann Sie nur das erschüttern und Ihnen Ihre Ruhe nehmen, was Sie als das höchste Gut bewerten. Wenn Sie aber Ihre Ruhe als höchstes Gut anerkennen, so kann die Ruhe nicht die Ruhe selbst vernichten. Die Ruhe wird Ihnen genommen, weil Sie andere Dinge über die Ruhe stellen.

Die Ruhe wird Ihnen genommen, weil Sie andere Dinge über die Ruhe stellen.

»Befreie dich von dem Ballast und öffne dich der Wahrheit. So findest du Ruhe«, erklärte mir der Sergeant. Machen Sie es sich zum Ziel, Ihre tägliche Ruhe zu wahren oder zu finden. Es gibt einige Techniken, die ich Ihnen im Folgenden vorstellen werde, die Ihnen diese Ruhe ermöglichen. Die Grundlage dafür aber ist, dass wir grundsätzlich erkennen, dass die meisten Dinge den Meinungen und Urteilen anderer Menschen unterliegen. Nur weil Ihre Mitmenschen etwas sagen, muss das nicht die Wahrheit sein. Nur weil Sie etwas hören, muss das nicht weise sein. Die Wahrheit anderer Menschen muss nicht Ihre Wahrheit sein. Seien Sie daher immer auf der Hut, wenn Sie die Wahrheiten eines anderen Menschen hören oder gar kaufen wollen. Jede Meinung und jedes Urteil kann Gift für Ihre Seelenruhe sein. Überdenken Sie daher, ob die Meinungen anderer Sie berühren sollten. Bewerten Sie auch Ihre eigenen Meinungen und fragen Sie sich, woher sie stammen. Vielleicht haben Sie das Verhalten eines Kollegen, eines Chefs, eines Vorbilds, Ihrer Eltern oder Freunde übernommen und reagieren wie ein Spiegelbild dieser Personen in ähnlichen Situationen. Fragen Sie sich: »Welcher Mensch will ich sein und wie reagiert die beste Person, die ich sein kann, auf diese Situation?« Nach einer Weile haben Sie eine Art Regelkodex für sich selbst erschaffen, der die beste Person, die Sie sein können, definiert. Ich arbeite selbst seit vielen Jahren an diesem Regelkodex, da mir immer wieder viele neue Situationen begegnen und ich neu lerne, wie ein guter Mensch und Stoiker in diesem Moment reagieren sollte.

Oft ist das Problem, dass wir überstürzt reagieren. Auch in unserer Vorstellung glauben wir, dass wir sofort auf alles eine Antwort und eine Lösung haben sollten. Unsere Welt wird immer schnelllebiger und wir werden dazu erzogen, auf geschäftliche Fragen sofort eine Problemlösung zu finden, heute das Problem zu erkennen und am besten gestern schon die Lösung dafür zu haben. So nach dem Motto: »Wir haben zwar noch kein Problem, aber ich gehe schon einmal in die Garage, die Bohrmaschine holen.« Auch bei privaten Fragen heißt es, dass wir das Problem heute lösen müssen, damit es überhaupt ein Morgen geben kann. Im Grunde genommen aber kann jedes Problem weitere Stunden überleben, ohne dass wir es sofort lösen. Wir haben Zeit, wenn wir uns diese nehmen. Wir finden genug Zeit, um eine Lösung für alle Probleme zu entdecken, wenn wir uns erlauben, den Impuls und sofortigen Drang nach einer Antwort zu mäßigen.

Wenn Sie einer dieser Menschen sind, deren Worte so schnell erklingen, dass sie sich fast überschlagen, so halten Sie inne. Wenn Sie einer dieser Menschen sind, die Aufgabenlisten noch heute abarbeiten, so halten Sie inne. Wenn Sie einer dieser Menschen sind, die Zeit nicht verschwenden wollen, so halten Sie inne. Ja, Ihre Zeit läuft davon. Diese Zeit aber noch schneller zu durchleben, macht Ihr Leben nicht angenehmer und nicht besser. In Ihrer Vorstellung mögen Sie produktiv und effizient sein. Doch diese Vorstellung belastet Ihre Lebensqualität und Ihre innere Ruhe. Seneca lehrt uns: »Was die Wahrnehmung zeigt, das glaubt der Geist.« Belasten Sie Ihren Geist also nicht mit einer falschen Wahrnehmung. Hinterfragen Sie Ihre Wahrnehmung.

Sprechen Sie, wenn es nötig ist

Seitdem ich mich den stoischen Übungen verschrieben habe, merke ich immer wieder, wie oft ich meine eigene Ruhe dem Wunsch nach Ordnung in einem Gespräch vorziehe. Ja, ich würde gerne meinen Gesprächspartner zurechtweisen, ihn belehren, ihm sagen, dass er falschliegt, und ihn verbessern. Doch wofür? Habe ich denn die Macht darüber, die Meinungen anderer Menschen zu manipulieren, wenn diese bereits denken, dass sie alles besser wissen? Womöglich wäre die Manipulation gut gemeint. Am Ende belasse ich es dabei und lasse die Menschen in ihrem Glauben. Die Meinung anderer Menschen muss nicht meine Meinung sein. Klar, das klingt logisch. Warum versuchen wir dann trotzdem, andere von unserer Meinung und der scheinbaren Wahrheit zu überzeugen? Die Stoiker haben uns gelehrt, dass wir nach Wahrheit streben sollen. Ja, nach unserer Wahrheit und nicht nach der Wahrheit anderer Menschen!

Ich möchte Ihnen ein Beispiel geben. Vor einer Weile wurde eine Live-Talkshow mit hochkarätigen Gästen aus der Politik und der medialen Welt im Fernsehen ausgestrahlt, bei der Anrufer und Zuschauer Fragen zu einem brandheißen Thema stellen durften. Man erhoffte sich kompetente Antworten zu den gestellten Fragen aus dem Expertengremium. Die Anrufer jedoch stellten keine Fragen, sondern nutzten Ihre Chance am Telefon, um öffentlich ihre Empörung über die Unfähigkeit der Politik und der Medien zu bekunden. Am Ende musste die Moderatorin jedes Mal einschreiten und den Anrufer bitten, seine Frage zu stellen. Im Grunde aber wollte niemand eine Frage stellen, um etwas zu lernen. Die Anrufer wollten lediglich ihre Meinung verkünden und andere von dieser überzeugen. So nach dem Prinzip: »Meine Wahrheit ist auch die Wahrheit aller anderen und meine Wahrheit müssen unbedingt alle hören.« Doch waren diese Worte nicht überflüssig?

Achten Sie darauf, wann Sie Ihre Wahrheit bekunden. Achten Sie dabei besonders auf Ihre Worte. Sprechen Sie, wenn es nötig ist. Geizen Sie nicht mit Ihren Worten, aber werden Sie sich bewusst über Ihre Sprache.

In der stoischen Erkenntnistheorie sprechen wir oft von den Themen der Logik, Physik und Ethik. Besonders für die griechischen Philosophen waren diese Themenfelder ein wichtiger Bereich des Studiums der Stoa. Zu der Logik gehörte es auch, die eigene Sprache und Rhetorik bewusst zu wählen. Die Disziplin der Logik beinhaltete allgemein das Erkennen von Wahrheiten und die Wahrnehmung, Sprache, Rhetorik, Aussagen und Beweise. Die Sprache selbst nahm also für den Stoiker eine essenzielle Rolle ein.

Noch zu Studienzeiten lernte ich dies auch bei meinem Dozenten für Rhetorik. Horst Hanisch, eine Koryphäe auf seinem Gebiet, lehrte nicht nur Rhetorik, sondern lebte, wovon er sprach. Jedes Gespräch machte auf mich den Eindruck, als hätte er seine Worte vorher einstudiert. Er sprach langsam, ruhig, bedacht und nutzte keine Füllwörter, wie wir sie aus vielen Gesprächen kennen. Ob bei Feierlichkeiten, Geschäftsgesprächen oder Präsentationen – seine Rhetorik war stoisch und auf den Punkt gebracht. Noch heute beeindruckt mich seine Sprache. Durch die Lehren der Stoiker verstehe ich heute meinen ehemaligen Dozenten besser. Auch der Sergeant verwies mich immer wieder auf das Feld der Logik im Stoizismus. »Es ist kaum möglich, immer nur dann zu sprechen, wenn wir durch unsere Worte wirklich einen Mehrwert bieten können. Doch es ist absolut im Bereich des Möglichen, die Art unserer Rede und Sprache bewusst zu wählen. Sprich langsamer, wähle deine

Worte in den Pausen deines Sprachflusses und übe dich darin, flach und gleichmäßig zu atmen. Es wird dir leichterfallen, deinen Worten so mehr Gewicht zu geben.«

Sprache vermag uns und unsere Mitmenschen zu beruhigen und zu erden. Ich liebe die Momente, in denen es stürmisch und hitzig zugeht und ich der Gruppe Ruhe zu schenken vermag, indem ich meine Stimme gesenkt halte, klar und höflich spreche, meine Worte ruhiger und langsamer ausspreche und an den Moment anpasse. Es bedarf der Übung und auch ich übe immer noch und bin weit von der Perfektion entfernt. Doch bei dieser Übung zu erkennen, dass ich Ruhe und Harmonie schenken kann, wo einst Chaos und Uneinigkeit herrschten, ermutigt mich immer wieder, diese Übung aus dem Stoizismus weiterzugeben und sie weiterhin zu praktizieren.

Sprechen Sie also mit Bedacht. Am Anfang ist es sinnvoll, sich stets zu fragen: »Können meine Worte hier helfen oder sind sie notwendig?« Nach einer Weile finden Sie zu größerer Ruhe und einer Auszeit von den Impulsen, sprechen zu wollen. Mir ging es sogar schon so, dass ich meine Worte noch wählen wollte, als ich entgeistert angeschaut und gefragt wurde, ob ich noch antworten wolle? Ich merke auch heute noch, dass ich manchmal unüberlegt spreche. In diesen Momenten ist es sinnlos, sich zurückzunehmen und sein eigenes Verhalten zu korrigieren. Maßlosigkeit ist ein Feind unserer Tugend. Das bleibt auch bei der Sprache der Fall.

Der englische Schriftsteller Charles Reade soll gesagt haben: »Achte auf deine Gedanken, denn sie werden Worte. Achte auf deine Worte, denn sie werden Handlungen. Achte auf deine Handlungen, denn sie werden Gewohnheiten. Achte auf deine Gewohnheiten, denn sie

Geben Sie acht auf Ihre Sprache. Sie bestimmt Ihre Realität.

werden dein Charakter. Achte auf deinen Charakter, denn er wird dein Schicksal.« Geben Sie acht auf Ihre Sprache. Sie bestimmt Ihre Realität.

In allen anderen Momenten kann Ruhe durch das Fehlen von Worten entstehen. Auch für extrovertierte Menschen, die immer auf Zack zu sein scheinen, kann die Stille ein Segen sein, um Kraft und Energie zu tanken. »Herr Lahmer, so bin ich aber überhaupt nicht. Das ist nicht mein Charakter«, könnte man meinen. Ja, womöglich passt diese Ruhe und Stille gar nicht in Ihr heutiges Leben. Doch der Stoiker behauptet auch nicht, dass Sie mehr von dem werden sollen, was Sie heute bereits sind, sondern dass Sie Neues lernen müssen, um der beste Mensch zu sein, der Sie sein können. Mit großer Sicherheit gehört dazu auch eine Übung, die Ihnen Schwierigkeiten bereitet. Wären die stoischen Übungen so leicht, würden sie vermutlich deutlich mehr Menschen praktizieren. Welche großen Persönlichkeiten und Charaktere haben sich jemals durch seichte Berieselung und einfache Übungen geformt?

Stoische Meditation

Eine andere Technik, um innere Ruhe zu finden und unseren Seelenfrieden zu wahren, ist die Meditation. Die Meditation mag eine gebräuchliche Übung in fernöstlichen Praktiken oder spirituellen Lehren sein. Die Stoiker sprachen bereits vor 2000 Jahren von der Meditation und gaben uns einige Übungen mit an die Hand, um Ruhe zu finden.

Zuerst einmal sei gesagt, dass Sie auch als Stoiker fernöstliche Meditation praktizieren können, um Ruhe und Achtsam-

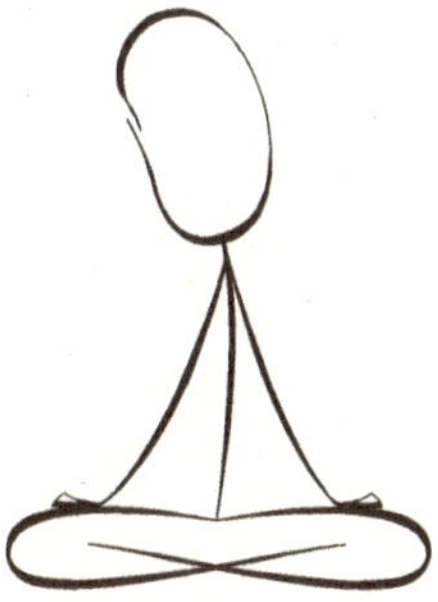

keit zu erlangen. Ich habe persönlich nur die besten Erfahrungen mit Meditation gemacht, seitdem ich täglich meditiere. Ich möchte daher in diesem Rahmen nicht weiter auf diese Meditationsübungen eingehen, da sie nie im Stoizismus explizit erwähnt wurden.

Eine stoische Meditation hingegen beruht auf dem Prinzip *Memento mori*, welches wir im Folgenden noch besprechen werden. Die Stoiker raten dazu, die Meditation der Vergänglichkeit aller Dinge zu widmen. Seneca lehrte uns: »Lass alles andere beiseite (...) und richte dein Streben dahin, dass der Name des Todes seinen Schrecken für dich verliert. Mach ihn dir durch häufiges Nachdenken vertraut, damit du, wenn es die Umstände fordern, ihm sogar entgegengehen kannst.« Werden Sie sich der Vergänglichkeit aller Dinge bewusst. Das soll Sie nun nicht mit Wehmut und Trauer erfüllen, sondern Ihnen zeigen, dass alle Dinge einen Anfang und ein Ende besitzen. Mit Leichtigkeit können wir Menschen den Tod verdrängen. Doch machen Sie sich klar, dass alles sein Ende finden wird. Seneca schrieb an Lucilius: »Wer den Tod ablehnt, lehnt das Leben ab. Denn das Leben ist uns nur mit der Auflage des Todes geschenkt: Es ist sozusagen der Weg dorthin.«

Es kann uns eine unglaubliche Ruhe geben, wenn wir uns darüber bewusst werden, dass alle Dinge vergehen und dieser Moment ein Geschenk ist, das wir genießen und annehmen dürfen. Betrachten Sie Ihre vergangenen Tage als verstorben und jeden neuen Tag als ein Geschenk. Zelebrieren Sie dieses Geschenk und werden Sie sich darüber bewusst, dass Sie das meiste aus diesem Geschenk machen können. Dies muss Sie nicht stressen oder beunruhigen. Wenn Sie es zulassen, erlaubt Ihnen dieser Gedanke, die Endlichkeit aller Dinge zu begreifen und diesen Moment besonders intensiv wahrzunehmen.

Betrachten Sie Ihre vergangenen Tage als verstorben und jeden neuen Tag als ein Geschenk.

Es ist besonders leicht für uns, den Tag und unser Leben zu durchleben, ohne dabei innehalten zu können, um zu merken, was wirklich geschieht. Der Lärm unserer modernen Welt erschwert uns die Ruhe des Geistes. Allein in den letzten Jahren sind die Krankheiten des Geistes wie Depressionen, Angstzustände und Panikattacken vermehrt in der Bevölkerung aufgetreten. Die Belastungen in unserem Leben steigen und selten wächst die Widerstandsfähigkeit der Menschen proportional mit an. Die Ruhe und der Ausgleich fehlen, was langfristig zu Krankheiten bis hin zum Tod führt. Üben Sie sich daher in der Meditation, um Ruhe zu finden und Ihren Geist und Körper zu heilen.

Ziehen Sie sich für diese Übung zurück und suchen Sie bewusst die Einsamkeit. Eine Meditation in der Natur kann ebenfalls angenehm sein und Ruhe ermöglichen. Wo Sie meditieren, spielt keine Rolle. Wichtig ist lediglich, dass Sie meditieren. Die Regelmäßigkeit der Meditation bewirkt die Wunder. Wer Wunder nach zehn Minuten Ruhe erwartet, kann auch gleich davon ausgehen, dass, wer den Urlaubspreis bezahlt hat, bereits Erholung vor dem eigentlichen Urlaub findet. Das ist natürlich Unfug. Suchen Sie also regelmäßig die Ruhe in sich, um Ihre Speicher wieder aufzuladen und zu sich zurückzufinden. Erwarten Sie keinen Hokuspokus. Die schnellen Ergebnisse wirken nie langfristig und was gut ist, muss sich zuerst entfalten. Geben Sie Ihrem Geist eine regelmäßige Auszeit. Seneca schrieb an Lucilius: »Der Ruhende muss handeln, und der Handelnde muss ruhen.« Planen Sie am besten die Ruhezeiten in Ihren Tag dafür ein. So können Sie sicherstellen, dass Sie nichts und niemand davon abhalten kann, sich Zeit für sich zu nehmen.

Sehnsüchte und Hoffnungen

Wie oft hoffen wir Menschen? Wir hoffen unentwegt, dass sich alles zum Besseren wendet. Wir hoffen auf eine Gehaltserhöhung, beten für Gesundheit, Frieden und Wohlstand. Wir hoffen, dass sich die Politiker in unserem Namen einsetzen werden. Wir hoffen, dass der Partner uns mehr Aufmerksamkeit schenkt, der Chef uns öfter lobt, unsere Arbeit anerkannt wird, wir durch das schicke Auto Anerkennung finden und die blaue Pille die Ruhe im Schlafzimmer in einen Sturm verwandelt. Wir Menschen hoffen permanent. Doch wer hofft, der kann enttäuscht werden. Diese Enttäuschungen haben die Möglichkeit, uns unsere Ruhe und unseren Frieden zu nehmen. Wer hofft, hat schon verloren!

Wer hofft, hat schon verloren!

»Soll ich jetzt aufhören zu hoffen oder was? Wie soll das denn gehen?«, fragte ich damals den Sergeant. Dieser lachte mich aus und sagte: »Du hoffst, weil du dich für wichtig genug hältst, glauben zu können, dass du das verdienst, was du dir ersehnst.« Hoffen können wir nur, wenn wir unsere Verantwortung abgeben und uns danach sehnen, dass das Schicksal unsere Wünsche für uns erfüllt. Doch warum hoffen wir auf etwas, das außerhalb unserer Kontrolle liegt? Wir geben dem Schicksal oder dem Zufall die Möglichkeit, uns zu enttäuschen. Wir negieren unsere Verantwortung, um es am Ende Glück zu nennen. Plötzlich heißt es, dass die eigenen Hoffnungen erfüllt wurden und es Glück war. Doch woher wollen Sie heute wissen, dass es Glück war?

Hier ein Beispiel: Eines Tages stirbt unerwartet die Großmutter eines armen Mannes. Die Verstorbene hinterlässt dem Mann ein unerwartetes Vermögen. Schnell behaupten alle Menschen um ihn herum, dass es Glück war. Doch der Mann widerspricht und sagt: »Das weiß ich nicht.« Als der Fiskus an der Tür klopft, will dieser die Hälfte des Vermögens an Erbschaftsteuer einnehmen. Wieder kommen die Menschen zu dem Mann und sagen: »Oh, was für ein Unglück, dass Sie so viel Geld nun abgeben müssen.« Wieder entgegnet der Mann: »Das weiß ich nicht.« Als der Mann das übrige Geld anlegt, sagen ihm die Menschen wieder, dass die Investitionen am Börsenmarkt risikoreich seien und ihm ein großes Unglück widerfahren kann. Der Mann entgegnet den Menschen wieder: »Das weiß ich nicht.« Als die Kurse steigen, kommen die Menschen wieder zurück zu diesem Mann und sagen: »Du hast aber ein Glück.«

Woher wollen Sie heute wissen, ob das Schicksal Ihnen Glück oder Unglück bereitet, wenn das Glück und Unglück der Bewertung unterliegen? Sobald Sie eine Entscheidung darüber treffen, wie Ihr vermeintliches Glück aussehen kann, beginnen Sie zu hoffen. Sie entwickeln Sehnsüchte nach Dingen, die außerhalb Ihrer Kontrolle sind. Seneca schrieb: »Ein jeder nimmt sein Leben vorweg und wird geplagt von der Sehnsucht nach dem Zukünftigen und vom Überdruss des Gegenwärtigen.« Lassen Sie Ihre Hoffnungen los und lieben Sie Ihr Schicksal. Das Prinzip Amor Fati wird Ihnen Ruhe schenken. Ihre Sehnsüchte und Hoffnungen knechten Sie und nehmen Ihnen Ihren Seelenfrieden und Ihre Ruhe. Solange Sie hoffen, haben Sie keine andere Wahl, als die Verantwortung über Ihr Leben an etwas abzugeben, das scheinbar dem Zufall unterliegt. Als guter Mensch und Stoiker wird es Ihnen nicht möglich sein, frei zu leben, solange Sie die Erfüllung Ihrer Sehnsüchte anderen überlassen. Übernehmen Sie stattdessen Verantwortung für alles, was innerhalb Ihrer Macht liegt, und lassen Sie Ihre Sehnsüchte und Hoffnungen los.

Hoffnungen sind oft noch schlimmer als Sehnsüchte. Denn »der Hoffnung folgt die Angst«, sagte Seneca. Was passiert, wenn sich Ihre Hoffnungen nicht erfüllen? Seneca führt fort: »Wer sein Leben von der Hoffnung abhängig macht, dem entschlüpft immer die ihm zunächstliegende Zeit, und es tritt eine Art Heißhunger ein und die unseligste Furcht, die alles zur Hölle macht, die Todesfurcht.« Wer fürchtet, kann nicht glücklich sein und die Angst vernichtet jedes Fünkchen Hoffnung auf das Gute. Wenn Sie sich darin üben möchten, die Hoffnung loszulassen, beginnen Sie zunächst damit, alles zu akzeptieren, was Ihnen widerfährt. Sie mögen vielleicht denken, dass Sie unmöglich die schlechten Dinge akzeptieren können. Doch woher wollen Sie wissen, ob das heutige vermeintliche Unglück nicht Ihr morgiger Segen wird?

Vor einer Weile erging es mir so, als ein Vertragspartner vertragsbrüchig wurde und unsere geschäftliche Vereinbarung nicht einhielt. Ich war drauf und dran, böse zu werden, und beschwerte mich bereits innerlich, rechnete die Verluste durch und wäre am liebsten an die Decke gegangen, als ich wieder zur Ruhe fand und lieber das Gespräch am nächsten Tag abwartete. Der Vertragspartner entschuldigte sich im Gespräch am nächsten Tag und garantierte meiner Firma stattdessen exklusive Rechte und einen günstigeren Preis als es die vertraglichen Vereinbarungen vorgesehen hatten. Das einst geglaubte Unglück wurde zum scheinbaren Glück. Im Grunde genommen aber wäre weder das eine noch das andere Ereignis ein Glück oder Unglück gewesen. Es wäre einfach nur passiert. Unsere Sehnsüchte beginnen, uns zu knechten, wenn wir beginnen, sie zu bewerten und einzuordnen. Seien Sie lieber hoffnungslos erfolgreich als hoffnungsvoll gescheitert.

Gestehen Sie Ihre Fehler ein

Ein anderes wunderbares Mittel, um Ruhe und Gelassenheit zu finden, ist, unseren emotionalen Ballast abzuschütteln. Dazu gehört auch der Wunsch, dauernd recht zu haben. Mit einer egoistischen und arroganten Leichtigkeit beharren wir auf unserem Recht, weil wir denken, dass es uns zusteht. Kennen Sie das von Gesprächen oder Diskussionen mit anderen Menschen nicht auch? Plötzlich bricht einer von ihnen aus und beharrt vehement auf seiner Meinung. Sie bringen ihn nicht davon ab. Egal wie hart sie es versuchen, unabhängig davon, wie sehr Sie es wollen und wie gut Sie argumentieren – der Gesprächspartner bleibt bockig. Für Ihr Leben hat das nur dann eine Auswirkung, wenn Sie sich auf das Spiel einlassen und ebenfalls bockig bleiben. Sie stören Ihre eigene Ruhe.

Lassen Sie die Fehler anderer Menschen los. Was soll es Ihnen bringen, über das Verhalten und die Fehler anderer nachzudenken oder gar sich über diese zu beschweren? Was soll Ihnen dieser Firlefanz bringen, wenn er Ihnen keine Ruhe und Gelassenheit schenkt? Stattdessen regen Sie sich auf, machen sich Gedanken und versuchen, das Verhalten der Menschen zu verstehen. Seneca sagte: »So ist es denn auch ein Zeichen seelischer Gesundheit, seine Fehler einzugestehen.« Also, cool bleiben!

Lassen Sie die Fehler anderer Menschen los.

Als Autor kenne ich das nur zu gut. Irgendwann hat sich jeder Autor im Internet schon selbst gesucht und seine Buchbewertungen gelesen. Ich schäme mich auch nicht dafür. Herrgott, auch wir Schreiberlinge sind manchmal komisch. Was man da so liest, kann einem nicht nur das Herz erwärmen. Die schlechteren Bewertungen sind manchmal die unterste Schublade. Da könnte man sich stundenlang aufregen. Dann gehen die Gedanken los: »Sollte das meine Anwältin klären?« Für einen kurzen Moment spielt man Hannibal Lecter durch: »Vielleicht finde ich ja heraus, wer der anonyme Arsch ist. Kettensäge? Kettensäge!« Doch die Bewertungen sind, was sie sind. Die Gemeinheiten und das der Anonymität geschuldete Verhalten liegen außerhalb der eigenen Kontrolle. Also gestehe ich mir meinen Fehler ein und erkenne, dass ich nun nicht zum Soziopathen mutieren muss.

Werfen Sie den emotionalen Ballast über Bord und lassen Sie die Fehler der Menschen nicht an sich herankommen. Wenn Sie unbedingt über Fehler nachdenken wollen, dann denken Sie an Ihre eigenen Fehler. Fragen Sie sich stattdessen, wie Sie ein besserer Mensch werden können, indem Sie heutige Fehler für die Zukunft überdenken. Vergessen Sie nicht, dass ein Leben gemäß Arete einen Fokus fordert, der nicht auf die Probleme anderer Menschen gerichtet ist, sondern darauf, wie Sie sich verbessern können, um mehr zu dem Menschen zu werden, der Sie sein können. Bei diesen Überlegungen werden Sie keinen Platz finden, um noch lange über das Verhalten anderer Menschen nachzudenken.

Die eigenen Fehler sollten wir uns dringend eingestehen, um uns den Freiraum zu lassen, diesen emotionalen Ballast loszuwerden. Unser Ego ist der größte Ballast, den wir tragen können, und er liegt schwer auf unseren Schultern, wenn wir ihn nicht schmälern oder gar vollständig beseitigen. Sorgen Sie also unverzüglich dafür, Ihre Fehler zu erkennen und sich einzugestehen. Es ist ein Zeichen von Stärke, über den eigenen Schatten zu springen und Fehler einzugestehen. Es ist eine Charaktereigenschaft der Schwachen, auf den Fehlern anderer herumzuhacken und zu behaupten, dass man immer recht hätte. Seneca schrieb an Lucilius: »Alle Fehler verlieren an Kraft, wenn sie offen zutage treten.« Gestehen Sie sich also ein, dass Sie nicht vollkommen sind und deutlich schlechter sind, als Sie es vielleicht glauben. Das ist auch absolut okay. Sie müssen nicht perfekt sein. Sie müssen nur besser werden. Wenn Sie dies einsehen können, verlieren Sie bewusst den unnötigen Ballast, um mehr Raum für Ruhe und Gelassenheit zu schaffen.

Energievampire

Die Feinde Ihrer Ruhe und Gelassenheit sind oft Menschen. Es sind nicht nur jene, die immer recht haben wollen und Ihre Ruhe durch hitzige Debatten oder Diskussionen stören. Es sind vor allem solche, die Ihre volle Aufmerksamkeit wollen, und das obendrein auch noch rund um die Uhr. Sie nagen wie ein Vampir an Ihrer Kehle und saugen Ihnen Ihre Energie aus. Diese Energievampire können selbst Probleme haben und im Glauben an Ihre heilende Kraft bei Ihnen bleiben oder sie wollen einfach nur Bestätigung und Aufmerksamkeit. Lösen Sie sich von diesen Abhängigkeiten. Sie sind nicht nur maßlos und damit ein Feind Ihrer Tugend, sondern gleichzeitig auch noch ein echter Serienkiller der Ruhe und des inneren Friedens.

Mit einer Knoblauchzehe und einem Kreuz ist es da oft nicht getan. Manchmal reicht die Hoffnung nicht aus, dass sich Menschen verändern und Ihre Aufmerksamkeit langfristig den Durst anderer stillt. Helfen Sie, aber nicht um den Preis Ihrer Ruhe. Stoßen Sie den emotionalen Ballast ab. Rammen Sie den Energievampiren den Pflock ins Herz. Aber nur im übertragenen Sinn, versteht sich. Trennen Sie sich stattdessen von der Hoffnung, dass sich andere Menschen ändern werden. Konzentrieren Sie sich stattdessen auf Ihren eigenen Weg.

Wenn Sie es zulassen, können Energievampire Ihr ganzes Leben zerstören, ohne dass Sie es bewusst wahrnehmen. Die Krankheit der Abhängigkeit kann sich auf Sie übertragen und schnell kommt es dazu, dass Sie abhängig von dem Gefühl werden, wichtig zu sein und gebraucht zu werden. Belügen Sie sich nicht selbst und erkennen Sie, dass Sie nicht jeden Menschen retten können. Wenn Sie ein guter Mensch, ein guter Freund oder ein guter Partner sein wollen, dann gehört es zu Ihrer Aufgabe, die Möglichkeiten für Wachstum auch anderen Menschen möglich zu machen. Wie wollen Sie anderen helfen, wenn diese nie lernen, sich selbst zu helfen? Schneiden Sie die Energievampire aus Ihrem Leben wie ein Geschwür heraus, bevor es anfängt zu wuchern und Ihre Ruhe zerfrisst.

Machen Sie sich rar. Es heißt nicht umsonst: »Willst du gelten, mach dich selten!« Machen Sie Ihre Zeit zu einem Geschenk, das andere Menschen nicht leichtfertig missbrauchen können. Ihr Umfeld muss durch Ihre Taten lernen, dass Sie nicht permanent verfügbar sein können und wollen. Schalten Sie das Telefon aus, deaktivieren Sie die Benachrichtigungen, löschen Sie die Social-Media-Anwendungen vom Handy, prüfen Sie Ihre E-Mails nur einmal am Tag oder tun Sie eins von eintausend anderen Dingen, um sich Platz zu verschaffen. Schaffen Sie Distanz zu den Menschen, die ständig Ihre Aufmerksamkeit wollen und nach Ihnen fragen.

Machen Sie sich rar.

Ihr schärfster Kritiker

Seneca wurde während seines Lebens und sogar über seinen Tod hinaus oft kritisiert. Sein ganzes Leben lang wurde er mit Vorwürfen überschüttet. Seneca sei ein Humanist an Neros Hof, geblendet durch seinen Einfluss und viel zu reich, um ein wahrer Stoiker zu sein. Tatsächlich aber konzentrierte sich Seneca nicht auf seine Kritiker. Er überhörte sie einfach. Seneca soll gesagt haben: »Den Bösen nicht zu gefallen, ist für den Menschen ein Lob.« Seneca lehrt uns, dass Kritik unsere Ruhe und Gelassenheit nur dann zu stören vermag, wenn wir es zulassen. Doch was sollen uns unsere Kritiker auch antun, wenn wir gemäß Arete leben und das Höchste von uns verlangen? Wie können unsere Kritiker mehr von uns verlangen, als wir es schon selbst tun? Seien Sie Ihr schärfster Kritiker und verlangen Sie das Höchste von sich selbst. So übernehmen Sie nicht nur die ultimative Verantwortung für Ihr Leben, sondern geben dem Hohn und Neid anderer keinen Raum.

Konstruktive Kritik jedoch kann uns dazu verhelfen, besser zu werden. Sie sollte in unserem Leben einen Platz finden und gern gesehen und gehört sein. Die konstruktive Kritik ist eine Möglichkeit, mehr zu der Person zu werden, die Sie sein wollen. Nehmen Sie daher die Kritik solcher Menschen an, die in der Situation sind, Ihnen gleichzeitig auch konstruktiven und wertvollen Rat zu geben. Die Kritik eines Mentors und eines guten Lehrers ist daher ernst zu nehmen und sollte uns Anlass geben, zu üben und uns zu verbessern.

Doch geben Sie acht! Seien Sie nicht Ihr schärfster Kritiker, um dadurch noch größeren Druck auf sich auszuüben. Je höher der Druck, desto wahrscheinlicher ist es, dass Sie eines Tages brechen. Auch wenn Stahl nur unter hohem Druck hart wird, gibt es eine Grenze für uns alle. Suchen Sie diese Grenze. Suchen Sie sie im Sport, in der Natur, in der Meditation oder in Ihrer Arbeit. Versuchen Sie, stets das Beste aus sich herauszuholen. Wenn Sie das schaffen, dann blicken Sie abends vor dem Schlafengehen auf Ihren Tag zurück und erkennen Sie, dass es gut war. Mehr als Ihr Bestes geht nicht.

Was wollen Ihre Kritiker also kritisieren, wenn Sie das Höchste der Möglichkeiten erreicht haben? Womöglich lacht man sogar über Sie und die Kritik soll Ihnen mehr schaden, als Sie zu stärken. Antworten Sie einfach: »Schon morgen werde ich noch mehr leisten können als heute. In der Zwischenzeit biete ich dir Platz, um zu zeigen, dass du es besser kannst.«

»Schon Morgen werde ich noch mehr leisten können als heute. In der Zwischenzeit biete ich dir Platz, um zu zeigen, dass du es besser kannst.«

Heben Sie Ihren Standard an. Wenn Sie wenig von sich verlangen, werden Sie noch weniger erreichen. Wenn Sie viel von sich verlangen, werden Sie deutlich mehr erreichen können. Erwarten Sie nicht, sondern verlangen Sie von sich das absolut Beste, was Sie leisten können. Fangen Sie bereits morgens damit an, indem Sie Ihr Bett machen, die Bettdecke hervorragend falten und alles zusammenlegen. Verlassen Sie das Badezimmer in einem sauberen und reinen Zustand. Lassen Sie nichts liegen. Räumen Sie auf. Gehen Sie morgens schon eine Runde joggen. Essen Sie ein gesundes und ausgewogenes Frühstück. Stecken Sie das Hemd in die Hose, Gentlemen. Stellen Sie sicher, dass Ihre Schuhe geputzt sind. Achten Sie auf ein akkurates und dezentes Auftreten, Ladys. Seien Sie die beste Person in allem, was Sie tun können. Auch wenn es anfangs nur wenig ist. Setzen Sie sich hohe Standards und arbeiten Sie auf diese kontinuierlich hin. Verbessern Sie sich jeden Tag ein wenig mehr. Diese kontinuierliche Verbesserung wird Ihnen Ruhe und Gelassenheit schenken.

Wollen Sie schnell ankommen, dann gehen Sie langsam

In dieser kontinuierlichen Verbesserung ist es besonders wichtig, dass Sie langsam vorgehen. Hasten und eilen Sie nicht, nur weil Sie glauben, dass Sie so das Ziel schneller erreichen. Es verhält sich dabei wie mit dem Autofahren. Über lange Strecken macht es keinen gro-

»Langsam ist fließend, fließend ist schnell.«

ßen Unterschied, ob Sie rasen oder gemäßigt fahren. Wichtig ist nur, dass Sie vorwärtsfahren. Die Elitesoldaten der Navy, auch als Navy Seals bekannt, haben einen Spruch dazu: »Langsam ist fließend, fließend ist schnell.« Durch Stille und Ruhe vermögen Sie, Fehler zu verhindern, die Sie dazu zwingen, Rückschritte zu machen und die Arbeit von vorn zu beginnen. Stellen Sie sich vor, dass Sie für einen Wettlauf trainieren. Vor Freude stürzen Sie sich in das Training und übertrainieren. Nach kurzer Zeit sind Ihre Muskeln erschöpft und Ihr Körper ist krank. Sie können nicht mehr. Sie sind ausgelaugt und Ihnen fehlt es an Kraft. Dann werden Sie krank und verbringen einige Zeit im Bett, was Ihr Training stark zurückwirft. Der überhöhte Einsatz hat Ihnen die Möglichkeit genommen, langsam zu gehen, Ruhe zu bewahren und Ihr Ziel auf beharrliche Art zu erreichen. Stattdessen lutschen Sie nun an der Ingwerknolle, in der Hoffnung, dass Sie bald wieder fit sind.

Geben Sie sich die Zeit, um Ihre Aktionen richtig durchzuführen. Möglicherweise ist es dafür notwendig, weniger Aufgaben in Ihren Kalender zu stopfen, früher aufzustehen, das abendliche Fernsehen zu beenden und früher ins Bett zu gehen. Lassen Sie sich nicht einreden, dass Sie Ihre Aufgaben besser priorisieren müssen. So etwas wie Prioritäten gibt es nicht. Entweder ist eine einzige Sache eine Priorität oder nicht. Der Plural negiert die Bedeutung einer Priorität, denn es kann unmöglich mehrere Prioritäten gleichzeitig geben. Bestimmen Sie Ihr eigenes Tempo, da Sie sonst Gefahr laufen, sich zu verhaspeln. Seneca schrieb an Lucilius: »Dies stößt jenen zu, die in einem Labyrinth eilig umherirren: Gerade die Geschwindigkeit selbst führt sie irre.«

Die Geschwindigkeit ist entscheidend für Ihr Vorankommen. Während in unserer modernen Gesellschaft das Credo lautet: »Schneller, weiter, besser und mehr«, ist der Stoizismus hier konträrer Meinung. Ich erlaube mir selbst, das Credo umzuschreiben und es wie folgt zu definieren: »Achtsam, verbessernd und konzentriert.«

Genug Menschen glauben, dass Sie in unserer Welt mit allen Trends und angeblichen Weisheiten für Erfolg mitlaufen müssen. Die hedonistische Tretmühle gaukelt der Masse gerne Illusionen vor. In Wahrheit aber müssen Sie nicht der Erste sein, der im Ziel ankommt. Es ist Ihr persönliches Ziel und niemand sonst muss dort ankommen außer Ihnen. Sie bestimmen nicht nur, wann Sie dort ankommen, sondern auch, in welcher Form.

Als moderner Stoiker nehmen wir jede Tätigkeit als eine Übung dafür, behutsam, achtsam und gelassen unsere Aufgaben zu meistern und diese gewissenhaft zu absolvieren. So wie es Robert tat. Er war als Verkäufer in einem Baumarkt bei seinen Kollegen anerkannt. In der Gartenabteilung kannte er sich besonders gut aus. Bis kurz vor seiner Pensionierung glänzte Robert nicht durch ein lautes Verhalten oder gar durch sein Äußeres. Er glänzte durch seine Beharrlichkeit und seine stete Freundlichkeit gegenüber Kunden und Mitarbeitern. Selbst als Kunden in den Baumarkt stürmten, um wütend ein Elektrogerät zu reklamieren, blieb Robert ruhig, freundlich und höflich. Er lächelte, sagte bitte, danke und gerne. Im Sommer lud Robert seine Kollegen zu einem Gartenfest ein, draußen auf dem Hof, neben dem Wohnhaus, in dem er lebte. Sechzig Jahre seines Lebens verbrachte Robert in Ruhe, Stille und Mäßigung. Eines Abends wurde Robert überfallen und dabei verletzt. Als er das Krankenhaus verließ, sagte er: »Es ist gut. Ich habe dazugelernt und mein Körper hat sich erholt.« Als Robert älter wurde und in der Gartenabteilung keine Pflanzen mehr heben konnte, sagte er: »Es ist gut. Ich kann an anderer Stelle helfen, wo Geschwindigkeit nicht vonnöten ist.«

Wenn Sie Ihre Ruhe verlieren, halten Sie inne. Vielleicht haben Sie eine furchtbare Nachricht bekommen. Nehmen Sie sich die Zeit, um einen klaren Gedanken zu fassen und sich nicht von Ihren Emotionen überwältigen zu lassen. Sagen Sie ruhig so etwas wie: »Ich muss mich erst mal setzen. Ich rufe zurück, sobald ich wieder zu mir gefunden habe.« Rufen Sie dann auch zurück, sobald Sie Ihre Ruhe wiedergefunden haben. Vielleicht sehen Sie nicht aus wie ein Held, nur weil Sie nicht sofort zu allen Problemen eine Antwort kennen. Gestehen Sie sich ruhig Ihre Unvollkommenheit ein. Gestehen Sie diese auch vor anderen Menschen. Ihre offensichtliche Zerbrechlichkeit wird von anderen Menschen als Zeichen eines starken Charakters identifiziert. Niemand muss immer der große starke Mann oder die toughe Frau sein. Es ist gut so.

Sie müssen niemandem etwas beweisen

Identifizieren Sie sich nicht mit dem, was andere Menschen von Ihnen denken. Sie müssen niemandem irgendetwas beweisen. Weder durch Einkäufe, Besitz, Fähigkeiten, Errungenschaften, Diplome, den Job, Ihr Kapital oder Ihren Körper. Der Wunsch nach Anerkennung führt dazu, dass wir uns selbst knechten. Wie wollen Sie ein gutes Leben führen und sich auf Ihre Aufgabe konzentrieren, wenn Sie permanent nach den Blicken anderer suchen?

Es ist nicht immer leicht, sich von den Meinungen anderer loszusagen. Vor allem, da wir in der Gruppe gelernt haben, dass wir nur dann ein Mitglied der Gemeinschaft sein können, wenn wir in dieser auch geschätzt werden. Als moderner Stoiker suchen wir nach Wahrheit und Weisheit. Das bedeutet auch, dass, wenn wir uns dieser Tugend verschreiben, wir nach unserer Wahrheit suchen und nicht etwa nach der Wahrheit anderer. Dennoch suchen wir Menschen instinktiv nach den Meinungen und Ansichten anderer. Wir fragen, was andere so tun, kaufen und regelmäßig für Sport treiben. Jedes Mal finden wir eine andere Meinung, die uns vorgibt, dass sie die Wahrheit ist. Tatsächlich ist sie *eine* Wahrheit; die Wahrheit eines anderen. Sie ist nicht unbedingt unsere Wahrheit.

Mir ging dies so, als mein Telefon kaputtging und ich mir ein neues kaufen musste. Als ich fünf Menschen um ihren Rat bat, erhielt ich fünf verschiedene Ansichten. Der eine bejahte das teure Telefon des Apfelriesen, ein anderer die deutlich günstigere Variante eines Chinesen und wieder ein anderer das koreanische Mittelfeld. Alle Meinungen waren wahr und keine war die meine. Bei Arztbesuchen verhält es sich manchmal ähnlich. Uns geht es nicht blendend, also suchen wir nach einem Arzt. Der erzählt uns, dass wir etwas Schlimmes hätten. Da wir sichergehen wollen, fragen wir drei weitere Ärzte und bekommen wieder drei andere Antworten, die sich mal mehr und mal weniger ähneln.

Streben Sie nicht nach der Wahrheit anderer Menschen, sondern nach Ihrer eigenen. Lassen Sie Ihre Entscheidungen nicht auf den Ideen anderer beruhen, sondern auf einer objektiven Betrachtung und Analyse der Fakten. Betrachten Sie Ihr Leben emotionslos von oben und erkennen Sie, dass die Meinungen anderer Ihre Ruhe stören können, wenn Sie es zulassen. Seneca lehrte uns dazu: »Zwei Dinge verleihen der Seele am meisten Kraft: Vertrauen auf die Wahrheit und Vertrauen auf sich selbst.« Das Vertrauen in andere Menschen mag berechtigt sein, doch Ruhe finden Sie nur bei dem Vertrauen in sich selbst. Dies sei nicht mit Arroganz oder Selbstschutz zu verwechseln. Vertrauen Sie auf die Wahrheit und verschreiben Sie sich dieser. Tun Sie es für sich und nicht für andere. Sie müssen, wie gesagt, niemandem etwas beweisen.

Sie müssen niemandem beweisen, dass Sie besonders intelligent sind, indem Sie von Ihrer Studienzeit erzählen. Sie müssen Zertifikate und Diplome nicht wie Flaggen im Wind wehen lassen. Sie müssen nicht permanent den Titel auf Ihrer Visitenkarte hochhalten. Sie müssen auch nicht immer den Motor Ihres Fahrzeugs aufbrüllen lassen. Ja, Sie haben den Führerschein bestanden. Wahnsinn! Hier, ein Lolli! Der Abteilungsleiter, der in jedem zweiten Satz betont, dass er der Chef und Abteilungsleiter ist, wird so oder so nicht ernst genommen. Selbst wenn Sie der gottverdammte Präsident sind, müssen Sie nicht ständig darüber sprechen und es jedem beweisen. Sie müssen niemandem etwas beweisen außer sich selbst. Sie müssen sich selbst beweisen, dass Sie dranbleiben und weiter für Ihre Ideale einstehen und für Ihre Entwicklung kämpfen.

Zur Hölle, nein!

Eine andere Strategie für unglaubliche Ruhe und Stille ist jene, die ich als Höllenstrategie bezeichne. Bei allen Anfragen, seien sie geschäftlich oder privat, frage ich mich, ob ich das wirklich machen möchte oder nicht. Wenn ich mir ganz klar zu dieser

Anfrage sagen kann: »Ja, das möchte ich gerne machen«, verpflichte ich mich und meine Zeit. Bei allen anderen Dingen heißt es für mich: »Zur Hölle, nein danke!« Das mag vor allem geschäftlich erst mal danach klingen, als wären diverse Angebote meine Zeit nicht wert und ich sei etwas Besseres. Tatsächlich aber nehme ich viele Aufträge an, verteile diese aber an Menschen, die mit diesen Arbeiten deutlich mehr anfangen können und auch viel besser darin sind als ich, diese zu lösen. Alle anderen Arbeiten lehne ich kategorisch ab.

Private Anfragen handhabe ich ähnlich. Wenn es mal wieder heißt, dass ich auf irgendeiner Feier, Party oder Fete erscheinen muss und ich davon nicht total überzeugt bin, lehne ich erst einmal dankend ab. Zu oft bin ich zu irgendwelchen Veranstaltungen gegangen und sah mich im Geiste bereits nach dreißig Minuten wieder zur Tür hinauslaufen. Solche Events können einem echt den letzten Nerv und die eigene Zeit rauben.

So kam es beispielsweise, dass ich vor Jahren auf eine Silvesterfete eingeladen war. Dort im Hotel angekommen, zogen sich die Gäste für die Party um – Smoking und Abendkleid. Das volle Programm. Das hätte schön werden können. Nach dem Abendessen, kurz vor Mitternacht, verwandelte sich die Hotellobby jedoch in eine Bauerndisco. Die Sakkos flogen in die Ecke. Die Frauen kickten ihre Schuhe davon und düsten auf die kalte Tanzfläche. Meine Bekannten riefen mir zu: »Ist das nicht ein geiler Abend, Niclas?« Also um ehrlich zu sein: »Nein!« Trotz Ballkleid, Smoking, Vinaigrette und Forelle war der Abend nicht wirklich gediegen, geschweige denn locker und angenehm. Zuerst kam einem alles staubig, exzentrisch und steif vor. Dann kippte die Stimmung. Die Männer, die vorab noch Tischmanieren bewiesen hatten, saßen zwei Stunden später betrunken auf dem Boden der Tanzfläche mit der Champagnerflasche in der Hand. Die Damen benahmen sich wie wilde Hyänen auf der Suche nach Frischfleisch und selbst die älteren Semester wurden zum Puma. Eine Dame mittleren Alters rannte stark beschwipst in mich hinein, als sie die Arme herumwedelnd den »Gangnam Style« tanzte. Kurzum: Der Abend war die Hölle.

Ich lehne so etwas lieber dankend ab. Bei angeblichen Pflichtveranstaltungen verhält sich das ähnlich. Selbst bei großen Hochzeiten von irgendwelchen Bekannten, denen ich nicht einmal nahestehe, gibt es maximal einen Brief mit einer Absage und den besten Wünschen. Ob ich auf der Fete mit meiner Begleitung erscheine, interessiert, seien wir doch mal ehrlich, niemanden. Die meisten Einladungen kommen aufgrund von Freundlichkeit und Höflichkeit zustande. Es ist daher eine zulässige Methode, mit eben jener Freundlichkeit und Höflichkeit auch dankend abzusagen.

Seien Sie unglaublich pingelig mit Ihrer Zeit. Verschwenden Sie nicht das einzige Gut, das Sie wirklich besitzen, an Dinge oder Menschen, die Ihnen nicht wichtig sind. Im Gegenteil, Sie sollten für wichtige Menschen in Ihrem Leben jede Zeit aufbringen und tugendhaft, fleißig und hilfsbereit zur Verfügung stehen. Auf Anhieb mag diese Strategie erst einmal konträr zu der Philosophie der Stoiker stehen.

Seien Sie unglaublich pingelig mit Ihrer Zeit.

Ist es denn überhaupt möglich, die Anfragen anderer Menschen abzulehnen, wenn wir doch tugendhaft und hilfsbereit sein sollten? Absolut! Wer hilfsbereit sein möchte, sollte zuerst auch nach Hilfe gefragt werden. Einladungen sind keine Hilferufe. Die Feier des Großneffen vierten Grades ist nun wirklich kein Anliegen und auch das Meeting, in dem man zwei Stunden vor sich hin gammelt, kann getrost abgelehnt werden. Zu solchen Zeitfressern, die Ihnen Ihre Ruhe und Ihre Gelassenheit nehmen können, sagen Sie einfach ganz freundlich: »Zur Hölle, nein danke!«

Ich wende dieses Prinzip, das ich durch den Sergeant gelernt habe, bei fast allen Dingen an. Für die Singles unter Ihnen kann das heißen, dass Sie nur zu den Dates gehen, wo Sie auch wirklich hinmöchten. Für die Kaufjunkies kann es heißen, dass Sie nur die Produkte kaufen, die Sie wirklich brauchen und die qualitativ eine lange Lebenszeit garantieren. Sie können hier Ihre eigenen Regeln aufstellen, solange Sie diese auch beharrlich verfolgen. Alles andere kann gepflegt zur Hölle fahren.

Wertschätzen Sie Ihre Zeit, um nicht Ihre Ruhe zu verlieren. Gelassenheit und Seelenfrieden müssen ganz oben auf Ihrer Liste der Top-Dinge stehen, die Sie im Leben wertschätzen. Ist Ihre Ruhe nur ein nettes Gadget in Ihrem Arsenal, werden Sie aufgrund der geringen Bedeutung der Ruhe umso schneller Ihre Gelassenheit verlieren. Suchen Sie die Stille und finden Sie zu sich.

CARPE DIEM

»Nichts (...) ist unser wahres Eigentum außer der Zeit.«

Seneca

Die Maschinen piepten einen steten hohen Ton. Für Florian war der Ton eine grässliche Erinnerung daran, dass er die nächste Zeit das Bett im Krankenhaus sein neues Zuhause nennen würde. Nach einer Weile wurde der piepende Ton zur Gewohnheit für ihn. Florian überhörte ihn einfach. Irgendwann begann er, die Geräusche um sich herum zu vergessen. Die Krankenschwestern schwebten wie Geister durch das Zimmer der Intensivstation, in dem Florian lag. Auch ihre Geräusche nahm Florian nicht mehr wahr. Manchmal hörte er in der Ferne die Worte des Arztes und seiner Familie. Was sie sagten, konnte er nicht verstehen. Sein Körper war ausgelaugt und schmerzte zu sehr, als dass er sich auf etwas anderes konzentrieren konnte. Florian spürte, wie die Maschinen ihm beim Atmen halfen. Mit aller Kraft hielt er sich an der Hoffnung fest, bald aus dem Krankenhaus entlassen zu werden und auf seinen eigenen Beinen hinauszuspazieren. Zwei Wochen zuvor noch dachte Florian, dass er die leichten Grippesymptome abschütteln könnte. Kurz darauf brach Florian zusammen und seine Familie hat ihn in das Krankenhaus einliefern lassen.

Florian hat überlebt und die Intensivstation auf seinen eigenen zwei Beinen verlassen. »Urplötzlich wirst du aus deinem Leben gerissen und du merkst, dass dir keine Zeit bleibt«, erzählt mir Florian im Nachhinein. Er schaut traurig und glücklich zugleich aus. Es ist, als habe er dem Tod in die Augen geblickt und begriffen, was wirklich im Leben zählt. Als er mich so ansieht, fragt er: »Warum merken wir erst, was wirklich zählt, wenn wir am Abgrund stehen?« Eine verdammt gute Frage! Mit einer naiven Leichtigkeit könnte ich diese Frage beantworten und schlaue Sprüche klopfen. Wenn ich aber ehrlich zu mir bin, habe ich auch nicht die perfekte Antwort auf solche Fragen. Ich suche in den überlieferten Gedanken der Stoiker nach Weisheit und Rat. Seneca schrieb: »Nein, nicht gering ist die Zeit, die uns zu Gebote steht; wir lassen nur viel davon verloren gehen.« Ich erzähle Florian also von Seneca und seinem Rat. Er nickt. »Du und deine Weisheiten!«, lacht er. »Ich werde niemals wieder so dumm sein und so leichtfertig mit meiner Zeit umgehen«, versprach er noch, bevor wir uns verabschiedeten.

Der Nutzen der Zeit

Im Studium fragte uns der Professor: »Was ist Zeit?« Die Antworten der Studenten reichten vom größten Unfug aller Zeiten bis hin zu kreativen Gedanken zum Thema Zeitmanagement. Einer stammelte etwas von $E = mc^2$. Wusste Einstein denn, was Zeit ist?

Es fällt uns leicht, davon zu sprechen, dass wir unsere Zeit besser oder produktiver nutzen wollen. Schnell treten Wörter wie Effizienz und Effektivität an das Tageslicht. Zu Beginn noch sprachen wir uns selbst gut zu und fantasierten von Techniken und Strategien, um mehr Aufgaben und Ereignisse in unsere Kalender zu quetschen. Schnell merkte man, dass das nicht glücklich, sondern krank macht. Also raus mit dem ganzen Unfug! So versuchten wir stattdessen, den Kalender schmal und einfach zu halten. Es mussten somit neue Techniken und Strategien her, um die dringenden und wichtigen Dinge voneinander zu unterscheiden. Da gibt es beispielsweise den Taylorismus, Selbstmanagement und das Eisenhower-Prinzip oder auch Techniken mit lustigen Namen wie ABC-Analyse, ALPEN-Methode, Pomodoro-Technik oder GTD-Methode. Jede neue Technik versprach, die eigene Zeit am besten zu nutzen.

Die alten Römer und Stoiker waren sich beim Thema Zeit einig. Man musste sie nutzen, da sie begrenzt war. Unser Körper stirbt jeden Moment und jeden Tag ein wenig mehr. Die gegebene Zeit muss ausgekostet werden. Doch zu welchem Preis? *Carpe diem* hieß es bei den Römern. Nutze den Tag. Wie wir allerdings den Tag zu nutzen haben, da waren sich die verschiedenen Philosophien nicht einig. Die Hedonisten und Stoiker unterschieden sich auch hier kolossal voneinander. Eindeutig ist die vorrangige Meinung der heutigen Zeit die der Hedonisten. Zumindest wenn es um das Privatleben geht. Im Beruf wollen wir dann urplötzlich produktiv und supereffizient sein und quetschen alles rein, was geht. Die Differenz zwischen diesen Welten macht uns krank.

Unser Körper stirbt jeden Moment und jeden Tag ein wenig mehr.

Ich merke das immer, wenn ich mit verschiedenen Menschen ins Gespräch komme. Nehmen wir als Beispiel das Meditieren. Die Meinung der Menschen, die ich zum Meditieren höre, ist sehr simpel: »Wenn ich Lust darauf habe und denke, dass ich es brauche, dann tue ich es.« Ja, das klingt ganz nett und auch einleuchtend. »Machst du das auch so mit dem Duschen?«, frage ich dann. Spätestens dann merkt mein Gegenüber, dass ich irgendwie anders und komisch bin. »Quatsch, ich dusche jeden Tag. Ich will ja nicht stinken.« Absolut richtig.

Also duschen wir jeden Tag. Wir meditieren jeden Tag, um Ruhe, Gelassenheit und Achtsamkeit zu trainieren. Wir gehen regelmäßig laufen, um unseren Körper zu trainieren. Wir tun Dinge regelmäßig, auch wenn es unangenehm ist, um die Zeit zu nutzen und um morgen ein besseres Ergebnis zu erhalten. Wir leiden heute, um morgen mehr zu erhalten. Mehr Geld, mehr Gesundheit, mehr Fitness, mehr Ruhe oder mehr Liebe. Wir leiden heute, um uns zu verbessern. Solange wir uns verbessern, nutzen wir unsere Zeit. Egal wie groß der Fortschritt auch sein mag. Selbst wenn Sie jeden Tag joggen gehen und erst nach Monaten des Trainings 500 Meter weiter laufen können, ohne fast dabei zu kollabieren, so schreiten Sie voran.

Der Nutzen unserer Zeit mag von jedem anders definiert werden. Die Stoiker sehen in unserer Zeit die wichtigste Ressource unseres Lebens. Nutzen wir diese Zeit, um besser zu werden, haben wir unsere Lebenszeit klug eingesetzt. In den Hedonismus hineingeboren, glauben wir oft, dass wir heute das Angenehme umarmen sollten. Der Mensch sucht instinktiv nach der sofortigen Befriedigung seiner Wünsche. Diese menschliche Natur können wir nicht ändern. Biologisch gesehen, suchen wir ständig nach der Befriedigung unserer Sehnsüchte. Wir wollen jetzt entspannen, jetzt die Pizza, jetzt in den Urlaub und jetzt sofort den Film gucken. Deshalb sind Produkte und Dienstleistungen, die das Verlangen des Menschen sofort stillen können, so erfolgreich. Wir Menschen wollen nicht warten. Hoch die Tassen, und zwar sofort! Doch wo liegt darin der Nutzen unserer Zeit?

Sicherlich braucht unser Körper Ruhe und Entspannung. Wir sprachen bereits darüber. Ohne unsere Akkus und Energiespeicher wieder aufzuladen, brechen wir zusammen. Doch wie viele Stunden, Tage und Wochen wollen wir auf der Couch hocken oder im Bett liegen bleiben? Unsere Zeit fliegt maßlos dahin. Ohne Regeln und ohne Prinzipien vergessen wir, was es bedeutet, ein gutes Leben zu führen und unsere Zeit tatsächlich auch zu nutzen.

Raus aus der Schule, rein ins Chaos

Erinnern Sie sich an den Tag, als Sie Ihren Schulabschluss gemacht haben, das Zeugnis überreicht bekamen und Ihnen jetzt die große weite Welt offenstand? Erinnern Sie sich an den Tag, als Sie zu Hause ausgezogen sind und Ihre erste eigene Wohnung bezogen haben? Einst herrschte womöglich Disziplin und die Eltern sagten solche Dinge wie: »Solange du deine Füße unter meinem Tisch hast und von meinem Tisch isst, hast du dich an die Regeln des Hauses zu halten.« Unsere Kindheit war von Regeln beherrscht. Dann zogen wir aus und die Regeln waren fort. Ich habe es so zu Beginn des Studiums bei meinen Kommilitonen wahrgenommen. Im ersten Semester feierten die Studenten fünf Tage die Woche. Unter der Woche war niemand vor halb 3 nachts zu Hause. Am Wochenende waren die jungen Studenten dauerhaft bekifft, besoffen oder beides. Es gab kein regelmäßiges Essen, das Training war vergangen und Hausaufgaben gab es keine. Die Wohnungen der Studenten stanken nach ungewaschener Wäsche und auch das Bett hätte gerne alle zwei Wochen ein neues Laken gesehen. Doch Fehlanzeige! Die Studenten lernten, dass ein Leben ohne Regeln funktioniert. Laissez-faire rund um die Uhr. Dann kam das Ende des Semesters und das große Chaos brach aus. Die Klausuren standen an. Drei Wochen vor den Klausuren merkten die Studenten, dass sie ein Problem hatten. Wer fleißig über das Jahr gelernt hatte, die Vorlesungen vor- und nachbereitete kam hervorragend durch die Klausuren. Wer den disziplinlosen Weg gewählt hatte, fiel durch die Klausuren und versagte. Dann hieß es: »Egal, ich habe ja mehrere Versuche für die Klausur.« Nach dem dritten Versuch und ohne Lernerkenntnisse flogen die einstigen Studenten auf die Straße und hatten das Studium vergeigt und ihre Zeit vergeudet.

Das Problem waren nicht die Feten oder die gewonnene Freiheit. Das Problem war vielmehr das Negieren von heutigen Schmerzen für langfristige Erfolge. Sie haben die Wahl: Wollen Sie kurzfristig Freude und langfristig leiden oder kurzfristig leiden und langfristigen Erfolg? Einen Mittelweg gibt es nicht. Je größer das heutige Leid, desto größer der morgige Fortschritt. Wer heute bereit ist, seine Zeit der Disziplin, der Arbeit, dem Lernen oder allgemein dem Fortschritt zu verpflichten, kann morgen die Früchte dafür ernten. Wer heute stattdessen seine Gelüste und Triebe sofort befriedigen muss, wird in der Zukunft dafür umso mehr leiden. Entscheiden Sie sich! Sind Sie bereit, heute zu leiden? Besser noch: Sind Sie bereit, die nächsten Tage, Wochen, Monate und Jahre zu leiden? Sind Sie bereit, Ihre Anstrengungen zu fokussieren, nicht um dadurch neue Erfolge zu feiern, sondern einfach nur um des Fortschritts willen? Das bedeutet es, gemäß Arete zu leben.

Je größer das heutige Leid, desto größer der morgige Fortschritt.

Tugendhafter Belohnungsaufschub

Ich liebe Kuchen. Ich gebe es zu. Wenn ich schon dabei bin, ein Geständnis abzulegen, dann gestehe ich auch gleich ein, dass ich Eis liebe. Die Eisdiele am Strand würde, wenn ich es zuließe, für mich eine Mitgliedskarte einführen. Ein Eisabo, so wie bei Netflix oder den Fitnessstudios. *All-you-can-eat ice cream.* Das wäre es!

Würde ich dieser Sucht nachgeben, wäre ich permanent bei dieser Eisdiele. Ben & Jerry's würde bei Edeka dauerhaft ausverkauft sein und mein Mensch bei der Bank würde mir ein Extrakonto für Eis einrichten müssen. Ich bin ein Serienkiller, wenn es um Stracciatella geht. Dafür komme ich noch in die Hölle. Statt aber hinabzufahren, halte ich meine Lust im Zaum. Ich halte mich zurück. Jeden Tag. Im Sommer dann erlaube ich mir einmal im Monat etwas Eis. Das aber auch nur unter der Bedingung, dass ich dafür weitere fünf Kilometer in jener Woche joggen gehe. Ich tue das nicht, weil ich auf Selbstkasteiung stehe. Ich tue es, weil es einen universellen Nutzen gibt, sobald wir die Erfüllung unserer Wünsche auf morgen verschieben, während wir die Arbeit dafür heute erledigen.

Denken Sie einmal an die Fastenzeit der Christen oder den Ramadan bei den Muslimen. Doch auch jene, die nicht gläubig sind, sind bereits auf den Gedanken gekommen, dass sich hinter dieser Praxis ein Vorteil für unsere Zeit verstecken könnte. So war es auch bei der bekannten Marshmallow-Studie, die zeigte, dass kleine Kinder viel leichter auf etwas verzichten konnten, wenn sie Hoffnung auf einen zweiten Marshmallow hatten. Wir geben jedoch nicht freiwillig auf. Im Gegenteil. Wie kleine Kinder wollen wir jetzt gefüttert werden. Wir wollen jetzt den Marshmallow. Wir wollen jetzt das Eis. Wir wollen jetzt mehr Geld, mehr Liebe, das Küsschen oder das blöde Spielzeug. Erwachsene sind da nicht besser als kleine Kinder.

Erst wenn wir beginnen, unsere Emotionen zu bändigen, ihnen nicht immer vertrauen und uns daran erinnern, was wir im Gegenzug für den Verzicht gewinnen, können wir langfristig verzichten und das Stillen unserer Bedürfnisse aufschieben.

Der Nutzen dieses Aufschiebens ist nämlich gigantisch. Wer Brot, zu viele Kohlenhydrate, und ja, auch das Eis, aufschiebt, tut seinem Körper langfristig etwas Gutes. Langfristig werden Sie dadurch mit Energie, Kraft und möglicherweise auch einem schlanken Bauch gesegnet. Die wirklich guten Dinge brauchen Zeit und fordern von uns das Verzichten auf die kurzfristig schönen Dinge. Wir müssen lernen zu verzichten. Seneca erklärte dies seinem Freund Lucilius so: »Gerade in Zeiten der Sorgenfreiheit soll sich die Seele auf Schwierigkeiten vorbereiten, und gegen die Ungerechtigkeiten des Schicksals soll sie sich schon während dessen Wohltaten stählen.«

Also verzichte ich auf das Eis. Sie können kaum glauben, wie schwer mir das fällt. Doch solch ein Tauschgeschäft geht immer auf. Wer verzichtet und sich später belohnt, findet mehr Zeit, die er nutzen kann. Wer verzichtet, findet mehr Möglichkeiten und Gelassenheit dabei zu akzeptieren, dass nicht alles, wonach uns kurzfristig der Sinn steht, auch langfristig gut für uns ist. Auch wenn wir dafür leiden müssen.

Das Leid nützt der Zeit

Seneca lehrte: »Jedes noch so harte Joch drückt den, der ruhig darunter geht, weniger als den, der widerstrebt. Das einzige Linderungsmittel bei großen Leiden ist, dass man in Geduld der Notwendigkeit gehorche.« Durch diese Worte lehrt uns Seneca zwei relevante Dinge. Zuerst lernen wir, dass wir uns nicht zu schade sein dürfen zu leiden. Wir müssen das Leid willkommen heißen und bereit sein, uns der Verpflichtung hinzugeben. Wir dürfen nicht widerstreben. Zweitens lernen wir, dass wir das Notwendige tun müssen. Doch was ist wirklich notwendig?

Es ist und bleibt notwendig für uns, dem Leid nicht zu entsagen und stattdessen den Schwierigkeiten offen entgegenzutreten. Wir müssen uns den Prinzipien und Regeln hingeben, die wir uns selbst auferlegen. Auch wenn wir nun aus dem Elternhaus ausgezogen sind, müssen wir eigene Regeln entwickeln und diese streng befolgen. Wir müssen uns verpflichten und uns dem Fortschritt hingeben. Wer der hedonistischen und triebgesteuerten Gesellschaft folgt, erlangt keinen Fortschritt und kann seine Zeit niemals im Sinne einer besseren Zukunft nutzen. Der Hedonismus verleitet uns, den Moment zu leben und ihn zu genießen. Doch nicht jeder Moment ist ein Genuss und die permanente Ekstase negiert die Möglichkeit des wahren körperlichen, seelischen und geistigen Fortschritts. Wer die Zukunft verbessern will, muss in der Gegenwart dafür bluten, leiden und kämpfen. Wenn das Heute nicht schwer ist, wird das Morgen umso schwerer. Wenn das Heute uns belastet, werden wir im Morgen härter, schneller, fokussier-

Wenn das Heute nicht schwer ist, wird das Morgen umso schwerer.

ter und belastbarer sein. Seneca schrieb dazu: »Niemand nehme mir auch nur einen Tag, der nicht etwas Angemessenes für einen so großen Verlust zurückgeben will.« Misstrauen Sie jenen, die Ihnen Resilienz und Härte über Nacht versprechen oder eine Technik anpreisen, die Sie härter und widerstandsfähiger macht. Härte kommt durch Leid und je mehr Sie davon erfahren haben oder noch erfahren werden, desto härter werden Sie.

Wir dürfen nicht nachlässig dabei sein, unsere Ziele zu verfolgen. Wir müssen ran. Jeden Tag und ohne Ausnahme. Doch wie oft verplempern und vertrödeln wir trotzdem unsere Zeit und lassen sie dahinfliegen? Wir sitzen stundenlang vor der Flimmerkiste, starren den Bildschirm an, hocken vor der Konsole, lesen die schlechte Presse und Nachrichten von Gewalt, Krieg und Terror. Wir lenken uns ab, um das Unvermeidliche nach hinten zu schieben. Die Zeit kann nicht genutzt werden, wenn wir nicht dafür bereit sind, in jener auch zu leiden. Wenn wir nicht zu Lebzeiten leiden, leiden wir umso mehr zum Ende unserer Zeit, indem wir bereuen und beklagen. Genau dann wird die Zeit vergangen sein und niemals wiederkehren. Sie wird unwiderruflich verstorben sein und mit ihr gehen all die Chancen und Möglichkeiten unseres Lebens. Wer seine Zeit nutzen möchte, muss leiden.

Essenzialismus

Doch wie teilen wir unsere Zeit am besten ein? Bevor es jetzt Abhandlungen zum Thema Zeitmanagement hagelt, müssen wir uns viel mehr auf unsere Aufgabe fokussieren. In unserer Welt müssen wir nicht die Gesamtheit aller Möglichkeiten wahrnehmen. Wir müssen unsere Wahlmöglichkeiten eingrenzen und bewusst wählen. Die Frage ist nicht, was wir in den Kalender stopfen können, sondern wie leer wir ihn von Ablenkungen kriegen.

Seneca schrieb an Lucilius: »Befreie dich für dich selbst und erlange und bewahre für dich die Zeit, die dir bisher offen geraubt oder heimlich gestohlen wurde oder aber einfach verloren gegangen ist.« Wir müssen uns fragen, was wirklich wichtig ist und unserer Aufgabe dient. Fragen Sie sich: »Was wird wirklich passieren, wenn ich an diesem Meeting nicht teilnehme? Was wird passieren, wenn ich an diesen Telekonferenzen nicht teilnehme? Werde ich wirklich etwas für mein Leben verpassen oder meine Aufgabe damit vernachlässigen?«

Bevor ich den Sergeant kennenlernte, hetzte ich von einem Meeting zum nächsten Termin. Ich war ständig unterwegs und ungewollt waren Hotels mein zweites Zuhause. Kurz bevor ich den Sergeant traf, lag ich eines Abends in einem der Hotels und schlief völlig erschöpft ein. Am Morgen darauf sah ich an die Decke und fragte mich für einen Moment, in welcher Stadt ich gerade überhaupt war. Es war noch dunkel draußen und ich hatte viel weniger Schlaf genießen können, als ich es mir erhofft hatte. Im Spiegelbild dann sah ich nur noch meine Lebenszeit an mir vorübergehen. Ich hatte bei all den Verpflichtungen und Terminen völlig vergessen, wo die Zeit geblieben war. Die Monate und Jahre waren an mir vorbeigeflogen. Erst als ich aufwachte, konnte ich mein Leben um 180 Grad drehen und es verändern. Erst da konnte ich gegen das Hamsterrad, das mich umgab, und die hedonistische Tretmühle rebellieren.

Wenn Sie Ihre Zeit nutzen wollen, müssen wir uns dem Rat von Seneca widmen. Seine Lektion ist so simpel und doch so schwer. Was ist wirklich essenziell und wie können wir unsere

Aufgabe erfüllen, anstatt nur beschäftigt dahinzuvegetieren? Sie besitzen nichts Wertvolleres als Ihre Zeit. Kein Geld, keine Freunde und keine Liebschaften sind wertvoller als Ihre Zeit. Gewöhnen Sie es sich also an, sich bei allen Dingen zunächst zu fragen, ob sie wirklich Ihrer Aufgabe dienlich sind.

Definieren Sie dafür Ihre Lebensaufgabe anhand Ihrer Ziele, für welche Sie, wie eingangs besprochen, bereit sind zu leiden. Wählen Sie aber nicht gleich fünfzig verschiedene Ziele aus. Wer zu viele Ziele hat, hat kein einziges, da Sie nicht die Zeit haben, um sich bewusst Ihren Zielen zu widmen. Setzen Sie sich niemals mehr als drei bis fünf Ziele pro Jahr. Dabei sollte ein einziges Ziel die absolute Priorität haben und das größte Ziel auf Ihrer Liste sein. Fragen Sie sich nicht, wie Sie Ihr Ziel in den nächsten fünf Jahren erreichen können. Fragen Sie sich, wie Sie innerhalb der nächsten fünf Monate dem Erfolg Ihres Zieles so näherkommen, dass es vor der Vollendung steht. Diese Frage wird Sie dazu zwingen, alle Ablenkungen Ihres Lebens abzulehnen und sich nur noch auf das zu konzentrieren, was wirklich wichtig ist und Ihrem Ziel dienlich ist.

Ablenkungen sind das größte Gift unserer Zeit. Seien diese Ablenkungen Social Media, unnötige Meetings oder Konferenzen, zu viele Feten, das wahllose Surfen durch das Netz, Erotikfilme, Spiele oder das triebgesteuerte Einkaufen im Internet. Eliminieren Sie so viele dieser Ablenkungen aus Ihrem Leben, wie Sie nur können. Löschen Sie alle Applikationen auf Ihrem Smartphone, außer solchen, die unbedingt notwendig sind. Blockieren Sie Webseiten durch Ihren Computer, die Ihnen Ihre Zeit stehlen und Sie abhängig machen. Verkaufen Sie Ihre Spielekonsolen oder löschen Sie Ihre Konten bei diversen Shopping-Anbietern, wenn diese Ihre Zeit stehlen. Werden Sie den Ballast los, der Sie ablenkt und Ihnen Ihre Zeit stiehlt. Sagen Sie alle nicht förderlichen Termine ab. Das mag nun zunächst erst einmal nach Schmerzen klingen. Warum sollte jemand so etwas tun? Warum sollte jemand so radikal diese Dinge aus dem eigenen Leben verbannen? Ihr Ego und der angelernte Hedonismus sprechen aus Ihnen heraus und warnen Sie davor, diese angeblich angenehmen Dinge loszulassen. Doch stattdessen werden Sie bereits nach einer Weile merken, wie wunderbar befreiend es sich anfühlt, all diese Zeitkiller zu eliminieren.

Der Regelkodex Ihrer Zeit

Doch nicht nur Apps und Dinge können Ihnen Ihre Zeit stehlen. Seneca schrieb: »Was die Menschen anlangt, mit denen man es zu tun hat, so ist eine Auswahl ganz unerlässlich. Man frage sich: Sind sie es wert, dass wir einen Teil unserer Zeit an sie wenden?« Und weiter: »Ich wundere mich oft, wenn ich sehe, dass man andere bittet, uns ihre Zeit zu widmen, und dass die darum Ersuchten sich so überaus gefällig erweisen. Beide lassen sich bestimmen durch die Rücksicht auf das, was die Bitte um Zeit veranlasste, keiner von beiden durch die Rücksicht auf die Zeit selbst: Man bittet um sie, als wäre sie nichts; man gewährt sie, als wäre sie nichts.«

Ja, es gibt solche Menschen, die Ihnen Ihre Zeit rauben. Sie können Ihnen nicht nur, wie bereits besprochen, Ihre Energie rauben, sondern auch Ihre Lebenszeit wie eine Burg belagern und schlussendlich besetzen. Verraten Sie mir, wie Sie Ihre Zeit nutzen wollen, wenn Sie sie an Menschen verschenken, die nicht Ihren Weg und Ihren Fortschritt unterstützen? Wenn Bettler auf der Straße uns um unser Geld bitten, bleiben die wenigsten stehen und holen ein bis zwei Münzen heraus. Die meisten gehen einfach weiter, weil sie geizig sind mit ihrem Geld. Ihre Zeit hingegen geben die Menschen einfach so auf, als wäre sie nichts wert. Wir halten wertlose Dinge für wertvoll und Wertvolles für unerschöpflich.

Wenn wir aus unserem Elternhaus ausgezogen sind, brauchen wir selbst auferlegte Regeln. Wir brauchen einen Regelkatalog, an den wir uns wenden können, wenn wir nicht wissen, wie wir unsere Zeit effizient und effektiv einsetzen. Wir brauchen einen Plan, bevor wir wahllos durch die Fluten des chaotischen Hedonismus gleiten. Das Wunderbare an so einem Regelkodex ist nicht, dass er von Seneca oder mir vorgegeben wird. Um Himmels willen! Es ist Ihr Leben und Ihre Lebenszeit. Entscheiden Sie also selbst, wie Ihr Regelkodex aussehen soll. Ich kenne Menschen, die sich ihren Regelkodex im DIN-A1-Format an die Wand gehängt haben, schön verziert in Tagebücher geschrieben haben oder ihn sich sogar auf den Körper malen ließen. Mir sei es gleich. Wichtig ist doch nur, dass der Regelkodex gelebt wird. Alles andere hat keine wirkliche Bedeutung.

Vor ein paar Seiten schrieb ich über den stoischen Umgang mit Neidern oder Kritikern. Wäre es nicht angebracht, solche Ideen mit aufzunehmen und nun Ihren Regelkodex über den Umgang mit Ihrer Zeit zu erweitern? Folgende Fragen können Ihnen bei der Niederschrift Ihrer Regeln und Ihres Regelkodex behilflich sein:

1. Wie werden Sie in Zukunft leben, wenn Sie heute anderen vergeben?
2. Wann wissen Sie, wem Sie wie viel Zeit bereit sind zu schenken?
3. Wie oft verpflichten Sie sich pro Woche, an Ihrer Gesundheit und Ihrem Körper zu arbeiten?

4. Wie viele Stunden sind Sie bereit pro Woche, für andere Menschen zu investieren?
5. Wie viele Stunden wollen Sie pro Woche für andere unerreichbar sein?
6. Wie viele Stunden erlauben Sie sich pro Woche fernzuschauen?
7. Was sind die Aktivitäten, von denen Sie abhängig geworden sind und von denen Sie sich lossagen werden?
8. Wann wollen Sie beginnen zu leben?
9. Wie viele Stunden sind Sie am Tag unehrlich zu anderen und sich selbst?
10. Haben Sie heute gemäß Arete gelebt?

Diese Fragen sind nur ein kleiner Anstoß in die richtige Richtung. Nehmen Sie sich genug Zeit für sich und die Überlegungen Ihres Regelkodex. Ich arbeite seit Jahren an ihm und verfeinere ihn, während ich gewisse Regeln eine Weile ausprobiere und versuche, nach ihnen zu leben. Sie pellen so Schritt für Schritt ein neues und besseres Ich heraus und leben dieses Ich ganz bewusst. Erlauben Sie sich ruhig, den Menschen bewusst zu erfinden, der Sie sein möchten. Auf diese Weise werden Sie zur besten Person, die Sie sein können.

Fleiß ist der Preis

Sobald das erledigt ist, müssen Sie ran an den Speck. Fleiß ist der Preis. Wer vor der Arbeit davonläuft, kommt nicht weiter. Jeder Tag, an dem Sie die Arbeit vor sich herschieben, ist ein weiterer toter Tag, der niemals wiederkehrt. Lassen Sie sich nicht einreden, dass die Stoiker keine fleißigen Menschen waren, auch wenn dies häufig erklärt wird. Seneca war sehr erfolgreich. Marcus Aurelius war römischer Kaiser. Epiktet war Besitzer einer Schule. Panaitios war ein sehr erfolgreicher Diplomat und Verbindungsmann und Cato der Jüngere war ein überaus geschickter Bankier – zumindest würde man das heute von ihm behaupten.

Die Stoiker waren sehr fleißig und strebten stets danach, Ihren Einfluss, Ihre Taten und Erfolge zu maximieren. Auch wenn Sie dies nicht für das eigene Wohlbefinden, Status, Geld und Ruhm taten, so sahen die Stoiker im Fleiß ein probates Mittel, sich tugendhaft zu verhalten. Der Erfolg der Stoiker kam der Gemeinschaft zugute. Epiktet brachte einige sehr große Philosophen der Antike in seiner Schule hervor. Durch Marcus Aurelius blühte das Römische Reich auf. Durch die Lehren und Leben der Stoiker eiferten viele Männer und Frauen der kommenden Geschichte deren Tugenden nach.

Tun Sie es den Stoikern gleich. Gehen Sie mit gutem Beispiel voran. Arbeiten Sie täglich und fleißig an der Erfüllung Ihrer Ziele. Dafür müssen Sie sich bereitwillig den Qualen der Arbeit hingeben. Auch wenn Sie gerade einmal keine Lust haben, sich ausgelaugt fühlen und am liebsten die Arbeit aufschieben würden, so müssen Sie tatkräftig ans Werk schreiten. Bilden Sie sich weiter. Besuchen Sie eine Abendschule, holen Sie den Schulabschluss nach, machen Sie eine neue Ausbildung, beenden oder beginnen Sie ein Studium. Machen Sie diese Zusatzausbildung. Bewerben Sie sich für die Stelle, die Sie interessiert. Beginnen Sie die Arbeit und schieben Sie nicht länger auf die lange Bank, was Sie heute erledigen können.

Fleiß ist unser Investment. Unsere Rendite ist der Nutzen. Je beharrlicher, langfristiger und disziplinierter wir investieren, desto größer wird unsere Rendite ausfallen. So ist es in der Finanzwelt und bei allen anderen Dingen, in die wir unsere Zeit in Verbindung mit Fleiß und Arbeit investieren können.

Wenn Sie dann die ersten Erfolge einfahren, erinnern Sie sich an den Rat von Seneca: »Verachtet alles, was unangebrachter Fleiß angeblich zum Schmuck und zur Zierde uns vor Augen stellt. Sagt euch, dass nichts als der Geist Bewunderung verdient; ist er selbst groß, so ist für ihn nichts groß.« Seien Sie fleißig, um Ihre Zeit zu nutzen, nicht um anderen zu gefallen oder Lob zu erhalten.

Wer werden Sie gewesen sein?

»Wer war er?«, fragte der Junge seinen Vater. Dieser schaute traurig drein und fand keine Antwort. »Dein Großvater war …« Er stoppte. Dort, wo Worte hätten folgen müssen, fand der Vater des Jungen nur die Leere. Er erinnerte sich an einige Jahre der Gemeinsamkeit, als er den Kopf weiter senkte und nun merkte, dass ein Grabstein mit einem Namen darauf alles war, was von seinem Vater und dem Großvater seines Sohns geblieben war.

»Ich kann dir nicht sagen, wer Opa war. Du hast ihn nie kennengelernt. Als ich so alt war wie du, war Opa immer sehr viel unterwegs. Er hat viel gearbeitet«, erklärt der Vater seinem Sohn. Der kleine Junge versteht nicht recht. »Hat Opa nie mit dir Fußball gespielt?«, fragt er. Alles, was der Vater noch rausdrücken kann, bevor er anfängt, seine Tränen zu unterdrücken, ist ein: »Ich erinnere mich nicht.«

Wie werden die Menschen, die nach uns kommen, diese Frage wohl beantworten? Wer war sie? Wer war er? Ich habe auf diese Frage keine Antwort. Ich kann Ihnen nicht sagen, was die Menschen sagen werden. Vielleicht wird man uns vergessen. Vielleicht wird man aber auch noch über uns in eintausend Jahren, wie über Achilles, sprechen. Ihr Leben ist kein Erfolg, nur weil andere über Sie reden. Was bleibt zurück, wenn Ihr Besitz, Ihre Titel, Zertifikate, Errungenschaften, Erfolge und Ihr Ruhm zerfallen sind? Was werden Sie hinterlassen? Unser Ego spielt uns Streiche, indem es uns arbeiten lässt, als würden wir niemals sterben, und uns schlussendlich sterben lässt, als hätten wir niemals gelebt.

Ihr Leben ist kein Erfolg, nur weil andere über Sie reden.

War das Leben des Großvaters denn ein Misserfolg, nur weil er viel gearbeitet hat? Vielleicht war die Arbeit ein Opfer für das bessere Leben seiner Kinder. Kein Leben wurde jemals schlecht, weil man Opfer für seine Liebsten erbracht hat. In unserer hedonistischen Welt fällt es uns leicht, unsere Zeit als unser Eigentum zu betrachten. Wir identifizieren uns damit. Als Außenstehender mögen wir den Vater und seinen Sohn bemitleiden. Emphatisch fühlen wir in den Jungen und seinen Vater hinein, wie sie dort stehen und am Grab des Großvaters seiner gedenken. Wie bewerten wir die Leben unserer verstorbenen und geliebten Menschen? Wie wird man Ihr Leben bewerten, wenn Ihre Liebsten an Ihrem Grab stehen?

Fakt ist, dass wir alle eines Tages sterben werden. Tatsache ist allerdings auch, dass wir all die Tage vor unserem Todestag leben werden. Ein Regelkodex oder die Anwendung des Stoizismus macht Ihr Leben noch nicht erfolgreich. Doch ist ein erfolgreiches Leben denn auch ein gutes Leben? Niemand möchte sich mit seinem eigenen Tod beschäftigen, wohl aber über das eigene Leben sinnieren. Seneca schrieb an Lucilius: »Kein Tod ist von größerer oder geringerer Bedeutung: Bei allen hat er nämlich dasselbe Maß, das Leben beendet zu haben.«

Für die Stoiker war der Tod die ultimative Zeitmanagement-Technik. Sie war so bedeutend, dass ihr das Konzept *Memento mori* zugeschrieben wurde, über das wir uns im nächsten Kapitel weitere Gedanken machen werden. Wenn es Ihnen schwerfällt, Ihre Zeit zu nutzen und das Prinzip *carpe diem* anzuwenden, so fragen Sie sich: »Was werden meine Liebsten an meinem Grab niemals sagen, weil ich es verpasst habe, meine Zeit zu nutzen und meine Lebensaufgabe zu erfüllen?« Diese Frage ist, wenn sie ehrlich gestellt wird, ein solches Erwachen, dass sie fähig ist, Ihren Weg völlig auf den Kopf zu stellen. Womöglich fürchten Sie sich auch vor dieser Frage und reagieren leichtfertig darauf, indem Sie sagen: »Wen interessiert das? Wenn ich nicht mehr lebe, interessiert es mich ja auch nicht mehr.« In diesem Fall ist es wieder Ihr Ego und die Vorstellung, dass Sie der Mittelpunkt Ihres Lebens sind, der Sie die Bedeutung Ihrer Zeit negieren lässt.

Ablenkungen

Misstrauen Sie den Gurus und Schwätzern, die Ihnen Versprechungen geben, als wüssten sie, wo Ihr Weg liegt. Niemand kann Ihnen das zeigen. Kein Guru, kein Seneca, keine Eltern, kein Buch und schon gar nicht ich. Ihre Lebensaufgabe finden Sie nicht. Sie schaufeln Sie stattdessen frei. Seneca schrieb an Lucilius: »Was Ablenkungen anlangt, so scheint mir die Stimme gefährlicher zu sein als bloßes Geräusch.« Wir müssen uns vor den Meinungen und den vielen Perspektiven anderer in Acht nehmen. Wir müssen uns vor den Ablenkungen in Acht nehmen, die uns davon abhalten, auf den rechten Pfad zu gelangen, um dort unsere Lebensaufgabe zu erfüllen. Diese Lebensaufgabe wird als frischgebackener Stoiker selten ein bestimmter Beruf oder eine Tätigkeit sein. Sie wird vielmehr in den stoischen Tugenden liegen. Für den Sergeant ist das Dienen die Lebensaufgabe. Seneca schrieb an Lucilius dazu: »Wer einem anderen nützt, hat damit auch immer sich selbst genützt.«

Wenn Sie Ihre Lebensaufgabe wählen, so verschreiben Sie sich dieser mit all Ihrer Kraft und Energie. Doch das Finden dieser Lebensaufgabe ist nicht immer ganz einfach. Ein Job muss kein Beruf sein und wozu wir uns berufen fühlen, bringt uns nicht immer Ruhm und Ehre. Es gibt einen gigantischen Unterschied zwischen Ihrem Job und Ihrer Lebensaufgabe oder Berufung. Doch eines sollte klar sein: Unsere Berufung liegt immer im Dienst. Wenn wir dienen, unterstützen, helfen und Probleme lösen, finden wir unser Glück, unsere Lebensaufgabe und die Erfüllung unserer Tugenden. Auch wenn wir dafür klein anfangen müssen, so können wir doch weiterkommen. Was wir machen, ist weniger wichtig, als wie wir es machen. Wann wir es machen, ist wichtiger, als wo wir es tun. Eine schnelle E-Mail ist einfacher getippt, als ein umfassender Brief geschrieben werden kann. Eine Sache hervorragend zu machen, ist schwieriger, aber lohnenswerter, als zu versuchen, fünf Dinge auf einmal, aber halbherzig zu erledigen. Gute Dinge brauchen Zeit, wenn wir uns ihnen tugendhaft verschreiben und unser ganzes Herzblut in sie investieren. Warum versuchen wir, mehrere Dinge gleichzeitig zu jonglieren? Warum lassen wir uns ablenken und investieren nicht 100 Prozent unserer Aufmerksamkeit in eine Aufgabe, eine Leidenschaft oder eine Tätigkeit? Warum investieren wir nicht alles, was wir haben, in unsere Lebensaufgabe?

Ja, Ablenkungen können Menschen sein. Ablenkungen können Telefonate, E-Mails oder Kurznachrichten sein. Doch Ablenkungen können auch selbst auferlegt sein. Störungen kommen nicht immer nur von außen. Sie befallen uns auch von innen. Wie oft unterbrechen Sie eine Tätigkeit, um kurz auf das Smartphone zu schielen? Wie oft lassen Sie YouTube eine kurze Berieselung sein, um nicht länger an der schwierigen Aufgabe sitzen zu müssen? Wie oft zögern Sie das Lernen hinaus, um sich nicht der Anstrengung hinzugeben? Ist das ein tugendhaftes Leben?

Sie können erkennen, dass die Tugenden der Stoiker jedes Thema unseres Lebens durchziehen. Ein tugendhaftes Leben ist der Kern des stoischen Lebens. Es ist die Karamellfüllung unter der zartbitteren Schokolade. Die Tugend ist der Meilenstein zu einem guten Leben. Die Tugendhaftigkeit muss immer ein Teil unseres Lebens sein als Stoiker. Um tugendhaft zu leben, müssen wir die Ablenkungen aus unserem Leben verbannen. Seneca schrieb in seinen Briefen: »Das Notwendige bemisst der Nutzen; das Überflüssige aber – worauf willst du es beschränken?« Wir müssen zu uns finden und so viel Klarheit und Wahrheit finden, wie wir es nur können. Das bedeutet es, unsere Zeit wirklich zu nutzen. *Carpe diem!*

DIE ASCHE MACHT ALLE GLEICH

> »Das eben ist die große Selbsttäuschung, der wir uns hingeben, dass wir den Tod in die Zukunft verlegen: Zum großen Teil liegt er schon hinter uns, alles vergangene Leben liegt im Banne des Todes.«
>
> *Seneca*

Das Ego straft uns im Leben mehr als im Tode. Seneca schrieb: »Die Asche macht alle gleich.« Der Tod wird uns ereilen – so viel ist gewiss. Obwohl wir das einzige Wesen zu sein scheinen, das von seinem Tod weiß, schieben wir Gedanken an unser Ende, so weit es geht, in die Zukunft. Doch der Tod ereilt nicht nur unseren Körper. Für viele ist der Zerfall des Körpers nur ein Ergebnis des Todes ihres Geistes. Wie viele werden vierzig Jahre nach ihrem Tod erst beerdigt? Wie viele haben von ihren Träumen und dem guten Leben nie gekostet und werden beerdigt, ohne jemals die andere Seite gesehen zu haben?

Ja, vielleicht wollen Sie den hedonistischen Weg einschlagen und Ihr Leben dem Streben nach mehr Genuss opfern. Am Ende dann blicken Sie zurück, erinnern sich kurz an all die fetten Jahre, die Partys, die teuren Gegenstände, für die Sie so hart gearbeitet haben. Sie erinnern sich schnell noch an die fliegenden Schlüpfer oder den heißen Herkules und ehe Sie sich's versehen, fällt der Vorhang. Was ist das für ein Leben gewesen? Vielleicht wird Ihnen diese Ruhe aber auch nicht gegönnt und das Leben endet mit einem Paukenschlag. Ein paar

Momente der Angst ziehen dahin, bevor es dunkel wird. War es das nun?

Fürchten Sie den Tod nicht

Es mag unpassend erscheinen, dass der Tod ein so tragendes Element des Stoizismus oder der Lehren Senecas ist. Doch keine Bange! Die Stoiker waren keine Todesengel oder Boten der Dunkelheit. Da die Stoiker viel über das Leben nachdachten, gehörten Gedanken über den Tod zwangsläufig mit dazu.

Wer denkt schon gerne über den Tod nach, gar über den eigenen Tod? Wem es so ergeht, der hat den Schrecken über den Tod noch nicht verloren. Seneca schrieb: »Lass alles andere beiseite (...) und richte dein Streben dahin, dass der Name des Todes seinen Schrecken für dich verliert. Mach ihn dir durch häufiges Nachdenken vertraut, damit du, wenn es die Umstände fordern, ihm sogar entgegengehen kannst.« Der Stammesführer Tecumseh vom Stamm der Shawnee fand die schönsten Worte dafür, lange nachdem Seneca bereits gestorben war. Er schrieb:

> »Lebe dein Leben so, dass die Furcht vor dem Tod niemals in dein Herz dringen kann.
> Ärgere niemanden seines Glaubens wegen; respektiere anderer Leute Ansichten und verlange, dass man deine respektiert.
> Liebe dein Leben, verbessere dein Leben, verschönere alle Dinge deines Lebens. Schau, dass du ein langes Leben lebst, und gib ihm den Sinn, für andere da zu sein.

> Bereite ein großartiges Todeslied vor für den Tag, an welchem du gehen musst. Gib immer einen Gruß oder ein nettes Wort, wenn du einen Freund triffst oder vorbeigehen siehst. Selbst einem Fremden, der alleine ist.
> Zeige Respekt gegenüber allen Menschen, aber verbeuge dich vor niemandem. Wenn du morgens aufstehst, bedanke dich für Essen und Lebensfreude.
> Wenn du keinen Grund siehst, dich zu bedanken, dann suche den Fehler nur in dir selbst. Missbrauche niemanden und nichts Lebendes. Missbrauch macht aus klugen Menschen Dummköpfe und beraubt sie des Geistes ihrer Visionen.
> Wenn deine Zeit des Sterbens gekommen ist, sei nicht so wie diese, deren Herzen gefüllt sind mit Furcht vor dem Tod, sodass, wenn es so weit ist, sie schluchzen und beten um ein wenig mehr Zeit, ihr Leben noch einmal, aber anders leben zu können.
> Singe dein Todeslied und stirb wie ein Held, der nach Hause geht.«

Tecumseh mag kein Stoiker gewesen sein und ich teile dieses Gedicht mit Ihnen nicht, weil es zu meinen absoluten Lieblingen gehört, sondern weil Tecumseh, so wie die Stoiker, verstand, den Tod nicht zu fürchten. Er verstand, dass der Tod ein natürlicher Teil des Lebens war und eben dieser Tod nur eine weitere Station auf unserem Weg ist.

Durch die Stoiker habe ich mir viele Gedanken über den Tod gemacht. Es waren zu Beginn solche Gedanken, die ich versuchte, von mir zu drängen und zu leugnen. »Der Tod ist noch so weit von mir entfernt«, sagte ich mir. Doch was ist, wenn er das nicht wäre? Ich weiß nicht, wann Sie und ich die letzte bekannte Reise antreten. Womöglich ist das auch gut so. Doch die Unwissenheit über diesen kommenden Weg muss uns keine Angst machen.

Dem Tod ins Auge geblickt

Für den angehenden Stoiker ist es sinnlos, über ein Leben nach dem Tod nachzudenken. Stattdessen sollten wir uns mit dem Gedanken anfreunden, dass wir eines Tages unsere letzte Reise antreten. Bis dahin sterben wir jeden Tag ein wenig mehr. Jede Minute und jeder Tag schwinden dahin, ohne dass wir diesen Prozess jemals aufhalten können. Es heißt, dass, wer niemals dem Tod ins Auge geblickt hat, niemals den wahren Wert des Lebens versteht. Ob dem so ist, weiß ich nicht. Doch ich weiß, dass das Leben uns seine Bedeutung ins Gesicht klatscht, wenn wir erst einmal dort liegen und gesagt bekommen, dass unser Leben in Kürze ein Ende findet.

Mit Mitte zwanzig erging es mir so, als ich eines Nachts ins Krankenhaus kam und mir ein weniger empathischer Arzt erklärte, dass ich eine Blutung im Gehirn hätte und meine Angelegenheiten klären müsse. Er könne mir nicht helfen, hieß es. Ich muss gestehen, dass ich von Medizin nicht allzu viel verstehe und mir in diesem Moment nichts anderes übrig blieb, als dem Gott in Weiß zu vertrauen. Als ich dort in dieser Nacht auf der Liege lag, überkam mich das Gefühl des Todes. Ich dachte: »Das war es jetzt? Ich bin doch noch viel zu jung. So was kann doch mir nicht passieren. So was passiert doch immer anderen in einem Film.« Es fühlte sich wie ein schlechter Traum an. Ich schrie in meinem Kopf: »Wach auf! Wach auf!« Doch ich war bereits wach. Zu diesem Zeitpunkt hatte die Angst bereits meinen ganzen Körper befallen. Ich zitterte am ganzen Leib und kam kaum zur Ruhe. Als der Arzt das Zimmer verließ, sah ich meinen Vater sprachlos und hilflos neben mir. Dieser Anblick war schlimmer als die Gewissheit des Todes für mich. Ich kam ins Nachdenken. Meine Kopfschmerzen hämmerten auf mich ein, doch ich dachte über mein Leben nach. Plötzlich waren die Momente des Glücks, der Besitz, Geld, Autos, die Firma und vergangene Tage dahin und unwichtig. Das muss es gewesen sein, wovon Tecumseh in seinem Gedicht sprach. Mein Herz war von der Furcht vor dem Tod erfüllt und ich wünschte mir, noch mehr Zeit zu haben. Ich war weit davon entfernt, mein Todeslied zu singen und wie ein Held, der nach Hause geht, zu sterben. Senecas Rat: »Was auch immer das Schicksal für ein Ende für dich bestimmt hat, lerne, es zu ertragen«, war für mich nicht mehr als ein nettes Zitat.

Da lag ich nun. Ein Anruf bei meiner Ärztin des Vertrauens gab mir wieder Hoffnung. »Fahr heim und komm morgen in meine Praxis. Du wirst die Nacht überleben«, sagte sie, als sie versuchte, mich zu beruhigen. Offensichtlich habe ich überlebt und die Diagnose des Neurochirurgen lag völlig daneben. »Wie wenig Macht mir doch über meinen Körper in Zeiten der Krankheit bleibt«, dachte ich. Doch war dem so? Was würden die Stoiker, Seneca oder der Sergeant dazu sagen?

Unser Körper zerfällt jeden Tag ein wenig mehr. In Zeiten von Krankheiten bleibt uns nichts anderes übrig, als uns Ruhe zu gönnen und auf den ärztlichen Rat zu vertrauen. Doch unser Geist, unser Urteil und unsere Reaktionen liegen weiterhin in unserer Macht. Es wäre damals tugendhaft gewesen, nicht gleich in Angst zu verfallen, sondern meinen Emotionen zu misstrauen. Es wäre für mich vortrefflich gewesen, wenn ich Ruhe bewahrt hätte, um Einschätzungen weiterer Ärzte einzuholen. Doch die Aussage des Arztes: »Dir bleibt nicht mehr viel Zeit« war für mich zu viel. Ich weiß nicht, ob man es eine Nahtoderfahrung nennen kann. Ich denke eher, dass ich eine wertvolle Erfahrung über das Leben gemacht habe. Senecas Worte fallen mir dazu ein: »Wir sind in niemandes Gewalt, während der Tod in unserer Gewalt ist.« Wenn wir unsere Reaktionen und unseren Geist kontrollieren, so mögen wir lernen, die Angst vor dem Tod zu besiegen.

Die unendliche Veränderung

Können wir also das Leben so wertschätzen, auch ohne eine solche Erfahrung gemacht zu haben? Ich denke, ja. Machen Sie sich immer wieder bewusst, dass dieser Augenblick in all seiner Fülle niemals wiederkehren kann. Atmen Sie tief ein. Alles, was nun ist, wird vergehen. Die Häuser, die Sie sehen, werden zerfallen. Die Menschen, die um Sie herum sind, werden sterben. Die Telefone werden verstummen und zerfallen. Die Probleme werden vorübergehen. Das Geld wird Sie verlassen und an jemand anderen gehen. Die Aktien werden steigen, fallen und wieder steigen, bis die Firmen hinter den Aktien eines Tages insolvent gehen oder eingestampft werden. Die Politiker werden vergehen. Die Politik wird ihr Ende finden. Die Währung wird sich verändern. Ihre Schönheit wird vergehen und tiefen Falten und schlaffer Haut weichen. Alles in dieser Welt ist zu einer unendlichen Veränderung verdammt. Nichts wird morgen so sein, wie es heute ist.

Alles in dieser Welt ist zu einer unendlichen Veränderung verdammt.

Erinnern Sie sich an das Prinzip Amor Fati? An diesem Punkt spielt dieses Konzept eine bedeutende Rolle. Es fällt uns so viel leichter, das Leben dankbar anzunehmen und jeden vergänglichen Moment zu schätzen, wenn wir verstehen lernen, dass wir diese Veränderung akzeptieren und lieben lernen können. Schlussendlich sind wir ein Teil dieser Veränderung und drücken der Welt durch unsere Existenz unseren Stempel auf, der mit zu der Veränderung dieser Welt beiträgt. Wenn Sie diese Veränderung lieben, so wird es Ihnen leichterfallen zu akzeptieren, dass das Leben eine endliche Reise ist.

Memento mori

»Bedenke, dass du sterben wirst«, lautete der Rat der Stoiker. Seneca schrieb an Lucilius: »Es ist ungewiss, wo der Tod dich erwartet; erwarte ihn also, wo du auch willst.« Seneca lehrt uns mit diesem Ratschlag nicht, dass wir hinter jeder Ecke einen Scharfschützen sehen sollten. Selbstverständlich könnte jede Ampel und jede Ecke unser Ende bedeuten. Doch so paranoid und ängstlich durch das Leben zu schreiten, widerspricht dem Prinzip Arete. Wie wollen Sie tugendhaft leben, wenn Sie immer ängstlich den Tod erwarten? Bedenken Sie aber, dass das Leben endlich und unsere Zeit kostbar und wertvoll ist.

Wir haben nur dieses eine Leben. Logisch, oder? Warum aber verbringen dennoch so viele Menschen ihr Leben in einer hedonistischen Tretmühle, in einem Hamsterrad, das sie gefangen hält und ihre Lebenszeit verrinnen lässt? Glauben wir denn, dass wir den Überstunden im Büro nachtrauern werden? Die durchschnittliche Führungskraft macht heute beispielsweise

2,5 Jahre Überstunden in ihrer gesamten Lebenszeit. Im Schnitt zumindest. Ist das nicht der Wahnsinn? Denken Sie auch einmal an all die Stunden, die wir auf den Autobahnen verbringen, im Stau stehen oder an der Ampel warten. Wir vertrödeln und verplempern in der Summe Jahre unserer kostbaren Zeit. In diesem Fall ist nicht die Angst schuld. Unsere Ignoranz trifft der Schuldspruch. Wir glauben, es besser zu wissen, handeln aber schlechter. Wir setzen uns, obwohl wir es besser wissen, stundenlang in den Stau. Wir setzen uns freiwillig in Besprechungen, die ein Monolog des Abteilungsleiters sind. »Das ist mein Job. Das gehört eben dazu«, sagen wir uns, um uns zu beruhigen und unsere Ignoranz zu rechtfertigen. Wie ehrlich sind wir also wirklich zu uns? Ignorieren wir den Tod, indem wir das Leben ignorieren, oder verleugnen wir unsere Lebenszeit, um den Tod als weit entferntes Ereignis zu betrachten?

Mir wird dies immer wieder bei unbeliebten Gesprächsthemen bewusst. Denken Sie einmal an das schwierige Thema der Patientenverfügung. Stellen wir uns einmal vor, dass Ihr Liebling, Ihre Familie oder Ihr Kind nun vor Ihrem Bett im Krankenhaus steht

Die Negierung des Todes führt zu tödlichen Entscheidungen.

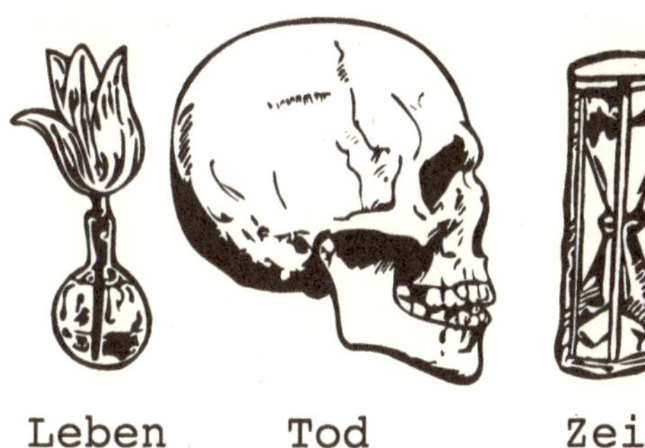

und die Entscheidung darüber treffen muss, ob die Geräte abgestellt werden oder Sie weiter künstlich durch eine Maschine beatmet werden sollen. Vielleicht soll es auch eine Entscheidung darüber sein, ob Sie bei Komplikationen bei der Behandlung überhaupt wiederbelebt werden sollten. Es ist ein schwieriges Thema. Auf der einen Seite sollen Sie nicht leiden und Ihre Liebsten wollen Ihnen den Schmerz und das Leid ersparen. Auf der anderen Seite wollen diese Sie nicht aufgegeben und gehen lassen. Wir wollen festhalten. Wer hier vorab keine Entscheidung über dieses Thema getroffen hat, überlässt nun diese schwere Aufgabe einem geliebten Menschen. Wie sollen wir über Tod und Leben richten, wenn alles, was wir dafür brauchen, eine Unterschrift auf einem Dokument ist, welche uns womöglich unser ganzes Leben lang verfolgen wird? Am Ende sind wir der Richter, weil man nicht über den Tod sprechen oder in Ruhe nachdenken wollte. Die Negierung des Todes führt zu tödlichen Entscheidungen. Es sind Entscheidungen über Leben und Tod, die wir anderen auftragen, weil wir zu ängstlich, faul oder ignorant waren, diese Entscheidungen selbst zu treffen.

Wer die Entscheidung trifft, ein gutes Leben zu führen, sich vielleicht sogar der stoischen Richtlinien dafür bedient, Senecas Rat annimmt und tugendhaft lebt, der muss auch eine Entscheidung darüber treffen, wie er sterben will. Kennen Sie nicht auch diese Ratschläge für junge Menschen, die wie aus einem chinesischen Glückskeks klingen? »Du musst dich entscheiden, wie du leben möchtest und welche Art von Leben du führen willst«, raten wir der jungen Frau oder dem jungen Mann. Das ist auch absolut richtig. Doch wer sich Gedanken über das gute Leben macht, muss sich auch mit dem Tod auseinandersetzen. Ich verschlinge den chinesischen Glückskeks also lieber schnell und frage stattdessen: »Welches gute Leben wollen Sie führen und wie wollen Sie dieses Leben beenden?« Wie alle meine Fragen kann ich sie nicht für Sie beantworten. Das will ich auch gar nicht. Schließlich ist es Ihr Leben und auch Ihr Tod. Wie wollen Sie leben und sterben?

Ein guter Tod

Ich kann diese Frage nur für mich selbst beantworten. Ich werde dem Tod begegnen, wie ich meinem Leben begegnet bin. Aufrecht, angelehnt oder mindestens einmal sitzend. Ich bin stets aufrecht durch das Leben gegangen und habe mich durch Niederlagen nie unterkriegen lassen. Auch wenn ich viel Geld verlor, geliebten Menschen Lebewohl sagen musste oder meiner Heimat den Rücken zukehrte, so habe ich mich doch immer wieder aufgerappelt. Wenn es also zu Ende geht, will ich aufrecht stehen oder sitzen und meine letzten Gedanken meiner Familie schenken. Das ist ein guter Tod. Das gilt aber auch nur für mich.

Die japanischen Samurai hingegen suchten den guten Tod in der Schlacht. Wer durch das Schwert starb, den ereilte ein ehrenhafter Tod. So ehrenhaft die Samurai lebten, so ehrenhaft sollten sie sterben. Wurde die Ehre dem Samurai genommen, so beging der Krieger Seppuku. Er stieß sich selbst freiwillig einen Dolch, genannt »Tanto«, oder ein Kurzschwert, das sogenannte »Wakizashi«, ungefähr sechs Zentimeter unterhalb des Bauchnabels in den Bauch und führte dann die Klinge schnell von links nach rechts und danach aufwärts. Zuweilen konnte ein Sekundant dem Krieger einen schnellen Tod bringen, indem dieser dem Samurai zusätzlich mit einer Klinge den Kopf abtrennte.

Das klingt nicht nur unheimlich barbarisch, es soll tatsächlich auch kein schöner Anblick gewesen sein. Doch was für die Samurai ein guter Tod war, muss es nicht für uns sein. Die damalige japanische feudale Kultur unterscheidet sich schließlich kolossal von der europäischen Kultur und damit ebenso von der Philosophie der Stoiker. Doch auch Seneca dachte viel über den Tod und sogar den Selbstmord nach. Seneca selbst starb sogar durch seine eigene Hand. Er beging Selbstmord. Der Verschwörung beschuldigt, befahl Kaiser Nero den Tod von Seneca. Doch Seneca sollte nicht einem Mord zum Opfer fallen. Er sollte stattdessen selbst den Tod herbeiführen. Seneca entschied sich, seine Pulsadern aufzuschlitzen. Als der Tod aber nicht eintrat, nahm er zusätzlich ein Gift, das jedoch wegen des hohen Blutverlustes nicht zum Tod führte. Schließlich brachten Soldaten Seneca in ein Dampfbad, in dem Seneca dann erstickte.

Was ein guter Tod ist, vermag niemand so richtig zu sagen. Auch das Thema Sterbehilfe ist in Deutschland nach wie vor ein Streitthema. Sowohl juristisch als auch ethisch trennen sich hier die Geister. Doch wir halten uns von diesem Diskurs fern und halten für uns fest, dass wir über das Leben genauso wie den Tod nachdenken müssen. Was für uns ein guter Tod sein kann, obliegt unserer eigenen Wertschätzung und Einstellung.

Nicht nur uns selbst wünschen wir einen angenehmen Tod. Oft hören wir unsere Mitmenschen sagen: »Sie ist friedlich eingeschlafen und hatte keine Schmerzen.« Wir hören sie sagen: »Der Arzt hat mir bestätigt, dass er nicht leiden musste. Das beruhigt mich sehr.« Ja, wir wünschen unseren Liebsten Frieden und Schmerzlosigkeit. Daher sagen wir auch solche Dinge wie: »Der Tod war für sie eine Erlösung.« Wir wollen unsere

Liebsten nicht Schmerzen und Qualen ausgesetzt sehen. Also hoffen wir, dass sie ein guter Tod ereilt. »Schnell und schmerzlos muss er sein«, heißt es dann. Es ist löblich, unseren Mitmenschen nur das Beste zu wünschen. Wäre es denn dann nicht auch angemessen, uns selbst auch den Tod zu wünschen, den wir gerne hätten?

Vor unserem Tod bereiten wir alles vor, damit nach dem Zerfall unseres Körpers alles geregelt ist. Urne oder Sarg? Unter den Baum oder auf den Friedhof? Vielleicht doch ins Meer oder in der Urne über den Kamin? Wir lesen, schreiben und sprechen über das Leben vor und nach dem Tod. Über den Tod selbst aber wollen wir nicht reden. Doch warum? Vermutlich gibt es hier unterschiedliche Gründe. Vielleicht haben wir Angst vor den Schmerzen oder der Vorstellung von den Schmerzen. Seneca schrieb an Lucilius: »Nicht den Tod fürchten wir, sondern die Vorstellung von ihm.« Ich empfinde persönlich Frieden bei dem Gedanken, einen guten Tod zu erfahren. Es ist der gleiche Frieden, den ich empfinden darf, wenn ich daran denke, wie ich ein gutes Leben führen kann. Es ist der Frieden, der mir geschenkt wird, wenn ich dann auch tatsächlich ein gutes Leben führe. Wäre dies nicht ein guter Tod?

Vom Umgang mit Verlusten

Über den eigenen Tod nachzudenken, ist leichter. Über den Tod geliebter Menschen zu trauern, ist hingegen womöglich die schwerste Aufgabe. Selbst wenn wir aufgehört haben zu trauern, so verblasst die Erinnerung nie und der Verlustschmerz begleitet uns fortan. Wo auch immer wir hingehen, so tragen wir den Gedanken an unsere geliebten Menschen mit uns. Manchmal ist es ein Geruch, ein Ort oder Platz oder gar ein Geräusch, das unsere Erinnerung wachruft. Plötzlich gerät unsere Welt ins Wanken. Wir beginnen zu weinen, sitzen traurig in der Ecke und verfallen in tiefe Trauer. Wie sah es Seneca?

»Durch unsere Tränen suchen wir nach Beweisen für unser Verlangen und folgen mit ihnen nicht der Trauer, sondern zeigen sie«, schrieb Seneca an Lucilius. Ja, wir weinen. Doch unsere Tränen sind ein Beweis für unsere Bedürfnisse. Unser Ego spielt auch hier eine Rolle. Wir wünschen uns unsere Liebsten zurück. Der Verlust drückt schwer auf unser Gemüt und schnell fallen wir in die Dunkelheit. Doch wer weint, der bereut auch. Die Menschen weinen nicht, weil nun ein geliebter Mensch gestorben ist. Wir weinen, weil wir uns wünschen, dass dieser geliebte Mensch doch noch bei uns ist. Wir sehnen uns ein Gestern zurück, an dem wir sie oder ihn umarmen, küssen oder drücken konnten. Wir wünschten, dass wir diesen Menschen noch einmal umarmen könnten, dass wir die unausgesprochenen Worte gesagt hätten und dass ein »Ich liebe dich« unsere letzten Worte gewesen wären statt eines »Jo, wir sehen uns«. Wir bereuen und können die Zeit unmöglich zurückdrehen. In diesem Moment wird uns die unendliche Wahrheit des Todes bewusst. Wir beginnen zu weinen. Wir weinen nicht nur, damit wir Unterstützung erfahren und zeigen, dass es uns schlecht geht. Tränen sind nicht nur eine Bitte. Sie sind auch eine Reinigung.

Der Mechanismus des Weinens hat evolutionäre Hintergründe. Wir weinen, um unseren Körper von dem Ballast und dem Druck zu reinigen. Wir spülen die Qualen regelrecht aus unserem Körper heraus. Es ist einer der effektivsten Wege für den Körper, Stresshormone loszuwerden. Doch nicht jeder Mensch weint, wenn er trauert. Einige mögen für sich allein in

Abgeschiedenheit weinen, andere wiederum weinen überhaupt nicht. Menschen sind unterschiedlich. So ist das nun einmal. Nichtsdestotrotz haben die Stoiker einen Rat für uns parat, wenn es um die Trauer geht.

Seneca schrieb in seiner Trostschrift an Marcia: »Es ist aber ein großer Unterschied, ob du dich willenlos deinem Schmerz hingibst oder dich zur Gebieterin über ihn machst. Wie viel mehr entspricht es der Hoheit deines sittlichen Standpunktes, der Trauer ein Ende zu machen, als es an dich herankommen zu lassen, und nicht zu warten, bis der Tag kommt, wo der Schmerz dir zum Trotz aufhört. Verzichte selbst auf ihn!« Seneca rät uns also, unsere Zeit für die Trauer zu nutzen, indem wir tatsächlich unserer Seele erlauben zu trauern. Wir sollen weinen. Doch sollen wir in dieser Trauer nicht die Kontrolle über unsere Trauer verlieren. Wir sollen uns stattdessen die Zeit zur Trauer nehmen, doch genauso auch wieder die Trauer und den Schmerz loslassen, wenn die Zeit dafür gekommen ist. Verfallen Sie also nicht in Selbstmitleid und zerfallen Sie nicht in der Dunkelheit der Trauer. Raffen Sie sich wieder auf und sagen Sie sich: »Ich habe mir nun die Zeit zur Trauer erlaubt. Sie war einmal und ist nun vergangen. Nun ist es Zeit, mich wieder meinen Aufgaben zu widmen und in Dankbarkeit an meine Liebsten zu denken.«

Dankbarkeit ist ein starkes Gefühl, das Ihnen helfen wird, sich in der Trauerzeit an die Liebsten zu erinnern und für die Ihnen gegebene Zeit tiefe Dankbarkeit statt Trauer zu empfinden. Das Volk der Toraja auf der indonesischen Insel Sulawesi beispielsweise feiert den Todestag seiner Liebsten. Statt Trauer und Schwere finden Sie dort ausgelassene Feierstimmung und dankbare Menschen. Sie feiern den Tod nicht, weil er endlich eingetreten ist und der Depp nun endlich von ihnen gegangen ist. So nach dem Motto: »Endlich ist der alte Sack weg und grüßt das Gemüse von nun an von unten.« Sie feiern das Leben des Verstorbenen und blicken in Dankbarkeit zurück auf die Zeit mit ihm oder ihr und die eigene Lebenszeit, die man mit diesem Menschen teilen durfte. Was für eine wundervolle Betrachtungsweise des Todes.

Wenn der Tod zu früh eintritt

Lebenszeit ist ein Geschenk und keine Selbstverständlichkeit. Wer das nicht versteht, hat nie richtig geliebt. Warum verstehen wir immer erst, wie wichtig unsere Lebenszeit wirklich ist, wenn wir sehen, wie sie dahingeht? Auf Beerdigungen wird uns das immer ganz besonders schmerzlich in Erinnerung gebracht.

Lebenszeit ist ein Geschenk und keine Selbstverständlichkeit. Wer das nicht versteht, hat nie richtig geliebt.

In den letzten Jahren musste ich immer wieder sehen und hören, wie geliebte Menschen aus dieser Welt schieden. Doch kein Tod traf mich so sehr wie der Tod von Kristin. Kristin war eine anerkannte Schülerin zu Abiturzeiten. Sie schwamm im gleichen Schulteam mit wie ich. Wie ein Delfin zog sie ihre Bahnen und sorgte für Pokale und Medaillen. Das ganze Team blühte durch sie auf. Kristins Lächeln war ansteckend und ihre Präsenz leicht und schwerelos. Beim Tanzkurs in der 9. Klasse war sie mit dabei. Ich erinnere mich an ihre roten kleinen Ballerinaschuhe und daran, wie sie mir bei der Damenwahl auf die Füße stolperte. Kurzum: Kristin war ein wundervoller Mensch. Bevor ich sie aber besser hätte kennenlernen können, verstarb Kristin kurz vor ihrem 18. Geburtstag. Ich erinnere mich noch gut an den Trauertag in der Schule und die Beerdigung. Jedes Detail hat sich in mein Gedächtnis eingebrannt: ihr letzter Weg, die Tränen ihrer Schwester, die Verzweiflung ihrer Mutter und die Leere in den Augen ihres Vaters. Es war furchtbar. Gute Freunde standen um das Grab herum. Ich hörte eine sehr gute Freundin bitterlich weinen und schluchzen. Noch Wochen später würde sie in meinen Armen weinend zusammenbrechen. Der Verlust Kristins war für die ganze Schule, für Freunde und Bekannte ein Schock. Für ihre Familie war es der schlimmste Albtraum.

Wenn so etwas Furchtbares passiert, wünscht man sich nur noch aufzuwachen. Man denkt: »Bitte, lass das einen Albtraum sein. Weck mich auf! Bitte wecke mich auf!« Doch tatsächlich ist das Leben zu diesem Scheideweg gekommen. Ein geliebter Mensch ist viel zu früh gegangen. Wie soll man damit klarkommen? Wie soll man diesen Schmerz nur jemals verarbeiten? Der Rat »Mit der Zeit vergeht jeder Schmerz« ist in diesem Moment völlig fehl am Platz. Doch die Lösung und der Weg aus diesem Schmerz wiegt so schwer wie der Verlust selbst.

Der Weg, solch einen Tod zu verarbeiten, ist der Weg der Dankbarkeit. Können wir jenen, die gestorben sind, das Leben zurückgeben? Nein. Was bleibt uns also übrig? Wir haben die Wahl, ob wir unser ganzes Leben in Trauer verschwenden wollen oder ob wir uns nach einer Trauerzeit der Dankbarkeit verschreiben wollen.

Ich habe nie in dem Ausmaß trauern müssen, wie es Kristins Familie tat. Dafür kannte ich sie zu wenig und wir standen uns nie nahe genug. Doch in den letzten Jahren, in denen ich ihr Grab hin und wieder besuchte, blickte ich immer mit Dankbarkeit auf unsere Zeit zurück. Ich habe einige wundervolle Erinnerungen an sie, für die ich sehr dankbar bin. Im Leben lehrte sie mich Lebensfreude und im Tod Demut. Vor allem ihr früher Tod hält mich dazu an, selbst ein gutes Leben zu führen. Die Erinnerung an sie ist eine Ermahnung, dass das Leben jederzeit enden kann und die gegebene Zeit genutzt werden sollte. Sie erinnert mich daran, dass das Leben viel zu kurz sein kann und auch junge Menschen den Tod viel zu früh finden können. Womöglich kennt jeder von uns seine eigene Kristin.

Bei meinem Freund Pierre war es auch so. Er wickelte sich mit 19 Jahren mit seinem Motorrad um eine Eiche. Es gab weder Bremsspuren noch andere Anzeichen für einen Unfall. Ob Pierre sich selbst das Leben nahm, werde ich nie erfahren. Ich kannte die Straße, auf der er zuletzt fuhr. Sie war oft glatt, nass und voller Laub. Mehr als Vorstellungen von seiner letzten Fahrt bleiben mir nicht. Als Pierre starb, war seine Mutter bereits von ihm gegangen. Sein Vater hatte den Jungen bereits als Baby verlassen. Für Pierre gab es nie eine öffentliche Beerdigung. Abschied genommen haben wir trotzdem, denn das ist alles, was uns bleibt, wenn geliebte Menschen zu früh von uns gehen.

Auch wenn wir nicht verstehen, den Tod hinterfragen und klagen, warum es gerade ihn oder sie traf, so können wir die Entscheidungen, die zu dieser Gegenwart führten, nicht verändern. Nun ist es, wie es ist, und die Wahl, wie wir darauf reagieren, bleibt bei uns. So wie es uns die Stoiker gelehrt haben. Sie entscheiden über Ihre Reaktion. Gönnen Sie sich also die Trauer und finden Sie nach einer Weile wieder zurück zum Leben. Jemand, der Ihnen viel bedeutet, ist gestorben. Sie leben aber noch. Also leben Sie! Wenn Sie es schon nicht für sich selbst tun können, dann tun Sie es wenigstens in Gedenken an jene, die nicht mehr unter uns sind. Seien Sie dankbar dafür, dass Sie diesen Menschen kennenlernen durften und dieser Mensch Sie ein Stück weit auf Ihrem Weg begleiten durfte. Auch wenn dieser Mensch nun fort ist, so endet Ihr Weg hier nicht. Er geht weiter. Das bedeutet es, mit Trauer umzugehen. Sie zu empfinden, sie hinter sich zu lassen, die Kontrolle über das Leben nicht abzugeben und weiterzuleben. Dafür wurde uns das Leben geschenkt.

Ein langes Leben kurz gelebt

In der griechischen Mythologie kreisten verschiedene Sagen und Mythen über die Götter. Auf dem Olymp lebten sie unter der Herrschaft des Allvaters Zeus. Er hatte zwei Brüder. Neben seinem Bruder Poseidon, der über das Meer herrschte, hatte Zeus einen zweiten Bruder namens Hades. Hades war dazu verdammt worden, über die Unterwelt zu herrschen. Es war seine Aufgabe, das Reich der Toten zu beherrschen und darüber zu wachen.

Ob da wirklich ein Typ mit grauem Bart am Ende des Flusses Styx auf uns wartet? Ich habe keine Ahnung. Ich würde bezweifeln wollen, dass da ein Fährmann auf uns wartet. Und selbst wenn! Schon Chris de Burgh wusste: »*Don't pay the ferryman!*« Was ich aber definitiv weiß, ist, dass es noch zu unseren Lebzeiten viele Wege gibt, um zu sterben. Seneca schrieb an Lucilius: »Tod gibt's mehr als einen, der letzte führet zum Orkus.« Mit anderen Worten: Der letzte Tod, den wir erleiden können, führt uns hinab in die Unterwelt, das Reich der Toten, hoch zu Jesus, runter zu Satan, rauf zu Allah oder rechts vorbei ins Nirwana. Wer weiß das schon. Doch während wir leben, können wir viele Tode sterben. Wir können den Tod des Liebeskummers erleiden, weil wir vor lauter Scham, Kummer, Sehnsucht und Trauer vergessen, unser eigenes Leben zu führen. Wir können den Tod der Überarbeitung erleiden, weil wir permanent von einem Termin zum nächsten hechten und dabei vergessen, dass wir wirklich leben sollten. Manche Menschen leben, um zu arbeiten. Andere arbeiten, um zu leben. Seneca spricht hiermit also nicht den direkten Tod durch Herzversagen an, sondern den Tod aufgrund der Verschwendung unserer Lebenszeit. Memento mori – bedenken Sie, dass Sie sterblich sind. Dies ist eine elementare Lektion der Stoiker, die sich durch alle Bereiche des Stoizismus zieht. So auch hier. Seneca ermahnt uns: »Schritt für Schritt nähern wir uns dem Tode, oder richtiger, gehen wir neben ihm her. Jeden Tag verlieren wir ein Stück von unserem Leben, und an diesem Tage selbst, an dem wir leben, hat der Tod seinen Anteil.«

Wie viele Tode wollen Sie noch sterben? Wie oft wollen Sie sich mangels wichtiger Themen über Nichtigkeiten aufregen? Das Wetter, die Höhe des Zauns des Nachbarn, die Müllabfuhr, die Katze, die ständig in den Vorgarten macht, oder den spinnenden Drucker auf Arbeit – was für ein Wahnsinn! Jedes Mal, wenn wir uns über diese Nichtigkeiten aufregen, lacht der Tod uns aus. Nicht nur, dass der Tod neben uns steht, wie Seneca sagte, nein, wir stehen scheinbar selber völlig neben uns, wenn wir dermaßen leichtfertig unsere Nerven verschwenden. Doch wir regen uns selbstverständlich nicht nur über Dinge oder Tiere auf. Unsere Mitmenschen stehen ganz oben auf der Liste der Aufregungen. Die langsame Kassiererin, die sich beim Geldzählen permanent verzählt, der nervige Chef, die ätzende Arbeitskollegin, der besserwissende Kunde und der schnarchende Partner. Manchmal

Niemand kommt hier lebend raus!

sind die Übeltäter nicht nur nervig, sondern noch viel schlimmer. Denken Sie an die Verräter, Betrüger und Lügner in Ihrem Leben. Doch warum regen Sie sich auf und wünschen ihnen das Schlechteste? Seneca lehrte: »Was Schrecklicheres als den Tod könntest du deinem Feind wünschen? Beruhige dich: Er wird sterben, ohne dass du deinen kleinen Finger bewegst.« Glauben Sie etwa, dass Ihr Zorn und Ihre Wut Sie weiterbringen wird oder Sie gemäß Arete Ihr bestes Ich sind, wenn Sie anderen Menschen das Schlimmste wünschen? Der Tod wird uns alle ereilen. Sowohl Ihre Feinde als auch alle Lügner, Betrüger und Ganoven. Niemand kommt hier lebend raus!

Mäßigen Sie Ihren Zorn! Mäßigen Sie Ihre Trauer und Ihr Mitleid! Es gibt keinen Grund, zu lange an diesen Dingen festzuhalten. Als ob das Festhalten an diesen Nichtigkeiten etwas bewegen würde. Wie lange wollen Sie noch Ihr Leben und Ihre Glückseligkeit von anderen Menschen, Umständen oder Emotionen abhängig machen? Jeden Tag sterben wir ein wenig mehr und erleiden aufs Neue einen kleinen Tod, wenn wir nicht beginnen, unsere Lebenszeit für das wirklich Wichtige zu nutzen. Am Ende dann, wenn der endgültige Tod eintrifft, soll dieser uns zum Orkus führen. Dieser Tod, ermahnt uns Seneca, »ist die Erlösung von allen Schmerzen«. Liebeskummer, Wut, Eifersucht, Hass, Zorn, Angst und Trauer werden verschwinden. Sie werden fortgespült und kommen nie wieder. Urplötzlich wird so ein langes Leben zu einem kurzen Leben. Seneca schrieb über die Kürze des Lebens: »Es ist keineswegs so, dass wir nicht genug Zeit zu leben hätten, aber wir vergeuden einen großen Teil davon.« Das Leben ist lang genug und es bietet ausreichend Gelegenheit, viele großartige Dinge zu tun, wenn wir diese nutzen. Aber wenn das Leben durch Luxus und Nachlässigkeit den Bach runtergeht, wenn es nutzlos vergeudet wird, werden wir schließlich erkennen müssen, dass es an uns vorbeigezogen ist, ehe wir es überhaupt wahrgenommen haben. Und so ist es laut Seneca: »Wir bekommen kein kurzes Leben, wir machen es erst zu diesem.«

Das höchste Gut

Mein Blick war erstarrt. Ich schaffte es einfach nicht wegzuschauen. Da saß sie vor mir an einem kalten Wintertag, keine zwei Meter von mir entfernt und ich konnte diesen Moment einfach nicht fassen, begreifen und verstehen. Ich weiß nicht, was es war. Alles, was ich weiß, ist, dass ich immer wieder langsam an meiner Suppe nippte, um den Blick zu ihr nicht aufzugeben. Langsam verstummten die Geräusche um uns herum und alles, was ich sah, war sie. Ich vergaß die Suppe, ich vergaß den Tag, den Stuhl, auf dem ich ihr gegenübersaß. Ich vergaß, dass sie in einer Stunde schon fort sein würde. Alles, was ich sah, war sie. Ihre braunen Haare. Ihr Lächeln und die funkelnden blaugrauen Augen. Wie unglaublich schön sie doch war! Jetzt in diesem Moment und in all den Momenten danach. Doch genau in diesem Moment wurde es mir bewusst. Niemals wieder würde dieser Moment zurückkehren. Niemals wieder würde ich sie so sehen können. Niemals wieder würde sie mich das erste Mal so anlächeln. Die Zukunft würde mir anderes eröffnen, andere Blickwinkel ermöglichen und neue Momente erschaffen. Gleich würde dieser Moment vergangen sein und so hielt ich inne, um diesen Moment in all seiner Fülle und Schönheit aufzunehmen. Als ich ihn festhalten wollte, war er fort und wenige Minuten darauf saß ich ohne sie allein am Tisch. Bis zu dem Tag, an dem ich sie wiedersehen würde.

Das sind die Momente, in denen ich das Leben spüre. Das sind die Momente, in denen ich den Tod spüre. Denn das Leben ist mit dem Tod verbunden und dieser Moment, der gerade noch lebte, starb kurz darauf, um einen neuen Moment zu erschaffen. So vergeht ein jeder Tag, bis der letzte Tag gekommen ist.

In tiefer Dankbarkeit blicke ich auf diese Momente und frage mich, womit ich das verdient habe. Womit habe ich verdient, diese Momente wahrnehmen zu dürfen? Womit habe ich all diese Schönheit verdient, wenn sie mich doch daran erinnert, dass sie endlich ist und der Tag kommt, an dem all das zerfällt?

In diesen Momenten liebe ich mein Leben. In diesen Momenten bin ich mir bewusst darüber, dass der Tod ein Teil des Lebens ist. Wenn ich also das Leben in diesen Momenten liebe, dann auch den Tod, denn ohne ihn wäre dieser Moment mit ihr nicht so kostbar.

Seneca lehrte: »Nichts aber kann dir für die Maßhaltung in allen Dingen so nützlich sein als ein häufiges Denken an die Kürze des Menschenlebens und zugleich an seine Unsicherheit. Was du auch tun magst, bedenke das Ende!« Erinnern Sie sich daran, dass der Tod allen Dingen in Ihrem Leben einen Wert gibt. Wie wir diesen Wert bemessen, liegt innerhalb unserer Kontrolle. Dieser Wert unterliegt unserer Bewertung. Wenn Sie also schon einmal dabei sind zu bewerten, dann können Sie sich auch dafür entscheiden, diesen Moment zu lieben und zu leben. Erinnern Sie sich daran: Alles findet sein Ende und genau dieser Umstand macht alles so kostbar.

Memento mori!

ABSCHLIESSENDE WORTE

»Willst du dankbar sein gegen die Götter und dankbar für deinen bisherigen Lebensgang, so denke daran, wie viele du überholt hast.«

Seneca

Am Ende wanderte ich wieder durch den Wald und stellte mir die gleiche Frage wie zuvor: »Was macht dich glücklich?« In diesem Moment wurde es mir wieder klar. Ich grinste wie ein Honigkuchen, als ich weiter auf dem Pfad entlanglief, der aus dem Wald hinausführte. »Dieser Moment macht mich glücklich«, dachte ich. Egal was da auch kommen mag an der nächsten Ecke. Selbst wenn mich ein Jäger mit einem Hirsch verwechseln sollte und mich über den Haufen schießt. Selbst wenn mich das Glück verlässt. Dieser Moment gehörte mir. Aus ihm konnte ich das Beste machen. Jeder kommende Moment, der mir geschenkt wird, soll ein solcher Moment sein. Ein Moment des Fortschritts, der Verbesserung und der Ruhe. Ein Moment der Stille und Gelassenheit. Selbst in den schweren Zeiten sollen diese Momente eine Chance sein. Amor Fati. Selbst in den Momenten des Verlusts. Memento mori!

Wenn ich so über das Leben philosophiere, wird mir schnell klar, dass dieses Leben oft eine ganz schöne Herausforderung ist und wir ohne klare Prinzipien schnell von der nächsten harten Welle überrannt werden. Es ist ein wenig wie beim Kitesurfen. Wenn wir auf dem Brett des Lebens stehen und die Fahrt losgeht, haben wir zu Beginn erst einmal gar keine Ahnung, was da gerade so an uns vorbeizieht. Zunächst ist es erst einmal ein irrer Ritt. Was da gerade mit uns passiert, können wir kaum glauben. Dann bemerken wir das Tempo und bekommen Angst. »Was ist, wenn ich hier von dem Brett stürze, ich ertrinke oder meinen Kopf in den Leinen verfange und mich selbst erdrossle?« Wer jetzt nach oben guckt, um dort nach Sicherheit zu suchen, stürzt sofort hinab. So ist es auch im Leben. Das Leben will gelebt werden. Der Blick nach oben zeigt uns maximal ein paar schöne Sterne in der dunklen Nacht oder die Wolken am Himmel. Suchen Sie nicht nach Sicherheit in der Welt da draußen. Suchen Sie nach den Sicherheiten, die von Ihnen selbst ausgehen. Stehen Sie einfach auf dem Brett und fahren Sie das Ding über jede Welle, die da kommen wird.

Die Philosophie der Stoiker und die Gedanken von Seneca können uns dazu verhelfen, ein wirklich gutes Leben zu führen. Ein Leben, in dem wir auch in stürmischen Zeiten nicht vom Brett fallen. Ein Leben, das im Dienste anderer steht. Ein Leben, das wächst und gedeiht. Ein Leben, das wir zulassen können, in dem wir uns von Angst befreien können, Liebe zulassen, sie schenken und der Mensch werden, der wir sein möchten. Ein Leben, das wir mit gutem Gewissen verlassen können, wenn unsere letzte Reise ansteht.

Eine Philosophie ist nicht automatisch unser Erretter. Keine Philosophie ist das. Wenn wir uns aber klaren Prinzipien des guten Lebens verschreiben, so wie es einst die Stoiker taten, dann können wir womöglich damit beginnen, ein wirklich gutes Leben zu führen. Ein wirklich gutes Leben, das nicht danach trachtet, mehr und mehr zu erhalten. Ein wirklich gutes Leben, das nicht dafür gelebt wird, um unsinnigen Besitz anzuhäufen oder um das Maximalprinzip der Moderne zu leben.

Senecas Schriften und die Lehren der Stoiker haben in der Vergangenheit viele Menschen beeinflusst. Auch die Qualität meines Lebens hat sich dramatisch durch die Anwendung des Stoizismus verbessert. Ich hoffe, dass ich Ihnen in diesem Buch einige der Prinzipien dieser wundervollen Philosophie mit auf den Weg geben konnte und ein kleines Lesevergnügen auf diesem Weg nicht zu kurz kam. Auf Ihrer Reise wünsche ich Ihnen von Herzen Weisheit, Mut, Gerechtigkeit und Mäßigung. Ich wünsche mir für Sie, dass Sie alle Dinge in Ihrem Leben vervollkommnen können.

Kommen Sie gut an.
Ihr Niclas Lahmer

DANKSAGUNG

Wo fängt ein Dankeschön an und wo hört es auf? Ich weiß es nicht. Also beginne ich einfach mit einem großen Dankeschön an meine Familie für ihre Unterstützung. Ich danke Sabrina für die hervorragenden Illustrationen. Deine Arbeit hat vielleicht das ganze Buch gerettet. Wer weiß? Ich danke auch meinem Programmleiter Georg Hodolitsch für den unerschütterlichen Glauben an das Buch sowie dem Verlagsteam. Ich danke dem Lektorat und meiner Pressefee. Desiree, du hast gerockt!

Mein Dank gilt auch Sergeant First Class P. Gilmore für all die Geschichten, Bücher, Hintergründe und harten Lektionen. Ich gebe weiter, was du mich gelehrt hast.

Ich danke auch meinem Team. Ohne eure harte Arbeit hätte ich nie die Zeit gehabt, ein weiteres Buch zu schreiben.

Das Beste soll zum Schluss kommen. Heißt es denn nicht so? Also danke ich dir, Christina, für die Inspiration. Ohne dich hätte ich die letzten Seiten nicht schreiben können. Daher ist die erste Seite auch dir gewidmet. Für mich ist mit dir immer 13.18 Uhr. Weitere Worte sind nicht nötig.

Vielen Dank.

LESEEMPFEHLUNGEN

Für zusätzliche Eindrücke von den Weisheiten der Stoiker darf ich folgende Literaturhinweise geben, welche als Quellen für dieses Buch dienen konnten. Viel Freude beim Lesen.

Covey, Stephen R.: Die 7 Wege zur Effektivität. Offenbach a. M.: GABAL, 2005.

Diogenes Laertius: Leben und Meinungen berühmter Philosophen. 2. Auflage, Hamburg: Felix Meiner Verlag, 1967.

Epiktet: Discourses. http://classics.mit.edu/Epiktet/discourses.html.

Epiktet: Anleitung zum glücklichen Leben. Encheiridion (Handbuch der Moral). Übers. und hrsg. von Rainer Nickel, Düsseldorf: Artemis & Winkler, 2006.

Evans, Jules: Seneca and the Art of Managing Expectations. https://www.cbu.ca/wp-content/uploads/2017/01/8-Why-is-it-important-to-Manage-our-Expectations.pdf.

Hadot, Pierre: Die innere Burg. Anleitung zu einer Lektüre Marc Aurels. Übers. von Makoto Ozaki und Beate von der Osten. Frankfurt a. M.: Eichborn, 1997.

Holiday, Ryan: Dein Hindernis ist dein Weg. Mit der Weisheit der alten Stoiker Schwierigkeiten in Chancen verwandeln. München: FinanzBuch Verlag, 2018.

Holiday, Ryan und Stephen Hanselman: Der tägliche Stoiker. 366 nachdenkliche Betrachtungen über Weisheit, Beharrlichkeit und Lebensstil. München: FinanzBuch Verlag, 2017.

Irvine, William B.: Eine Anleitung zum guten Leben. München: FinanzBuch Verlag, 2021.

Long, A. A. Epictetus. A Stoic and Socratic Guide to Life. Oxford: Clarendon Press, 2002.

Manson, Mark: Die subtile Kunst des Daraufscheißens, München: mvg Verlag, 2017.

Mark Aurel: Selbstbetrachtungen. München: FinanzBuch Verlag, 2020.

Musonius Rufus: The Lectures and Sayings of Musonius Rufus. Übers. von Cynthia King. CreateSpace, 2011.

Pigliucci, Massimo: Die Weisheit der Stoiker. Ein philosophischer Leitfaden für stürmische Zeiten. München: Piper Verlag, 2019.

Robertson, Donald: Stoicism and the Art of Happiness. Ancient Tips for Modern Challenges. London: Hodder & Stoughton, 2013.

Robertson, Donald: The Philosophy of Cognitive Behavioural Therapy (CBT). London: Karnac, 2010.

Seneca: Dialogues and Letters. Übers. und hrsg. von C. D. N. Costa. London: Penguin, 2005.

Seneca: Letters from a Stoic. London: Penguin, 2004.

Seneca: Moral Essays. Vol. 1. Übers. von John W. Basore. Cambridge, MA: Harvard University Press, 1928.

Rebellion im Hamsterrad

Niclas Lahmer

Im Ferrari die Küste der Algarve hinunterfahren, First Class statt Holzklasse fliegen und mit 5 Stunden Arbeit mehr Geld verdienen, als die meisten Manager mit einer 70-Stunden-Woche – wer will das nicht? Niclas Lahmer weiß, wie es geht. Sein Bestseller »Finanzielle Intelligenz« hat die Leser in die Gesetze des Erfolgs eingeweiht. In seinem neuen Buch zeigt er, wie jeder mehr finanzielle Freiheit erlangen kann, indem er dem täglichen Hamsterrad und gesellschaftlichen Glaubenssätzen entflieht. Raus aus der Knechtschaft des Geistes, des Konsums, des Kapitals und der Zeit, damit mehr Zeit für das Wesentliche und ein erfülltes Leben bleibt.

320 Seiten | Hardcover | 18,99 € (D) | 19,60 € (A) | ISBN 978-3-95972-268-1

Finanzielle Intelligenz

Niclas Lahmer

Geld besitzt seine ganz eigenen Regeln und finanziell intelligente Menschen kennen diese Gesetze des Erfolgs. Sie spielen nach den neuen Regeln, während sich der Rest weiterhin nach Althergebrachtem richtet. Junge Menschen lernen an Deutschlands Schulen und Universitäten auch heute noch die Wahrheiten von gestern, statt in einer Zeit des völligen Wandels das Wissen vermittelt zu bekommen, das sie wirklich für den finanziellen Erfolg brauchen.

Niclas Lahmer erläutert anschaulich in seinem Buch, was es bedeutet, finanziell intelligent zu handeln. Er zeigt neue Wege auf und lehrt, wie finanzielle Chancen entstehen, wie Geld für Sie arbeiten kann und wie Sie finanziell erfolgreich werden. Egal wo Sie gerade in Ihrem Leben stehen, Sie können immer das Ruder herumreißen und durch Ihre Entscheidungen alles verändern.

176 Seiten | Hardcover | 17,99 € (D) | 18,50 € (A) | ISBN 978-3-95972-102-8